高职高专经济管理基础课系列教材

市场营销策划

陈 玲 主 编
闵海波 副主编

清华大学出版社
北 京

内 容 简 介

本书以高职高专教育的定位和人才培养目标为依据,吸取了本专业各院校多年来的教学实践经验,从市场营销策划的实际需要出发,系统地阐述了市场营销策划的基本理论和基本操作技能。在内容上力求创新,引进了一些新理论、新知识,具有前沿性。为了方便教学和实践,还结合每个项目的内容,精心设计了知识结构图、扩展阅读、同步测试、项目实训等环节,使学习与实践紧密结合,既有利于学生综合素质的培养和职业技能的提高,也有利于满足学生就业和企业用人的实际要求。

本书内容全面、结构严谨、资料翔实、形式新颖,可作为高职高专市场营销、经济管理等专业的教学用书,也可供在职人员学习参考。

本书封面贴有清华大学出版社防伪标签,无标签者不得销售。
版权所有,侵权必究。举报: 010-62782989, beiqinquan@tup.tsinghua.edu.cn。

图书在版编目(CIP)数据

市场营销策划/陈玲主编. —北京:清华大学出版社,2018(2021.8 重印)
(高职高专经济管理基础课系列教材)
ISBN 978-7-302-48755-5

Ⅰ.①市… Ⅱ.①陈… Ⅲ.①市场营销—营销策划—高等职业教育—教材 Ⅳ.①F713.50

中国版本图书馆 CIP 数据核字(2017)第 272183 号

责任编辑:桑任松
封面设计:杨玉兰
责任校对:王明明
责任印制:刘海龙

出版发行:清华大学出版社
网　　址:http://www.tup.com.cn, http://www.wqbook.com
地　　址:北京清华大学学研大厦 A 座　　邮　编:100084
社 总 机:010-62770175　　邮　购:010-62786544
投稿与读者服务:010-62776969, c-service@tup.tsinghua.edu.cn
质量反馈:010-62772015, zhiliang@tup.tsinghua.edu.cn
课件下载:http://www.tup.com.cn, 010-62791865

印 装 者:涿州市京南印刷厂
经　　销:全国新华书店
开　　本:185mm×260mm　　印　张:12.25　　字　数:295 千字
版　　次:2018 年 1 月第 1 版　　印　次:2021 年 8 月第 3 次印刷
定　　价:34.00 元

产品编号:076154-01

前　言

本书结合教育部关于高职教育的定位及人才培养方案的要求确立的课程体系，旨在培养学生的综合素质和专业技能，兼顾学生后续发展的需要。强调理论学习与实际应用的结合、边学边练，突出了以培养学生应用能力为主线的高职教育特征，具有高职教育的课程特色。

本书主要有以下几个方面的特点。

1. 注重理论知识的系统性和前瞻性

本书遵循"实用为主，必须、实用、够用和管用为度"的原则，根据企业管理的学科特点构建知识体系。本书以市场营销策划概论、市场营销策划的基本流程、企业战略策划、目标市场策划、产品策划、价格策划、促销策划、分销渠道策划等内容为基本框架，吸收业界的最新研究成果，体现了"以就业为导向、以能力为本位、以学生为主体"的方向，有利于教学、学习和实践。

2. 遵循教与学的客观规律进行设计

本书每个项目包括知识目标、能力目标、引导案例、知识结构图、扩展阅读、同步测试、项目实训七大板块，并适当配以图表，表述内容翔实、形式新颖、图文并茂，增加了教材的生动性和可读性，有利于提高学生的阅读兴趣和自主学习能力。

3. 注重理论与实践的统一

本书每个项目都选取典型案例并做了深入浅出的分析，融入情景实训，以行为示范引导学生对理论知识的学习和掌握，突出了教材的专业性、应用性和实践性，有利于学生固化知识、增强能力。

参加本书编写的人员是具有多年教学经验、具备丰富的从业经验的专业教师。在编写过程中，还聘请了多名教学、科研和企业方面的专家予以指导和审定，力求使本书成为融行业理论知识、实践技能和教育教学三位一体的高质量教材。

本书由天津滨海职业学院的陈玲副教授担任主编，广西生态工程职业技术学院闵海波担任副主编，具体分工如下：天津滨海职业学院的陈玲编写项目一，广西生态工程职业技术学院闵海波编写项目二、项目四、项目五，焦作大学陈国芳编写项目六、项目七、项目八，新疆轻工职业技术学院温晶媛编写项目三，全书最后由陈玲统稿和审校。

本书在编写过程中参考了大量国内外书刊和业界的研究成果，在此向各方表示衷心的感谢。

由于编者水平有限，书中难免存在纰漏和不足之处，敬请各位专家和读者匡正。

编　者

目　录

项目一　市场营销策划概论 ... 1

- 1.1 策划与市场营销策划 ... 2
  - 1.1.1 策划 ... 2
  - 1.1.2 市场营销策划 ... 3
- 1.2 市场营销策划的内容 ... 4
- 1.3 市场营销策划学科的特点 ... 6
  - 1.3.1 创新性 ... 6
  - 1.3.2 系统性 ... 6
  - 1.3.3 复杂性 ... 6
  - 1.3.4 专业性 ... 7
  - 1.3.5 客观性 ... 7
- 1.4 市场营销策划发展阶段 ... 7
  - 1.4.1 萌芽阶段 ... 7
  - 1.4.2 发展阶段 ... 7
  - 1.4.3 成熟阶段 ... 8
- 1.5 市场营销策划的作用 ... 8
  - 1.5.1 有助于企业营销活动的目的得到进一步的明确 ... 8
  - 1.5.2 可以增强企业营销活动的计划性 ... 8
  - 1.5.3 实现企业营销活动的个性化和差异化 ... 8
  - 1.5.4 提高企业产品 ... 8
- 项目实训 ... 13

项目二　市场营销策划的基本流程 ... 15

- 2.1 营销策划步骤 ... 17
  - 2.1.1 营销策划准备 ... 17
  - 2.1.2 制定营销策划方案 ... 19
  - 2.1.3 营销策划实施与评估 ... 21
- 2.2 营销策划方案制定 ... 22
  - 2.2.1 营销策划类型 ... 22
  - 2.2.2 营销策划书内容与格式 ... 23
  - 2.2.3 营销策划书写作技巧 ... 26
- 项目实训 ... 37

项目三　企业战略策划 ... 38

- 3.1 企业战略策划概述 ... 38
  - 3.1.1 企业战略策划的概念和特点 ... 39
  - 3.1.2 企业战略策划的层次和作用 ... 40
  - 3.1.3 企业战略策划的要素 ... 42
  - 3.1.4 企业战略策划的过程 ... 42
- 3.2 企业经营基本战略 ... 48
  - 3.2.1 成本领先战略 ... 49
  - 3.2.2 差异化战略 ... 51
  - 3.2.3 集中化战略 ... 52
- 项目实训 ... 58

项目四　目标市场策划 ... 60

- 4.1 市场细分 ... 61
  - 4.1.1 市场细分概念 ... 61
  - 4.1.2 市场细分原则 ... 61
  - 4.1.3 市场细分标准 ... 62
  - 4.1.4 市场细分方法 ... 65
- 4.2 目标市场选择 ... 66
  - 4.2.1 目标市场评估 ... 66
  - 4.2.2 目标市场选择模式 ... 66
  - 4.2.3 目标市场策略 ... 68
  - 4.2.4 目标市场选择影响因素 ... 69
- 4.3 市场定位 ... 70
  - 4.3.1 市场定位的内涵 ... 70
  - 4.3.2 市场定位策略 ... 72
  - 4.3.3 市场定位工具与步骤 ... 73
  - 4.3.4 市场定位方式 ... 76
- 项目实训 ... 85

项目五　产品策划 ... 86

- 5.1 产品与产品组合策划 ... 89
  - 5.1.1 产品整体概念 ... 89
  - 5.1.2 产品组合策划 ... 90
  - 5.1.3 产品生命周期 ... 94

5.2 品牌策划 98
      5.2.1 品牌概念 98
      5.2.2 品牌策略 98
      5.2.3 品牌设计 100
   5.3 包装策划 101
      5.3.1 包装内涵 101
      5.3.2 包装策划 101
   5.4 新产品开发 103
      5.4.1 新产品开发概念 103
      5.4.2 新产品开发策略 103
      5.4.3 新产品开发程序 104
   项目实训 110

项目六 价格策划 111

   6.1 价格策划概述 112
      6.1.1 价格策划的含义 112
      6.1.2 价格策划的重要性 112
      6.1.3 价格策划的基本要求 112
   6.2 价格制定的策划 113
      6.2.1 价格制定的影响因素 113
      6.2.2 价格制定的策划程序 115
   6.3 价格修订的策划 118
      6.3.1 新产品定价策略 118
      6.3.2 心理定价策略 120
      6.3.3 折扣定价策略 121
      6.3.4 歧视定价策略 123
      6.3.5 地理定价策略 124
   6.4 价格变动的策划 125
      6.4.1 主动价格变动的策划 125
      6.4.2 竞争性价格变动的策划 126
      6.4.3 消费者对价格变动的反应 127
      6.4.4 竞争者对价格变动的反应 127
   项目实训 134

项目七 促销策划 136

   7.1 广告策划 137
      7.1.1 广告策划的含义 137

      7.1.2 广告策划的特征与类型 138
      7.1.3 广告策划的程序 138
   7.2 公共关系策划 146
      7.2.1 公共关系策划的含义 146
      7.2.2 公共关系策划的基本要素 146
      7.2.3 公共关系策划的步骤 147
   7.3 营业推广策划 151
      7.3.1 营业推广策划的含义 151
      7.3.2 营业推广策划的内容 151
      7.3.3 营业推广策划的流程 151
      7.3.4 营业推广策划的方式 152
   7.4 人员推销策划 154
      7.4.1 人员推销策划的含义 154
      7.4.2 人员推销的形式 154
      7.4.3 人员推销策划的内容 155
   项目实训 165

项目八 分销渠道策划 167

   8.1 分销渠道策划概述 168
      8.1.1 分销渠道的含义 168
      8.1.2 分销渠道的功能 168
      8.1.3 分销渠道的类型 169
      8.1.4 分销渠道成员组成 172
      8.1.5 分销渠道的模式 173
   8.2 分销渠道策划的方法 175
      8.2.1 分销渠道策划的步骤 175
      8.2.2 分销渠道策划的策略 176
      8.2.3 分销渠道策划的技巧 177
   8.3 分销渠道管理 177
      8.3.1 激励渠道成员 178
      8.3.2 评估渠道成员 179
      8.3.3 调整分销渠道 179
   项目实训 185

参考文献 187

项目一　市场营销策划概论

【知识目标】

- 了解策划和市场营销策划。
- 掌握市场营销策划的含义和内容。
- 掌握市场营销策划学科的特点。
- 了解市场营销策划的发展阶段和作用。

【能力目标】

- 提高营销策划实践训练能力。
- 培养策划人应有的素质和能力。
- 通过践行职业道德规范，促进健全职业人格的塑造。

【引导案例】

一次"失败"的促销案例

炎炎夏日，酷暑难耐，夏季是很多商品的销售淡季。很多商品便借机进行促销活动，以便实现淡季不淡、反季节销售或增加销量的目的。××品牌食用油是国内某集团旗下的高端品牌，虽然在国内排不上第一名，凭借集团雄厚的实力和不差的质量，在食用油市场一直也有稳定的表现。某市市场是公司的重点市场，进入淡季以来，销售一直不畅。一入6月份，公司经理便考虑在大的卖场进行一次统一的促销活动，以便提升销量。经过客户走访，特别是促销主管极力建议，大家普遍认为××品牌不错，但美誉度一直比不上第一品牌，因此在商超直接面对消费者促销时，关键是真正的让利和实惠，这样的销量肯定会大幅增长。

通过申请和走访市场，活动方案正式形成。

活动时间：6月27～28日，周六、周日两天。

活动地点：某市所有大型卖场。

活动内容：现场对消费者进行促销，针对销售最好的品种花生油5升进行让利促销：

(1) 5升花生油进行特价销售，价钱从原来的每桶79.9元优惠到每桶73.5元；

(2) 每购买5升花生油一桶，赠送900毫升花生油一瓶；

(3) 现场进行抽奖活动，每购买一桶花生油，均有一次抽奖机会，奖品从手提电脑到900毫升小瓶油不等，中奖率高达47%。

同期的另一个品牌5升花生油价格销售到每桶85元，而××品牌这么大的力度，不信没人买！经理似乎看到了人员排着长队在等着购买，而公司的货已经出现供不应求的局面！

促销主管也非常的敬业，早上 8: 30 就早早赶到了平日销售较好的家乐福超市，毕竟这次活动效果怎么样，直接和自己的建议相关。

周六上午，某大型超市北环店，9 点正式营业后，人员陆陆续续地到来，但是能走到最后靠里××展架的人稀稀疏疏，尽管促销员大声招揽，临时促销员也很尽力地吆喝，但展架前的人一直很少，直到上午 10: 30，统计一下，共销售 20 桶，和往常周六销售 15 桶相比，几乎没有多大效果。没多久，经理收到主管的电话，活动效果不好，不一会儿，其他超市的促销员陆续反馈，原来期望的活动效果并没有出现。

这次活动已经基本宣告失败。

(资料来源：根据 http://wenku.baidu.com/link?url=CJ1zqz06xFGoglTPGYx5glAs0EvxWuFmbSQmwpHKHvGCesKfRkC-yf9nL1Pb5xdABdi8H6QbcZktYYnGH4m5cXulhKXkp0SCKJa9wOrvYca 整理而成)

思考：请根据以上案例，分析这次促销策划为什么会失败，并写出一份诊断书。

1.1　策划与市场营销策划

1.1.1　策划

关于策划，策是指计策、谋略；划是指计划、安排；连起来就是：有计划地实施谋略。通常需要组织者因时、因地制宜，集天时、地利、人和，整合各种资源进行的一种安排周密的活动。策划是指人们为了达到某种预期的目标，借助科学方法、系统方法和创造性思维，对策划对象的环境因素进行分析，优化资源配置，进行调查、分析、创意、设计并制定行动方案的行为。策划是为了解决现存的问题，为实现特定的目标，提出思路、实施方案与具体措施，达到预期效果的运用脑力的理性行为。

策划最早开始于军事领域，古希腊神话和我国古代史的军事战例中就有策划的雏形，第二次世界大战以后，"策划"一词由军事领域发展到文化、政治等领域，在现代商业战争中，策划也开始出现到市场营销领域，如美国企业世界巨子亚科卡，便曾成功地策划推出"野马"车，创下当年销售的最高纪录。策划作为一种程序，在本质上是一种运用知识和智慧的理性行为，是找出事物的主客观条件和因果关系，选择或制定出可行的对策，作为当前决策的依据。

【同步阅读 1-1】

策划与计划的区别与联系

一般来说，策划是指通过创意、谋划和论证，充分考虑现有条件，提出有价值的目标并设计最佳方案的活动。策划书(策划案)是指体现上述思想和过程的应用文体。计划是指通过分解和部署，充分调动资源，为实现某一目标而进行工作设计的活动。计划(书)是指体现这些思想和过程的应用文体。

策划和计划都面向未来、指导未来，都强调前导性和科学性，即策划和计划都是管理的前期阶段，都有着明确的目的，都指导着工作、任务的具体实施。策划和计划都要高度重视方案的可行性和高效性，要充分考虑各类要素和条件。

但策划和计划并不相同，其不同之处在于：策划一般在决策之前，是决策的依据和前提。因此，它强调价值、科学和竞争，即首先要创意出有价值的目标和谋划出科学可行的方案，这些目标和方案都应是最优的，应该在竞争中展现自己的优势并获得决策通过。计划一般在决策之后，是决策的细化和实现决策的保证。因此，它强调具体、明确和控制，即重在围绕决策目标和优先方案对工作进行分解、对资源进行细致安排，这些分解和部署都应该是明确的，以便在实现过程中进行控制和评估。策划与计划的联系非常紧密，主要表现在：第一，策划是制订计划的重要依据。策划不仅提供了计划制订和实施所应围绕的中心，即目标，还提供了目标实现的最优方案，这些都应是计划制订时必须加以考虑的。第二，计划是策划实施的重要保证。计划是策划和实施之间的桥梁。因为策划是事先谋划，所以侧重目标和较为粗略的实施方案，其通过决策后要进行细化才能组织、控制实施行为；而计划即是策划的细化。

(资料来源：http://wenku.baidu.com/link?url=ndjMyKqEoKqo0YGfuiRSdRpsHWP-8rdVHgsu1gzDxNYDM4BNxnt8NTGoRqoADK2crOzZMqqQOVZO8Azhm6mG4eG9FDzttj496lvu_VgkWZC)

1.1.2 市场营销策划

关于营销，营是指经营，销是指销售。学营销、谈营销、做营销者甚众，既懂销售又懂经营者却不多。市场营销是在创造、沟通、传播和交换产品中，为顾客、客户、合作伙伴以及整个社会带来价值的活动、过程和体系。主要是指营销人员针对市场开展经营活动、销售行为的过程。

市场营销是一种以交换为目的的经营活动，既要科学地分析市场、顾客以及各种影响因素，又要合理安排、控制经营行为，采用适当的促销方式与他们沟通，实现并完善与顾客之间的交换关系。市场营销人员所做的分析、判断、推理、预测、构思、设计、安排、部署等工作，就是市场营销策划。

所谓市场营销策划，是指企业的策划人员根据企业现有的资源状况，在充分调查、分析市场营销环境的基础上，激发创意、制订出有目标、可能实现的解决问题的一套策略规划。其含义包含三个方面：第一，营销策划的对象可以是某一个企业整体、某一项商品和服务，也可以是一次活动；第二，营销策划需要设计和运用策划方法；第三，营销策划需要制订相应的计划和安排，以保证营销策划运用的成功。营销策划是为了完成营销目标，借助科学方法与创新思维，立足于企业现有营销状况，对企业未来的营销发展做出战略性的决策和指导，带有前瞻性、全局性、创新性和系统性。

【同步阅读1-2】

菲利普·科特勒认为：营销开始于业务计划过程之前。与制造和销售观点不同，该业务过程由价值创造和随后的传递组成，这个过程包括以下三个阶段。

第一，选择价值。在任何产品产生以前，必须先做营销"作业"。营销工作过程是细分市场(Segmentation)、目标(Targeting)、定位(Positioning)——STP，是战略营销的精粹。

第二，一旦业务单位选择好了将提供给目标市场的价值，即准备提供价值工作。有形产品和服务必须是具体明确的，目标价格必须建立，产品必须制造和分销给市场。在第二阶段，开发特定产品的性能、价格和分销，这也是战术营销(Tactical Marketing)的内容。

第三，传播价值。战术营销在延伸：组织销售力量、促销、广告和其他推广工作，以使该供应品为市场所知。营销过程始于产品以前，继续于产品开发之中，在产品销售之后还应延续。

关于营销策划，欧洲国家已经将定位、营销、策划分得很细，各自有专业的操作公司。最近几年，国内上海、广州等地已经逐渐出现了细分的营销策划公司，如专业做定位、专业做设计、专业做营销托管等，这必将是营销行业的大势所趋。

(资料来源：菲利普·科特勒. 营销管理. 10版. 北京：中国人民大学出版社)

1.2 市场营销策划的内容

市场营销策划的内容是非常广泛和丰富的，根据不同的标准主要分为以下几类。

(1) 以策划的对象为标准，市场营销策划可以分为企业策划、商品策划和服务策划。企业策划是对企业整体进行的策划，用于树立良好的企业形象；商品策划是对商品的开发和销售所进行的策划，用于推出新商品和扩大销路；服务策划是为更好地满足顾客需要而进行的策划。

(2) 以市场发展程序为标准，市场营销策划可以分为市场选择策划、市场进入策划、市场渗透策划、市场扩展策划、市场对抗策划、市场防守策划、市场撤退策划等。

(3) 以市场营销过程为标准，市场营销策划可以分为市场定位策划、产品策划、品牌策划、包装策划、价格策划、分销策划、促销策划等。

(4) 以市场营销的不同层次为标准，市场营销策划可以分为市场营销的基础策划和市场营销运行策划。市场营销的基础策划包括市场调研策划和企业战略策划。

【课堂活动1-1】

××班级中秋节活动策划方案

活动主题："月亮之心"中秋亲情会

活动背景："每逢佳节倍思亲"赋予了中秋节浓郁的"家和"概念。在这个祈福圆满的月圆之夜，每一颗心灵都是圣洁的，最容易激发出人性的真善美，是极好的增进情感的节日。

活动目的：

(1) 班级是一个大家庭，是促进同学团结友好的大家庭。以分部或组为单位(视班级规模与人数而定),同学可以带家属一起来参加班级的中秋亲情会。

(2) 让同学家属了解班级文化,增进对班级的亲切感,提高对同学工作的支持度。

(3) 激发同学的感恩心与荣誉心,为家人、为同学,更努力、更有价值感地投入学习与工作。

(4) 倡导"快乐学习·幸福生活"的平衡理念,强化同学之间的和睦相处,珍惜与家人之间、与同学之间共同生活的缘分,引导同学的博爱意识、大家意识。

(5) 尊重中国的传统风俗,祈福人生的圆满光辉,弘扬中国民族文化,提升同学的文化素养。

活动对象:全体同学及其家属

活动时间:农历八月十五(或十四)晚

活动流程。

(1) 活动负责人致欢迎词。

(2) 舞台剧《中秋溯源》。如后羿射日、朱元璋起义等典故翻演。

(3) 快板(三句半,二人转)《瞧我们这一家子》,内容是分别介绍本班级的同学。

(4) 颁奖。活动负责人总结每一位同学对班级所做出的成绩与贡献,给予不同的荣誉称号,并颁发相应奖项奖品给该同学的家属,借此也请同学和家属即兴讲话。

(5) 家庭秀。所有家庭才艺表演,或是进行家庭游戏。

(6) 音乐故事《蓝绸带》。现场发动蓝绸带感恩行动(可以同学或家人之间相互进行感恩,给自己要感谢的人系上一根蓝绸带)。

(7) 派送中秋礼物。

活动负责人致感谢辞。

活动准备:

(1) 大小适合的场地及布置。

(2) 音效、碟片准备。

(3) 同学奖品准备。

(4) 中秋礼物准备。

(5) 蓝绸带准备。

(6) 相关节目准备。

相关支持方案:

(1) 场地布置方面。

可用专用气球装饰以营造出节日的欢乐气氛,并悬挂彩旗彩带,体现班级专业的良好形象。

(2) 同学奖品(根据不同同学的特征,给其评以相应的荣誉称号,并颁发奖品)给每人颁发荣誉称号的喜报,并给予价值20元以内的奖品以资鼓励,如:

价值2元的笔记本、价值6元的文具。

价值15元的广告钥匙包、钱夹、万年历、走珠签字笔。

(3) 推动奖品(设定不同的活动成绩标准,让同学与其家属共同选择,并颁发奖品以达到激励最佳效果)。

价值20元以内的礼品:广告三节伞、直柄伞、保温杯、奇趣手牵手餐具。

价值30元以内的礼品:浴室套装(四件套、三件套、二件套)、水果削皮器、银光杯。

(4) 表演节目奖(可评出最佳默契奖、最佳表演奖、最佳亲密奖并授予不同的奖项礼品)。

价值10元以内礼品：水晶杯垫、三合一啤酒桶、童男玉女开瓶器、QQ杯、男孩/女孩杯。

价值20元以内礼品：卡通电话机、卡通收音机、浴室三件套、迷你吹风筒、奥运钥匙扣。

价值30元以内礼品：摩托车雨披、CD盒、不锈钢餐具套装。

(5) 中秋节礼品(赠送月饼系列或家居生活用品以示节日的问候)。

价值10元的中秋节月饼。

价值20元的温馨团圆系列：月饼礼盒+奇趣手牵手餐具。

价值30元的秋月雅韵系列：月饼礼盒+《健康食文化》手册。

策划：×××
××××年×月×日

课堂活动：根据教学条件情况，教师可以组织模拟小型中秋节活动(根据需要，可以适当调整活动内容)。

1.3 市场营销策划学科的特点

1.3.1 创新性

市场营销策划实质上是一种经营哲学，是市场营销的方法论，是一门创新思维的学科。它是从新的视角，用辩证的、动态的、系统的、发散的思维来整合市场营销策划对象所占有和可利用的各类显性资源和隐性资源，通过创新，既可以不断地研制出适销产品投放市场，也可以生产出在本行业领先的适销产品。

市场营销策划通常是在营销预测的基础上进行，是对企业未来时期的发展方向、根本任务、基本目标、战略步骤及其每个阶段上的问题做出合理的、科学的安排和规划。

1.3.2 系统性

市场营销策划是市场营销工程设计学科，是一项系统工程设计，根据经营哲学和经营理念设计帮助企业利用开放经济中丰富的各种资源，用系统的方法将其进行科学合理的整合。策划人员在策划过程中需要注意各种营销职能安排的衔接与协调，而且必须注意对企业各种营销资源、力量进行整合，才能收到预期的策划效果。市场营销策划是依据系统论的整合原理，寻求市场营销活动科学的投入产出比，是建立在多种因素、多种资源、多种学科和多个过程整合而成的系统工程。

在市场营销策划中，营销理念设计是其他一切营销活动设计的前提，是指导和规范其他市场营销系统工程设计的核心力量，并渗透于整个市场营销策划过程中。

1.3.3 复杂性

由于企业的市场营销活动及其效果影响因素具有一定复杂性，因此，市场营销策划要求策划人员一方面必须具备丰富的实践经验；另一方面也要求策划人员必须对策划方案进行反复的推敲，才能确保整个策划方案的明确具体和切实可行。由于不同策划人员认识客观世界的能力和水平不同，同一个策划目标可能出现不同的策划效果。它至少包含两层含义：①作为一名优秀的市场营销策划者，必须具有广泛的知识，对策划和营销有深刻的了解和领悟，关键是有创造性的思维。②这些知识和创造性思维转化为营销活动，需要把这些知识灵活地运用和消化到策划活动中，才能策划出一流的方案。

1.3.4 专业性

营销策划作为一种高智慧的脑力劳动，它要求参与策划活动的人既是营销理论专家，又是营销实践经验丰富的人，必须对管理、销售、促销、广告、公关、营销调研等企业职能都非常熟悉，绝非一般人士所能胜任。一方面，营销策划活动的程序是规范的，只有按规范的程序做出的策划方案才是可靠的。另一方面，策划方案的要求也是规范的。它必须做到：目标和任务明确具体、切实可行，正确的市场导向和富有鼓动性；策划创意要特色鲜明，推陈出新；营销策划的方案和结果是可控的和可预期的。企业管理当局能够根据市场形势的发展和企业目标的变化对策划方案进行适度的调整，以确保策划方案的高度适应性。

1.3.5 客观性

市场营销策划的客观性原则是指市场营销策划应当以实际发生的营销活动或事项为依据，如实反映企业的营销状况、经营情况和传播事件，做到内容真实、数字准确、资料可靠。

此外，营销策划要具有整体意识，从企业发展出发，明确重点，统筹兼顾，处理好局部利益与整体利益的关系，制定出正确的营销策划方案。营销策划方案需要与企业的实力相适应，即企业能够正确地执行营销方案，使其具有实现的可能性。

1.4 市场营销策划发展阶段

市场营销和企业经营随着研究对象的改变，营销策划工作的重点也在不断发生变化，大致经历以下三个阶段。

1.4.1 萌芽阶段

主要是在20世纪70年代末到80年代末，顾客需要物美价廉的商品，所以企业的主要营销策划工作是集中力量改进产品，不注重顾客的需求和愿望，并忽略了分销、促销等方面的营销工作，从而导致一旦新技术和替代品出现，企业的产品就会出现滞销。

1.4.2 发展阶段

主要是在20世纪90年代，大众化时代，商品更加丰富，企业在营销策划方面的重点是如何促销自己的产品，因此各企业设置销售人员，并制定激励体制鼓励销售人员多卖产品，并同时运用广告战、价格战来满足消费者需求，不考虑消费者的喜欢和满意程度。

1.4.3 成熟阶段

始于21世纪初，随着社会经济的不断发展，消费者需求发生转变，大众化的商品得不到消费者的认可，因此企业营销策划的重点是不断分析消费者心理和行为特征，并进行市场细分，通过设计产品、定价、分销、促销等一系列系统手段来满足消费者的需求和欲望。

1.5 市场营销策划的作用

营销策划是确定企业长远发展目标，并指出实现长远目标的策略和途径，对市场运作和产品推广来讲作用重大，主要表现在以下几个方面。

1.5.1 有助于企业营销活动的目的得到进一步的明确

通过市场营销策划，不仅可以加速企业营销由现实状态迁跃，而且可以减少许多迂回寻找目标造成的无效劳动。有了目标，企业的营销活动就有了方向，就可以进行人力、物力、财力的优化配置，采取措施调动职工的积极性和创造性，向着目标不断努力。

1.5.2 可以增强企业营销活动的计划性

营销策划把企业未来时期的活动内容进行详尽的安排，是企业各个部门、各个员工的行动纲领。通过制定和实施营销策划，让企业员工得以深刻理解企业是一个整体，工作都必须围绕着公司的营销策划来进行，各部门员工必须认真履行自己的职责，与企业的其他成员紧密配合、协调一致，为实现战略目标而服务。

1.5.3 实现企业营销活动的个性化和差异化

随着消费者个性的发展及个性化消费的日渐突出，企业需要在市场竞争中依靠个性化和差异化的产品、服务和营销方式实现企业营销的个性化和差异化，满足消费者多样化的需求。虽然个性化和差异化的基础是客观的，是消费者需求特点和竞争者的行为，但是仍需要优秀的市场营销策划人员来发现并满足需求。

1.5.4 提高企业产品

提高企业产品的竞争力和营销效益。由于战略的整体性和前瞻性，营销策划的制定会充分地考虑到行业状况和业内竞争对手的竞争态势，从而有利于企业在与竞争对手的市场竞争中获得竞争优势。同样，企业营销的效益要得到改善和提高，也需要营销策划的支持，只有通过营销策划，才能在提高营销活动针对性、计划性、主动性和创造性的基础上，从根本上避免企业的无效劳动。

【知识结构图】

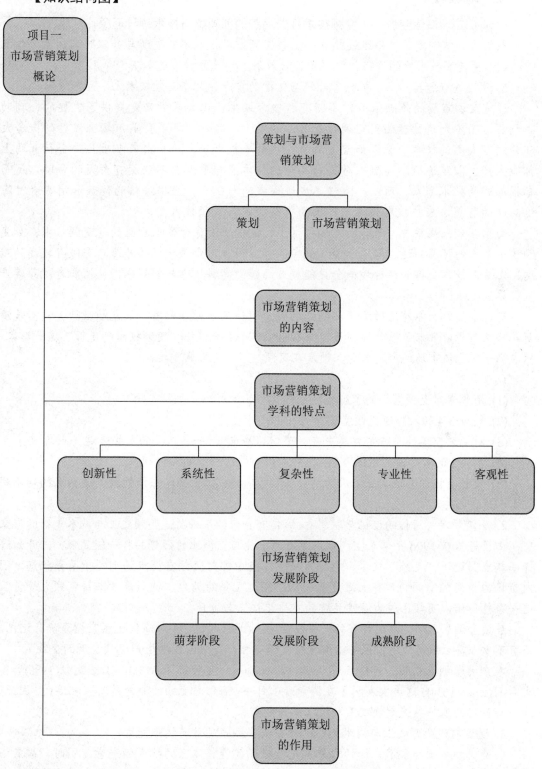

【扩展阅读】

海信空调——变频技术打造品牌的创新感与技术领导形象

杰信为海信制定了"不追逐热点,主打变频空调技术不断创新与升级"来树立海信品牌的创新感与高技术感的战略,取得了良好效果,咨询方案节选如下。

1. 不追逐概念与热点,把技术升级与传播的重点锁定在变频技术上

目前空调市场的热点很多,不断有新概念诞生,但大多数只是提供了次要的、辅助的利益,而不是消费者购买空调时最关注的要素。另外,许多目前市场上流行的概念大部分没有太高的技术含量,如空气清新、负离子技术等,一家出来以后几乎全行业马上都能生产。即追逐概念与热点对提升品牌的技术感与尊崇感不仅没有太大的帮助,反而有损品牌的技术形象。所以,海信不应追逐概念与热点,根据海信的优势和消费者对海信品牌的联想,应把技术升级与传播的重点锁定在变频技术上。

由于在未来几年内,所有的空调技术中,最能给消费者带来利益的是变频技术,如变频技术带来的恒温舒适、省电节能、低噪声等。同时,变频技术的升级与突破有较高的难度,比缺乏技术支撑的纯粹炒概念更能提升品牌的高科技感与创新感,使消费者对品牌产生整体上的认同与尊崇。

有许多能锦上添花地增加产品功能的概念营销完全可以采用,如光触媒除臭、空气清新的确给消费者带来了很大的利益,但不能喧宾夺主地遮掩"变频技术的先锋"这一形象。从占据未来主流市场的角度来看,锁定在变频技术上也非常重要。

调查表明:

(1) 消费者对变频空调的了解程度已较高。

(2) 超过 3/4 的人知道变频空调。

(3) 对变频空调的了解主要集中在"节能、省电",一半以上的人知道这一点。

(4) 约 1/3 的人知道"低噪声",其中广州知道这一点的人特别多。

(5) 变频空调的其他优点依次为"恒温""启动快",但平均每组能提到这两点的均不超过 1 人。

2. 从消费者对海信的记忆与联想看,海信有良好的基础打造变频之王与技术先锋的形象

由于海信在 1996 年切入空调市场时,为了能与空调业的强势品牌一较高低,一开始选择高起点引进了"变频"技术,占据市场制高点,那时变频空调市场刚处于萌芽状态,国内市场力推变频空调的只有上海夏普一家。经过几年的努力,特别是"工薪变频大降价"这一事件行销,变频已成为海信品牌的重要记忆点与资产。

座谈会调查表明:每组都有约一半以上的人(北京超过 2/3)对海信变频空调降价有记忆,还有不少人甚至知道"海信很早以前就有空调亮相,是中国最早生产变频空调的企业"。

入户问卷调查表明:海信品牌联想的前三项是:变频空调(31%)、工薪变频(19%)和英文名 Hisense(16%)。这再次表明了在消费者心目中,海信与变频的概念是紧密相连的。因此,海信有良好的基础打造变频之王与技术先锋的形象。

3. 通过打造变频之王与技术先锋的形象提高品牌延伸与扩张能力

打造变频之王与技术先锋的形象首先能提高品牌整体上的技术领先感。同时,循着消费者对海信变频已有较深印象的优势,继续强化作为中国变频技术的始创者的形象,并突

出在变频技术上不断创新的形象，树立"海信——变频技术的王者与先锋"的高位势形象，不仅在未来销量巨幅上升的变频空调市场占有一席之地，更重要的是，当"变频技术"成为海信品牌的一个重要记忆资产时，许多要运用变频技术且变频技术是影响产品性能的重要指标的延伸产品也会马上得到消费者的认同。

本田(HONDA)以"澎湃的动力"为品牌的核心定位，产品涵盖汽车、摩托车、割草机乃至发电机。其麾下各种产品以"卓越动力技术"被消费者认同，只要有赖于这种核心技术的产品，理光(Ricoh)与HONDA类似，理光以"卓越的光电技术"横跨传真机、复印机、照相机等，理光的系列产品都很畅销。

同样，海信占位了"变频技术的领导者"的概念，至少变频冰箱、彩电可相对较容易地占领市场。海信挟"变频核心技术的领导者"的威力进入冰箱业，有较好的节能效果，不用再花费太大力气宣传也会有人认同。

4. 不断创新占位"变频技术变革先锋"的形象

谋求占位"卓越变频技术"这一形象空间的品牌很多，通过技术创新保持优势的同时，传播上要不断占位"变频技术变革先锋"的形象，具体而言就是把海信在"数字直流、复合双转子"等最新变频技术领域的领先形象传播给消费者。

5. 扩大"变频空调"市场蛋糕的策略

尽快让普通空调消费升级为变频空调，引导"变频空调"的市场蛋糕扩大，会使海信占位"变频技术领导者"的形象资源转向为现实的商业利益，获得更大的销售与利润。同时，因为更多的人选购变频空调会使海信变频技术领先的形象更广为人知，对提升海信品牌整体上的技术领先形象也很有好处。

绝大部分的人对变频空调的好处的联想是省电、节能，联想到恒温的却很少。实际上变频空调给人们的好处还有"恒温"，可以免受压缩机"开开停停的噪声、温度波动"的折磨，是真正提高生活素质的必需，而非仅仅省钱。随着收入的提高与电费的下降，诉求恒温要比省电、节能更有力。所以要引导消费者对空调的消费从定速空调升级为变频空调，在策略上更要告诉公众变频空调给人们的好处是"恒温"，是生活高素质的体现。

(资料来源：杰信咨询)

【同步测试】

一、单项选择题

1. (　　)是指人们为了达到某种预期的目标，借助科学方法、系统方法和创造性思维，对策划对象的环境因素进行分析，优化资源配置，进行调查、分析、创意、设计并制定行动方案的行为。

   A. 策划　　　　B. 市场营销策划　　　C. 市场营销　　　D. 计划

2. (　　)是指企业的策划人员根据企业现有的资源状况，在充分调查、分析市场营销环境的基础上，激发创意、制定出有目标、可能实现的解决问题的一套策略规划。

   A. 计划　　　　B. 市场营销策划　　　C. 规划　　　　　D. 创意

3. 市场营销策划实质上是一种经营哲学，是市场营销的方法论，因而是一门(　　)的学科。

A. 创新思维　　　B. 系统　　　　　C. 工程　　　　　D. 规范
4. (　　)是对企业整体进行的策划,用于树立良好的企业形象。
   A. 企业策划　　　B. 市场营销　　　C. 市场营销策划　D. 企业形象
5. (　　)是对商品的开发和销售所进行的策划,用于推出新商品和扩大销路。
   A. 商品策划　　　B. 企业策划　　　C. 市场营销策划　D. 策划

二、多项选择题

1. 市场营销策划发展阶段大致经历过(　　)三个阶段。
   A. 萌芽阶段　　　B. 发展阶段　　　C. 成熟阶段　　　D. 衰退阶段
2. 以策划的对象为标准,市场营销策划可以分为(　　)。
   A. 企业策划　　　B. 商品策划　　　C. 服务策划　　　D. 市场扩展策划
3. 以市场营销的不同层次为标准,市场营销策划可以分为(　　)。
   A. 市场营销的基础策划　　　　　　B. 市场营销运行策划
   C. 服务策划　　　　　　　　　　　D. 市场扩展策划
4. 市场营销的基础策划包括(　　)。
   A. 市场调研策划　　　　　　　　　B. 企业战略策划
   C. 企业策划　　　　　　　　　　　D. 服务策划
5. 市场营销策划,其含义包含(　　)三个方面。
   A. 营销策划的对象可以是某一个企业整体、某一项商品和服务,也可以是一次活动
   B. 营销策划需要设计和运用策划方法
   C. 营销策划需要制订相应的计划和安排,以保证营销策划运用的成功
   D. 营销策划实质上是一种经营哲学,是市场营销的方法论

三、简答题

1. 什么是市场营销策划?
2. 市场营销策划的内容包括哪些?
3. 市场营销策划学科有哪些特点?
4. 市场营销策划发展经历哪些阶段?
5. 市场营销策划的作用有哪些?

四、案例分析

有机食品的发展前景

有机食品(Organic Food)是国际通称,这里所说的"有机"并不是化学上的概念,而是指采取一种有机的耕作和加工方式,按照这种方式生产和加工,产品符合国际或国家有机食品要求和标准,并通过了国家认可的认证机构认证的农副产品及其加工品,称为有机食品,其包括粮食、蔬菜、水果、奶制品、禽畜产品、蜂蜜、水产品、调料等。

有机食品的价格较高,通常比常规食品高30%～50%,有些甚至高出1倍以上。人们青睐有机食品除了其无污染、高品质、口味好,对健康有利之外,还有一个重要原因,即消费有机食品是对环境保护和可持续发展做贡献。这是因为有机食品在生产过程中有严格

项目一　市场营销策划概论

的生产条件：一是有机食品在其生产加工过程中禁止使用农药、化肥、激素等人工合成物质，并且不允许使用基因工程技术。二是要有生产转型期，从种植其他产品到生产有机食品需要2~3年的转换期，以保证土壤中农药、化肥、激素等物质衰减至符合标准。三是有机食品的认证要求定地块、定产量，以确保其质量。因此，生产有机食品需要建立全新的生产体系和监控体系，以生态的、无污染的生产方式来完成病虫害防治、地力保持、种子培育、产品加工和储存等生产过程。这种生产方式完全符合实行可持续发展农业的要求。

我国对有机食品的开发始于20世纪80年代后期，到目前为止，大多数栽培作物都已有了有机食品，已经过认证机构认证的产品主要有谷物、豆类、蔬菜、饮料、中草药等类别的近100个品种。我国的有机食品大部分销往日本、美国、加拿大及欧洲市场，也有部分产品在国内市场销售。据了解，目前在北京、上海、广州和南京等国内市场已经有了有机食品销售专柜，而且消费量呈上升趋势。但是，从总体上看，我国有机食品的生产开发还处于起步阶段，还跟不上形势的需要，不仅总产量小，有关方面对其重要性的认识也不够。

为了加快我国有机食品产业的发展步伐，有关专家提出，目前首先应加强对有机食品基地建设工作的指导，选择地方政府重视、群众有积极性的地区，积极推动有机食品基地的建设。同时加强对有机食品生产基地的认证和环境监测工作，并逐步实现与国际接轨。通过有机食品基地建设，保护和改善农村生态环境，还可提高我国食品的国际竞争力，实现农民增收致富的目的。其次，要逐步建立和完善技术支持服务体系，让技术咨询服务队伍成为有机食品的"讲解员"，帮助和指导农民认识有机食品，掌握相关技术，确保农民按有机食品的技术规范生产出合格的有机食品。此外，还要加强有机食品的市场规范管理。

(资料来源：http://www.360doc.com/resaveArt.aspx?articleid=70885598&isreg=1)

思考题：

1. 有机食品的发展前景如何？
2. 如何推动有机食品的发展？

项 目 实 训

实训项目：市场营销策划认知

市场营销策划是一门要求理论和实践相结合的专业课程，因此本门课程将课堂内教师的知识讲授、案例分析、情景模拟与课外同学的小组实训练习相结合，以期望帮助学生更好地理解市场营销策划的相关理论。

【实训目的】

1. 增进学生对市场营销策划的了解和兴趣。
2. 帮助学生深入理解市场营销策划的相关理论和知识。

【实训内容】

任务：选择一个小组所感兴趣的产品(可以是服务、体验、事件、人物等可以营销的对象)。对产品进行营销分析，为该产品进行一次促销活动的市场营销策划，以更好地适应市场的需求。

【实训要求】

训练项目	训练要求	备 注
认知市场营销策划	(1) 熟悉市场营销策划的概念； (2) 掌握市场营销策划学科的特点； (3) 初步具有市场意识、营销专业感情和职业情感	熟悉市场营销策划的概念、内容和特点
市场营销策划实训	(1) 了解市场营销策划发展阶段； (2) 掌握研究市场营销策划的作用	运用现代营销策划知识进行市场营销实训

项目二　市场营销策划的基本流程

【知识目标】
- 了解市场营销策划步骤。
- 掌握市场营销策划类型。
- 掌握市场营销策划书格式。

【能力目标】
- 提高市场营销策划书的写作能力。
- 培养营销策划过程的把控能力。

【引导案例】

雅科卡：策划野马轿车

1964年，福特汽车公司生产了一种名为"野马"的轿车。新产品一经推出，购买人数就打破了美国的历史纪录，顾客拼命抢购，在不到1年的时间里，野马汽车风行整个美国，各地还纷纷成立野马车会，甚至商店出售的墨镜、钥匙扣、帽子、玩具都贴上了野马的标志。更有趣的是，在一家面包店的门上竟竖着这样一块牌子："本店烤饼如野马汽车般被一抢而光。"为什么野马汽车如此受人欢迎？这不得不归功于美国实业界巨子雅科卡的出色策划。

一、策划第一阶段：概念挖掘

雅科卡1962年担任福特汽车公司分部总经理后，便策划生产一种受顾客喜欢的新型汽车。这一念头是在他对市场进行充分调查之后产生的。前提1：雅科卡在欧洲了解福特汽车公司生产的"红雀"太小了，没有行李箱，虽然很省油，但外形不漂亮。如不尽快推出一部新型车，公司将被竞争对手击败。前提2：第二次世界大战后，人口生育率激增，几千万婴儿已长大成人，在20世纪60年代，20~24岁的人口增加了50%以上，16~35岁的年轻人占人口增幅的一半。根据这一调查材料，雅科卡预见今后的10年，整个汽车的销售量将会大幅度增加，而销售对象就是年轻人。前提3：年纪较大的买主已从满足经济实惠的车转向追求新款样式的豪华车。根据这些信息，雅科卡头脑中浮现出一个策划轮廓：福特公司要推出一部适应这个市场的新产品，其特点是：款式新、性能好、能载4人、车子不能太重(最多2500磅)、价钱便宜(卖价不能超过2500美元)。雅科卡把这一大致轮廓交给策划小组讨论，经过集思广益，一个清晰的策划概念产生了：车型要独树一帜；车身要容易辨认；要容易操纵(便于妇女和新学驾驶的人购买)；要有行李箱(便于外出旅行)；像跑车(吸引年轻人)，而且还要胜过跑车。

二、策划第二阶段：主题开发

这种车该取什么名字以吸引顾客呢？雅科卡委托沃尔德·汤姆森广告公司的代理人到底

特律公共图书馆查找目录，从 A 打头的土猪一直查到 Z 打头的斑马，经过讨论，大家把上千个名字缩小到 5 个，即西部野马、猎豹、小马、野马和美洲豹。广告策划人认为，美国人对第二次世界大战中的野马式战斗机的名字如雷贯耳，用"野马"作为新型车的名字妙不可言，能显示车的性能和速度，有"广阔天地任君闯"的味道，最适合地道的美国人放荡不羁的个性。主题——"野马"确定后，策划人员又专门设计了一个标志安装在车前护栏里，这是一个奔驰的野马模型，它扬起四蹄按顺时针方向奔驰，而不是按美国赛马时马的逆时针跑法。策划者认为野马就是野生的马，不是驯养的马，不会循规蹈矩，总要超越人的正常思维，这正是主题的进一步延伸和扩展。在产品的设计上也体现出了主题：集豪华与经济于一体。花得起钱的顾客可以买额外部件及加大功率；没钱买这些也无所谓，因为这款车已比一般经济型车多了圆背座椅、尼龙装饰、车轮羊及地毯。它的外表更具特色，车身为白色而车轮为红色，后保险杠向上弯曲形成一个活泼的尾部，活脱脱就像一匹野马。

三、策划第三阶段：时空运筹

新型车问世之前，福特公司选择了底特律地区 52 对夫妇，邀请他们到样品陈列馆参观。这些人的收入属于中等层次，每对夫妇都已经拥有了一部标准型汽车。公司负责人将他们分成若干小组带进汽车样品陈列馆，请他们发表感想。这些夫妇中一部分是白领夫妇，他们收入颇高，对车的样式感兴趣；蓝领夫妇看到样车的豪华装饰，认为开这部车代表地位和权势，有些不敢问津。雅科卡请他们估计一下车价，几乎所有人都估计至少 10 000 美元，并表示不会购买这种车，因为家中已有了车。当雅科卡宣布车价在 2500 美元以下时，大家都惊呆了，之后又欢呼起来，纷纷说道："我们要买这部车，我们把车停在我们自己的汽车道上，所有邻居都会以为我们交了好运。"摸透消费者心理后，雅科卡把售价定在 2 368 美元，并精心拟订了一系列促销方案。

四、策划第四阶段：推销说服

策划成功与否，最终还是市场见真功，策划人员为野马的广告推销着实下了一番苦心。

第一步，邀请各大报社的编辑参加从纽约到迪尔伯恩的野马车大赛，同时还邀请了 100 名记者亲临现场采访。表面上看这是一次赛车活动，实际上是一次告知性广告宣传。事后，有数百家报纸杂志报道了野马车大赛的盛况，使野马成为新闻界的热闹话题。

第二步，新型野马车上市的前一天，根据媒体选择计划，让几乎全部有影响的报纸用整版篇幅刊登了野马车广告。根据广告定位的要求，广告画面是一部白色野马车在奔驰，大标题是"真想不到"，副标题是"仅售价 2 368 美元"。上述广告宣传是以提高产品的知名度为主，进而为提高市场占有率打基础。

第三步，从野马车上市开始，让各大电视台每天不断地播放野马车的广告。广告内容是一个渴望成为赛车手或喷气式飞机驾驶员的年轻人正驾驶着野马在奔驰。选择电视媒体做宣传，其目的是扩大广告宣传的覆盖面，提高产品的知名度，使产品家喻户晓。

第四步，选择最显眼的停车场，竖起巨型的广告牌，上面写着"野马栏"，以引起消费者的注意。

第五步，竭尽全力地在美国各地最繁忙的 15 个飞机场和 200 家假日饭店展览野马车，

项目二 市场营销策划的基本流程

以实物广告的形式激发人们的购买欲望。

第六步，向全国各地几百万福特汽车车主寄送广告宣传品。此举是为了达到直接促销的目的，同时也表示公司忠诚地为顾客服务的态度和决心。这一系列铺天盖地、排山倒海的广告活动使野马车风行美国。野马上市的第一天，就有400万人涌到福特代理店购买。1年之内，销售量竟达418 812辆，创下了福特公司的销售纪录之冠。

(资料来源：http://blog.sina.com.cn/s/blog_632b9b1401014x7o.html)

思考：

野马汽车为什么能够取得成功？

2.1 营销策划步骤

2.1.1 营销策划准备

营销策划首先需要确定项目，确定策划项目是整个营销策划活动的起点，这个项目可能是一种产品的年度营销方案，也可能只是某种产品的一次促销活动，不同的策划项目有不同的目的与要求，但大致流程相差不多，都要经过策划准备、营销策划方案制定、策划实施与评估等阶段。策划准备阶段是为策划方案顺利成型及实施所做的前期准备工作，需要进行物质、人员、组织、信息的准备。

1. 界定问题与目的

营销策划是一项目的性非常强的活动，任何策划项目都是基于一定的问题而来，希望通过策划解决问题。界定问题是指确定问题的内涵与外延，具体来讲就是确定问题的指向、性质、内容、范围等。界定问题，有利于明确行动的方向，确定策划对象，以便做到策划具有针对性。对问题进行有效界定的最有效办法就是多问几个为什么。

针对不同的问题就有不同的目的，策划目的主要有企业刚进入市场或进入新市场需要一套营销策划方案、旧的营销策划方式不适应新形势、营销不同阶段需要的阶段性营销策划方案等。

界定问题与目的需要与委托方进行沟通与交流。

【同步阅读2-1】

由司马光砸缸引发的思考

在我们都熟悉的司马光小时候救小伙伴的故事中，其他小朋友只是大喊，向大人求救，因为他们界定的问题是"如何把掉进水缸的小朋友拖出来"，但是他们太小拖不了。"把掉进水缸的小朋友拖出来"只是面临的一种现象，并不是本质问题。而司马光看清了本质：水对掉进缸里的小朋友造成危险，所以界定的问题是"如何让水与人分离"，这样思路就宽了，方法就多了，所以采用最简单的办法，就是拿起一块大石头，将缸砸破，水流出来了，人水自然分离,因此小朋友得救了。由此可见,问题界定的正确与否直接决定着解决问题的方法。

2. 现状调研

了解策划目的与要求后、项目正式立项前,需要进行初步现状调研,收集了解资料信息,明确企业营销活动的关键情况,以便与企业的洽谈或签约中有的放矢。在立项后还应进行更深入的、有针对性的营销调研,了解详细信息,以便提炼突破与发展方向。

完整的现状调研主要包括营销外部环境分析、企业内部环境分析。外部环境可以分为外部宏观环境和外部微观环境。外部宏观环境一般包括政治环境、经济环境、社会文化环境、技术环境等。外部宏观环境因素的变化会直接或间接地影响企业的营销活动。外部微观环境包括企业的供应商、中间商、消费者、市场竞争者等。外部微观环境对企业的影响更直接,特别是竞争者与消费者这两个因素尤为重要,所以,在进行营销策划之前,要进行充分了解。

企业营销内部环境是指企业内部所有对营销活动会产生直接或间接影响的因素。企业营销的内部环境主要是指企业各项资源,人力资源、财务资源、技术资源、企业目标、企业总体及各部门战略、企业组织结构、企业组织结构、企业文化等。

在进行企业内外部环境分析后,有时候采用 SWOT 分析法进行归纳总结,进一步提炼企业的发展方向与策略。

【同步阅读 2-2】

SWOT 分析法

SWOT 分析法是一种系统地分析和研究一个单位现实情况的方法和工具。目前,SWOT 分析已逐渐被许多企业运用到包括企业营销、人力资源、产品研发等多个方面。

SWOT 是 Strength(优势)、Weakness(劣势)、Opportunity(机会)、Threat(威胁)的合称。SWOT 分析通过明确公司现状,将公司的战略与公司内外部环境结合,实现目标。

Strength(优势)是指一个企业超越其竞争对手的能力,或者是指公司所持有的能提高公司竞争力的事物。主要是指公司的有形资产或无形资产。一般包括技术、产品、品牌、组织体系、人力资源等。Weakness(劣势)是指某种公司缺少或做得不好的东西,或指某种会使公司处于劣势的条件。主要是指公司的有形资产或无形资产。一般包括技术、产品、品牌、组织体系、人力资源等。Opportunity(机会)是影响公司战略的外部因素。一般包括客户需求、市场竞争、市场发展。Threat(威胁)在公司外部环境中,总存在某些对公司的盈利能力和市场地位构成威胁的因素。主要包括新竞争者、替代品抢占份额、市场需求减少、经济萧条等。

SWOT 分析操作步骤是首先通过资料收集与整理罗列企业的优势和劣势,可能的机会与威胁。其次,优势、劣势与机会、威胁相组合,形成 SO(利用优势抓住机会)、ST(利用优势消除威胁)、WO(抓住机会降低劣势)、WT(消除劣势和威胁)策略。最后,对 SO、ST、WO、WT 策略进行甄别和选择,确定企业目前应该采取的具体战略与策略,如图 2-1 所示。

项目二 市场营销策划的基本流程

内部力量 \ 外部环境	优势(Strength)	劣势(Weakness)
	• 地块方正平整，拆迁少，便于项目内部进行规划打造 • 项目土地成本低，开发风险低 • 项目位于工业区门户，发展潜力大。临107国道，昭示性强	• 项目地块周边噪声较重 • 周边配套档次低，发展不成熟 • 直达项目公交少，出行相对不便
机会(Opportunity) • 作为两型社会试点区，区域产业、交通环境发展会带来更多居住和商务需求 • 本区域项目少、品质不高 • 往返市区轻轨施工，将带动更多市民前来置业	SO 以地段和成本优势打造竞争力 • 利用项目地段优势，打造富昭示性产品，辐射更广泛客户群 • 发挥技术指标不确定优势，从产品销售和开发利润双赢的角度确定最有利的容积率	WO 以区域热点扩散需求范围 • 针对轻轨建设进行片区热点炒作及活动营销 • 以产业新城带动发展、带来区域形象提升的未来预期为定位和营销的出发点
威胁(Threat) • 国家宏观政策引起的市场不稳定性 • 工业园区的发展将对本项目造成影响	ST 以产品细分及分期开发应对竞争 • 从产品细节和创新上提升品质制定合理推盘时间，降低风险 • 寻找区域机会点，制定差异化产品及营销策略	WT 以产品、规划和营销规避影响 • 通过规划尽量规避噪声影响 • 有效的产品性价比，特色产品打造，规避产权年限 • 提升项目自身配套、形象和档次
发展战略方向	(1) 以产品定位、规划和内部配套打造超出区域特色楼盘的开发策略； (2) 以吴家山台商工业新城的定位和现有人气、轨道交通、区域未来发展为依托的区域整体形象提升的定位和营销策略； (3) 以产品细分和分期开发来细分客户，应对竞争的差异化竞争策略	

图 2-1 某房地产项目 SWOT 分析示例

3. 制订策划工作计划

为了协调不同工作、保证项目工作正常进度，一般需要制订策划项目工作计划。策划工作计划应对策划的重要性、可行性、策划进程、人员安排、策划方案实施的成本与报酬等进行阐述说明。

4. 审批策划项目

审批策划项目即取得决策者的认同，经过审核批准从而顺利立项。

5. 确定策划目标

针对企业存在的问题，明确当前营销目标，确定策划方向。策划目标旨在说明通过营销策划活动要达成什么效果。一般包括产品销售量、市场占有率、利润率、到访量等。

2.1.2 制定营销策划方案

在确定了问题和目的以及设定营销目标之后，就要解决怎样才能达到这一营销目标的

具体工作，即实现目标的途径和方法，解决办法一般体现在策划方案中。

1. 方案构思

方案构思包括方案结构的搭建和方案中各部分的创意。为了便于观看者理解和接受，一般采取金字塔结构进行构思和组建策划书框架结构(具体内容见本章 2.2.3 营销策划书写作技巧)。

创意部分主要有以下 4 种方法。

(1) 头脑风暴法。头脑风暴法又叫畅谈法、集思法等，是指采用会议讨论，利用集体的思考，引导每个参加会议的人围绕中心议题，在自由愉快、畅所欲言的气氛中，自由地提出想法或点子，广开言路，激发灵感、引起联想、产生共振和连锁反应，在自己的头脑中掀起风暴，从而诱发更多的创意及灵感的一种创造性思维的方法。头脑风暴法主要包括 3 个阶段：一是准备阶段，包括选定基本议题；选定参加者(一般不超过 10 名)，确定记录员 1 名；确定会议时间和场所并布置好；准备好纸、记录笔等记录工具；会议主持人应掌握智力激励法的一切细节问题。二是头脑风暴阶段。召开智力激励会议，主持人首先必须向与会者简介该方法大意，应注意的问题；让与会人员畅所欲言；记录员记录与会者激发出的灵感；结束会议；三是评价选择阶段。将会议记录整理分类后展示给与会者；评价各点子；选择最合适的点子。

(2) 垂直思考法。垂直思考法又称逻辑思考法，即在日常的经验的基础之上，从问题出发，按照一定的逻辑思维路线，自上而下或自下而上进行垂直思考的一种方法。思考的事物之间具有较强的联系性。比如由新鲜想到刚摘的水果，由刚摘的水果想到果园。

(3) 水平思考法。

水平思考法又称为横向思考法、侧向思考法，是指摆脱旧知识和旧经验的束缚，打破常规，以全新的角度对某一问题进行重新思考的一种发散性思考方法。比如我早餐喝牛奶，变为早餐的牛奶喝我，我掉进一大杯牛奶里。

(4) 类比法。类比法是指在两种不相关的事物中，找出共性，并且将两者进行联系，发现合理的、逻辑的表达和构想的一种思考方法。比如，我们都认为猎豹跑得快，如果要体现汽车的"快"这个抽象概念，可以通过汽车与猎豹赛跑来体现。

2. 编写营销策划书

营销策划书是营销策划思想的体现，核心思想是充分考量企业拥有的有限资源和外部环境，找到实现营销目标的最佳路径。

3. 方案沟通

方案沟通是策划者与委托方的沟通。方案沟通有时候不限于一次，直到达成共识。通过沟通一方面可以了解最高决策者的意图，准确地体现决策者的理念、思想；另一方面，可以推销策划者的思想和思路。沟通的过程既是一个整合的过程，也是一个贯彻的过程。

4. 策划书提交

经过反复沟通、调整后的策划方案最终通过策划书的形式表现出来。策划书是表现和传达营销策划内容的载体，它既是营销策划活动的主要成果，也是企业进行营销活动的行动计划。

2.1.3 营销策划实施与评估

1. 营销策划实施

营销策划方案完成以后，需要通过营销管理部门组织策划的实施。营销策划方案实施是指营销策划方案在实施过程中的组织、指挥、控制与协调活动，是把营销策划方案转化为具体行动的过程。

国内某知名策划人曾说过："三分策划，七分执行。"很多企业往往由拥有丰富经验的人员担任企划决策工作，实力雄厚的企业还可拥有大的广告公司、顾问公司担任咨询管理。有时企业也制订了很多完整的营销计划和方法，但实际的结果却有赢有输。主要就在于决策的执行与控制。

那么，如何才有有效地实施营销策划方案呢？主要有以下几种方法。

(1) 策划方案科学合理。营销策划方案设计应该符合企业实际。策划完成后，应及时与企业高层沟通。最好的办法是召开企业高层领导、各部门负责人和策划人员参加专题会议，广泛征求意见，便于修正策划中脱离企业实际的地方。

(2) 制定详细的执行方案。有策划人员与管理人员共同制订详细可行的行动方案，规定和协调各部门的活动，制定详细周密的事项时间完成表，明确各部门责任人应负的责任。

(3) 建立适当的组织结构。仅仅依靠策划人员或部门难以有效地完成策划方案布置的工作，所以需要建设适当的组织结构，将战略实施的任务分配给具体的部门和人员，规定明确的职权界限和信息沟通渠道，协调企业内部的各项决策和行动。

(4) 培育企业文化。企业文化是一个企业内部全体人员共同持有和遵循的价值标准、基本信念和行为准则。良好的企业文化能够起到把全体员工团结在一起，共同前进的作用。因此，培育良好的企业文化是执行企业战略的重要组成部分。

(5) 建立完善的监控体系。营销策划由人来执行，而每个人的能力情况又不一样，因此能否取得预期效果，还需要做好控制工作，建立一个对营销活动进行监控的控制系统。企业要根据预算表与进度表，监控营销预算及进度。

总之，管理者需要根据策划的要求，分配企业的人力、财力、物力等各种资源，把任务进行分配，分步、分头去实施，同时进行有效监控。管理者要组织、协调内外部各种力量，完成策划书规定的营销目标和任务。

2. 营销策划方案评估

1) 评估标准

(1) 对比营销目标。营销策划方案最直接的评价标准是把营销结果与营销目标进行对比，实现营销目标则代表营销策划方案优良。

(2) 投入产出比。营销策划方案是指实现目标的最佳途径，从而节省成本，实现更大盈利，所以拖入产出比体现了营销策划方案的高低。

(3) 易于操作。在企业里营销策划部门往往是独立的，方案中促销活动内容需要业务部门营业人员一起执行，复杂的过程或术语会影响沟通与执行效果。所以营销策划方案各部分要简洁明了，易于执行和操作。

(4) 与市场结合程度。营销策划方案必须从市场中来再到市场中去，而不是闭门造车，卖弄文采。所以需要检查营销策划方案适应市场的程度，是否有效地结合了企业内外部环境。

(5) 创新性。想象力及创造力也是体现策划能力的重要标准之一，在产品命名、广告诉求等方面更重要，所以创新性也是评估标准之一。

2) 项目评估

每一个项目完成以后都要对项目和整个营销策划方案进行回顾，以判断项目的完成情况，及时发现和解决问题。当项目完成得不是很理想时，营销策划人与管理人员首先要找出原因，然后提出解决问题的对策；必要时，可以对整个营销方案做出调整。

3) 反馈改进

对营销策划人员来说，营销策划书实施完成后并不表明策划就结束了。结果出来时，营销策划者还必须对营销策划的经过和结果进行充分的分析，找出存在的问题，吸取教训，总结营销策划立项及实施时的教训、启示和创意，积累经验，并将其有效地反映在下一次营销策划中。

不同时期、不同产品、不同环境条件下，方案的适用性是不一样的，所以应该针对具体环境制定操作性和适用性较强的方案。

2.2 营销策划方案制定

2.2.1 营销策划类型

企业面临复杂的市场环境和不同的营销问题，也就需要进行不同的营销策划，不断因时制宜、因地制宜地制定营销策划方案。科特勒曾列出企业的 8 种策划：公司整体策划、事业部策划、产品线策划、产品策划、品牌策划、市场策划、产品/市场策划、功能策划。企业在实际的营销活动中，营销策划方案往往表现为以下各种形式。

1. 总体营销策划和项目营销策划

总体营销策划是企业针对整体营销活动所制定的策划，范围广、内容全，如某房地产公司的年度营销策划。项目营销策划针对营销工作的某个层面、某个对象进行策划。一般包括以下各种项目类型：新产品上市策划、品牌形象策划、市场推广策划、促销策划、公关策划、渠道策划等。

2. 长期营销策划和短期营销策划

长期营销策划是企业对营销活动在相当一个时期的活动安排，更侧重为企业的营销战略思考，层次高，涉及面广，如某集团 5 年品牌规划。短期营销策划是指企业对眼前的经营活动制定具体的行动措施，如某汽车公司的年度营销策划、某家电企业的年度知名度促进策划、某服装企业的季度促销策划等。

2.2.2 营销策划书内容与格式

1. 策划书内容

策划书没有一成不变的样式，它依据产品或不同营销阶段的不同要求，在策划内容与编制格式上也有所变化。因此，我们可以总结营销策划书的一些基本内容及编制格式。

市场营销策划书的逻辑思路与主要内容如图 2-2 所示。

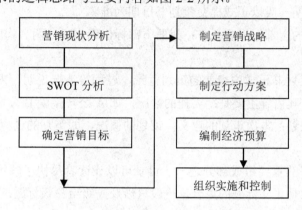

图 2-2　营销策划书逻辑图

2. 策划书格式

一份规范的市场营销策划书，形式上常常由封面、前言、目录、摘要、正文、附录、封底组成，如表 2-1 所示。

表 2-1　完整的营销策划书格式

策划书格式		注意事项
封面		简洁大气
前言		背景介绍
目录		简明
摘要		策划要点突出
正文	营销现状分析	策划依据、市场总结
	营销目标	任务明确
	营销策划战略与策略	高屋建瓴、方向正确
	行动计划	路径清晰、可行
	经费预算	清晰完整
	实施与控制	保障有力
附录		解释补充
封底		简洁、公司信息

1) 封面

策划书的封面一般提供以下信息：①策划书名称；②策划委托方名称；③策划机构名称；④策划完成日期及本策划适用时间段；⑤编号。

封面设计要点如下。

(1) 封面的设计应该醒目、简洁，切忌花哨，字体、字号及颜色应根据视觉效果酌情考虑。

(2) 策划书的名称应该简洁、准确，体现策划主题或目的，比如×××国庆节促销活动案、×××年度营销方案。

(3) 策划完成日期一般以正式提交策划书日期为准。

(4) 一般在封面的上部标出委托方；封面下部标出策划者。两者均应使用规范全称。

2) 前言

前言或序言是策划书正式内容前的策划背景、过程等情况说明，内容应简明扼要，最多不要超过 800 字。其内容主要是：委托的情况，如 A 公司接受 B 公司的委托，就××年度的营销计划进行策划；本次策划的意义；策划的概况，即策划的过程和要达到的目的。

3) 目录

目录也是策划书的重要组成部分之一。目录可以让读者尽快了解策划书的全貌和方便查找相关内容。目录是正文标题的集合，一般只涉及一级至三级标题。

4) 摘要

摘要是营销策划内容的概括与总结。摘要讲述营销策划采取什么手段，解决了什么问题，读者通过摘要可以了解本次营销策划内容的关键点和要点。摘要是在营销策划书完成后，进行的总结和概述。摘要要求简明扼要，篇幅不能过长。

5) 正文

策划书的正文部分主要包括以下 7 项内容。企业产品、营销阶段、营销目的的不同，则各项内容在编制上则有不同的详略取舍。

(1) 营销现状分析。营销现状分析是对企业所处的宏观环境、行业市场环境、竞争状况、消费者状况等方面的调查研究。

① 宏观环境分析。这部分分析社会宏观环境现状和发展趋势，涉及政治法律、经济、科技、人口、社会文化等方面对企业营销活动的影响。

② 行业市场分析。是指本产品行业市场规模及容量、市场增长状况、细分市场状况、产品特点及发展趋势、市场价格、利润空间等。

③ 竞争分析。分析本企业及产品的主要竞争对手，分析主要对手的产品特征、生产规模、发展目标、市场占有率、营销战略和策略，了解发展意图及行为；为本企业制定对应策略打好基础；可以从 4P 角度进行系统分析。

④ 消费者分析。是指消费群体与需求状况，如顾客需求、品牌认知、媒体接触、购买行为等。

⑤ SWOT(优势、劣势、机会、威胁)分析。通过对企业上述内外部环境因素进行分析后，找出企业产品、价格、促销、渠道等方面的形势，然后进行 SWOT 分析，进行扬长避

短，发挥优势，规避劣势与风险，从而提出下一步的目标和对应策略。

(2) 营销目标。公司通过营销策划活动要达到什么样的目标，包括提高知名度及财务上销售收入及盈利目标等。

市场营销策划的目标是计划中最基本的要素，是企业营销活动所要达到的最终结果。营销目标一般包括以下内容：销售量、销售利润率、市场占有率、市场增长率、产品/品牌知名度和美誉度等。如："在明年获得总销售收入5000万元，比去年提高15%""经过该计划的实施，品牌知名度从10%上升到20%""扩大分销网点15%""在明年，净利润达到300万元"等。

注意：①一般情况下目标应具体化，以可以测定的方式(如数据、指标)来表达；②如果是多个目标，目标之间应该彼此协调；③目标达成应设置一定的期限；④目标具有一定挑战性，但须经过努力可以达到。

在某些营销策划中，营销目标有时候也放在营销现状分析之前。

(3) 营销战略。营销战略是企业实现营销策划目标的途径和方法，主要包括市场细分(S)、目标市场选择(T)和市场定位(P)。本部分应该了解不同细分市场的偏好，选择合适的目标市场，然后确定在目标市场中建立怎样的市场形象来促进销售。

(4) 营销策略。确定了目标市场营销战略，企业将根据目标市场的特征合理配置资源，从策略上分别制定产品、价格、分销和促销方案。

①产品策略包括产品线策略、品牌策略、包装策略、产品生命周期策略、新产品策略、品质、功能等。

②价格策略包括产品销售成本的构成及销售价格制定的依据等。

③分销策略包括分销渠道组建与激励。

④促销策略包括促销方式、宣传广告形式。

(5) 行动计划。根据策划期内各阶段特点，推出各项具体行动方案，以具体贯彻营销战略和策略。行动方案主要是指营销活动"要做什么""什么时候做""怎样做""什么时间做""谁来做"，即营销活动(时间、人员、内容)具体安排。行动方案必须是符合营销战略要求、具体、周密、操作性强，具有一定灵活性，同时还要考虑费用支出。可以使用表格或者图形，把各个行动要素要求描述出来，明确每项行动的日期、步骤、具体细节、参与及负责人员等，使整个方案条理清晰明了。

(6) 经济预算。经济预算是指根据目标、战略和行动方案，预估营销方案执行过程中的费用收支情况，包括营销过程中的总费用、每阶段费用、分项费用等，以方便审核者了解与查看。其原则是尽量以较少投入获得最优效果。经济预算是企业进行资源分配以及营销管理的重要依据之一。

(7) 实施与控制。实施方案控制作为策划方案的补充部分，一般篇幅较少。在方案执行中可能会出现与现实情况不相适应的地方，因此，必须根据市场的反馈及时对行动方案进行调整。在方案设计中要做好任务分解，落实人员，明确责任及各级机构的协调。有时候可以设定实施提示和监督的表格，确保计划的实施有条不紊地进行。

6) 附录

附录是策划书的附件，附录的内容对策划书起补充说明作用，主要是图表资料和参考文献。附录主要处于两个方面的目的：一是对策划书中某一部分内容做进一步必要的说明，比如由于篇幅有限正文中不能容纳消费者调查全部内容则可作为附录；二是为策划提供客观性的证明，如问卷、图像资料等证明材料。附录也要标明顺序，方便寻找。

7) 封底

封底一般要求简洁明了，表明策划公司名称、地址、联系方式等内容即可。

完整的营销策划书一般由上述几项内容构成。当然，由于营销目的、内外部环境、营销目标等方面的不同，不同的策划书的内容构成可能有所差异。

2.2.3　营销策划书写作技巧

1. 写作要求

营销策划书展现策划项目实施的具体策略与计划，是营销策划的具体反映，是指导项目实施的文件。营销策划书一般采用说明文的文体格式，一般有以下主要写作要求。

(1) 严谨与形象性的统一。策划书语言要严谨、规范、准确，以书面语、专业术语为主，避免口语表达，体现专业水平。但在诉求主题、消费者描述时也需要适用形象性语言进行表达。所以策划书中根据具体的需要进行语言的选择与使用。

(2) 可操作性与针对性强。策划的目的是用于指导具体的营销活动，涉及营销活动中的每个人的工作及各环节关系的处理。不具有操作性就难以指导，让执行人摸不着头脑或花费大量人力、财力、物力，却没有什么效果，这就失去了策划的意义。针对性是指策划要抓住关键问题，深入分析，提出有指导性的相应对策。活动策划侧重活动安排与组织，可行性策划则须加强财务效益分析。

(3) 逻辑性。人们的认知过程是由浅入深，循序渐进的；策划的目的在于解决营销中遇到的问题，因此，策划书结构需要按照逻辑性推理思维，主次分明、有条理地排列策划书内容，做到言而有序。策划书环环相扣、前后照应、层次清晰，这样既方便读者阅读，也使自己的结论具有证明推导过程，更有说服力。一般结构是首先阐述策划背景和策划目的，分析市场现状；其次，明确策划目标，以便对实施效果进行评估；再次，详细阐述具体策划方案的内容，提出解决方案；最后，根据营销计划花费进行经费预算并提出保障策划执行的措施。

(4) 整合性。策划者要把所策划的对象视为一个系统，用系统、层次、联系的观点来处理策划对象各要素之间的关系。整合性要求营销策划要围绕策划的主题，有效地调动和合理安排企业各种人、财、物等资源，把需要涉及的各方面进行统筹运作，从而顺利完成目标。

(5) 效益性。效益性是指营销策划活动中，策划活动、宣传手段等要注意成本控制，要以较少的成本产生较好的效益。营销策划效益是策划主体和委托方的最终目的，企业之所以要进行营销策划，主要就在于追求经济效益。

(6) 创意性。初学策划者首先要掌握策划的基本格式，然后注意策划的创意性，内容新，表现手法也要新，从而容易吸引人，方便推销自己的观点，也容易产生良好的策划效果。新颖的创意是策划书的核心内容之一。在策划执行过程中，好的创意更容易产生好的效果。

此外，营销策划书各部分的篇幅要与策划内容的繁简一致，语言要简约、明了、流畅。

2. 写作技巧

(1) 理论依据指引。为策划观点寻找一定的理论依据，容易提高策划内容的可信性并使阅读者接受，并且具有高屋建瓴、指令策划全局的效果。

(2) 数字说明问题。在策划书中利用各种绝对数和相对数来进行比较对照容易使人信服，支撑观点，特别是市场调研部分。但是，需要注意的是，各种数字最好都有出处以证明其可靠性。

(3) 图文并茂展示。要善于运用图表表达，这有助于阅读者理解策划的内容，提高页面的美观性，同时反映策划方市场调查的详细度与真实性。策划书中同级别文字字体要统一，全案不超过 3 种字体，大小不宜变化太多。

(4) 合理设计版面。策划书视觉效果会影响策划效果，合理设置版面也是撰写策划书的技巧之一。版面设计与安排应该简洁大气，一般为上下结构或左右结构。PPT 幻灯片的版式设计直接影响观看者信息接收的有效性。

(5) 金字塔结构排序。撰写策划书必须要厘清思路，要符合逻辑性和条理性，因此，在实践中最常用的排列结构是金字塔结构。金字塔结构要求从报告的主题所包含的中心思想开始，从上到下层层铺垫并展开观点，从而构成思路清晰、逻辑严密的报告。

(6) 消灭细节错误。细节决定成败，简单的失误或差错都可能给人造成专业水平低下的印象。对打印好的策划书要反复仔细检查，杜绝任何差错，对专业术语、企业名称等更应着重注意。

【同步阅读 2-3】

金字塔结构

对读者来说，最容易理解的顺序是先了解主要的、抽象的思想，然后再了解次要的、为主要思想提供支持的思想。

金字塔中的思想必须符合以下规则：①每一层次的思想观点必须是对低一层次思想观点的概括。在思维和写作中的主要活动，就是将较具体的思想概括地抽象为新的思想。段落的主题就是对段落中各个句子的概括；章节的主题也是对章节中各个段落的概括；以此类推。②每一组的思想观点必须属于同一范畴。如果某组思想中的第一个思想是某个过程的一个步骤，那么该组中的其他思想也必须是同一过程的其他步骤。③每一组的思想观点必须符合逻辑顺序。必须有明确的理由说明为什么把第二个思想放在第二位，组织思想基本上只有 4 种可能的逻辑顺序，即演绎顺序(大前提、小前提、结论)、时间顺序(第一、第二、第三)、结构顺序(波士顿、纽约、华盛顿)、重要性顺序(最重要、次重要等)。

金字塔结构包括的一些子结构能够加快你发现思想的过程。

1. 主题和子主题之间的纵向关系

纵向联系能够很好地吸引读者的注意力。通过纵向联系,你可以建立一种疑问／回答式的对话,从而使读者带着极大的兴趣了解你的思维发展。这种纵向联系迫使读者按照作者的思想做出符合逻辑的反应。放在金字塔结构中每一个方框中的就是一个"思想"(idea),为了向读者传递新的信息而进行的表述必然会使读者就其逻辑性产生疑问,你必须在该表述的下一个层次横向地对该问题做出回答。但是,你的回答仍然是向读者传递他不知道的新信息,这又使读者产生新的疑问,于是你又在再下一个层次对新的疑问做出回答。

2. 子主题之间的横向关系

当考虑在下一结构层次上如何表述时,必须保证你的表述能够回答在其上一个结构层次的表述所引起的疑问,同时还必须保证表述符合逻辑。也就是说,表述必须具有明确的归纳或演绎关系,但不可同时既具有归纳关系又具有演绎关系。在组织思想时,归纳和演绎是仅有的两种可能的逻辑关系。

3. 序言的讲故事式结构

为了保证能够引起读者的注意,必须使其能够回答读者头脑中的问题。讲故事形式的序言部分可以通过追溯问题的起源和发展来确定这一问题。序言部分主要包括情境(S),冲突(C)由情境发展而来,情境和冲突都是读者熟知的事实,冲突导致问题(Q)的提出,而文章为该问题提供答案(金字塔塔顶的主要思想 A)。

如何构建文章的金字塔结构?

自上而下或自下而上地进行。自上而下地构建金字塔结构通常较容易一些,因为你开始思考的是你最容易确定的事情,即文章的主题,以及读者对该主题的了解情况。具体如下。

(1) 画出主题方框。并且问自己"我将讨论什么主题?"(大客户提出的改变记账方式的建议)

(2) 确定主要问题。我将回答读者头脑中业已存在的关于该主题的什么疑问?(这个建议可行吗?)①写出对该问题的回答(可行)。②说明"情境"。将主题同"情境"结合起来。③指出"冲突"。"情境"中发生了什么"冲突",而引起读者的"疑问"呢?

(3) 检查主要问题和回答。具体做法是:将要讨论的主题同情境结合起来,做出关于该主题的第一个不会引起争议的表述。首先做出关于该主题的表述肯定不会引起读者的疑问呢?即读者肯定会作为事实接受并且不会提出任何疑问的表述(大客户建议改变记账方式)。

(4) 现在假定读者说:"是的,我知道这回事,有什么问题吗?"你就可以直接做出关于冲突的表述(你们问我该建议是否可行)。你之前所做出的关于问题的表述现在显然将跃入读者的大脑(该建议是否可行)。读者所想到的问题同你之前所提出的问题基本一致,因此可以说,读者的疑问同你的回答相匹配,你所要讨论的主题对读者是有意义的。

(5) 做出该建议确实可行这样的表述后,你将沿金字塔结构进一步向下思考,以确定读者在看到这样的表述后会产生什么新的疑问(为什么这么说)。

(6) 针对"为什么?"之类的问句的回答必须是"原因",因此,你在关键句这一层次上提供的所有要点必须都是"原因"。你的原因是什么呢?该建议将提供我们所需的信息;该建议将增加我们的现金流量;该建议将减少我们的工作量。

(7) 在确定了以上要点都是正确的且符合逻辑之后,下一步就是继续沿金字塔结构向下思考,提供能够支持以上观点的思想。

自下而上法。很多时候也会发现你思考得还不够成熟,无法构建出金字塔结构的顶部。遇到这些情况时,可向下移动一个层次,从关键句层次上着手。可以按照以下"三步走"的过程自下而上地组织你的思想。①列出你想表达的所有思想要点。②找出各要点之间的逻辑关系。③得出结论。

(资料来源:巴巴拉·明托.金字塔原理.第一版.北京:民主与建设出版社)

【知识结构图】

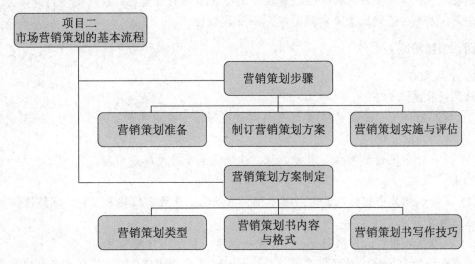

【扩展阅读】

武汉XX房地产营销策划报告(摘录)

一、市场环境(略)

1. 整体市场
2. 片区市场
3. 竞争对手分析
4. 市场小结

二、项目分析

1. 产品分析(略)
2. 项目SWOT分析

优势:区位环境——盘龙桥下第一站、依山傍水、生态环境优美。

产品优势——稀缺5+1洋房,一线临湖的园林风景。

劣势:周边配套缺乏,物业管理差。

品牌:知名度不够,品牌影响力不够。

威胁:盘龙城市场竞争激烈,潜在竞争对手威胁。

政策：宏观形势变化，房地产的变化，可能造成市场影响。
业主：一、二期交房业主可能存在一定纠纷影响销售。
机遇：多层产品市场稀缺。

3. 核心竞争力分析

稀缺 5+1 洋房群、临湖景观优势明显。

三、营销战略

项目定位：大汉口别墅级全景洋房。

大汉口：拉近与城市核心区域的心理距离。

别墅级——体现项目的稀缺性，是位于别墅区域内的目前已经珍稀的洋房产品。

全景洋房——沿湖风景、水岸景观、山景等全景。

四、营销策略

1. 产品策略

产品提升建议如下。

(1) 提高园林景观建设水平(尤其是临湖景观带，如提前展示临湖景观样板区)。

(2) 加强物业管理。

(3) 提前公布规划变电站、增加会所、杜绝漏水等房屋质量问题。

2. 推广策略

(1) 强势媒体集中宣传，迅速引爆市场。报纸媒体开盘前后集中宣传，网络媒体持续宣传，短信群发节点宣传。

(2) 精准区域推广。外展行销——布局杨汊湖，辐射汉口中心区。

主要外展行销区域：杨汊湖区域。路线封锁：选取 291 路、296 路公交车身广告、路牌等宣传。

3. 价格策略

低开高走策略：把握时机，平价入市，保证销售量。后期建立产品形象，实现优势产品最大价值。

建议东区价格如下。

C 类产品，平价入市，平层均价 2800 元/平方米，复式楼层均价 3800 元/平方米。

B 类产品，逐步提价，平层均价 2900 元/平方米，复式楼层均价 3900 元/平方米。

A 类产品，价格标杆，平层均价 3200 元/平方米，复式楼层均价 4200 元/平方米。

4. 客户渠道策略

杨汊湖区域客户：新华家园售楼部为据点，进行区域巡展、发单。另外，配以短信、公交车身广告覆盖区域客户。

关系介绍客户：业主介绍、老客户介绍、同业介绍等持续关系营销奖励措施。

现场看房客户：销使守点带客、门楼、指示牌、楼体字进行截客。

武汉三镇客户：报纸、网络的集中宣传，迅速提升项目知名度。

5. 推盘策略

(1) 咨询及认筹期。

临湖房源高价认筹去化西区景观产品。东区两房低端认筹，满足客户需求。

(2) 开盘期。

推出临湖 A 类产品，树立价格、形象标杆。推出 C 类低端产品以满足客户需求。

(3) 加推期。

依据 C 类产品去化情况，B 类产品入市提高价格。A 类产品受市场关注，成为市场热点。及时补充各类型房源。根据市场情况调整价格。

五、营销计划

1. 营销目标

结合近期市场行情及项目现状、2009 年度销售目标、东区(A 组团)及西区剩余房源销售目标如下：在 2009 年 12 月 31 日前实现总体售出 5800 万元。

西区销售额约 2800 万元，东区销售额约 3000 万元(占东区 A 组团总销售额的 43%)。

2. 阶段营销计划

(1) 前期咨询期(2009 年 7 月至 8 月 8 日)。

目标：西区销售 50 套，东区接受意向客户登记。

营销重点：发布东区信息及树立东区形象，东区认筹蓄客。保证西区的正常销售。

阶段性营销策略：建立东区前期形象，提前传递产品核心优势。组织业主活动，维护关系，树立良好口碑。扩大知名度，高调宣传，强势媒体。

推广主题：7 月购房相约凤凰古城

营销活动：全场九折起，购房送旅游、电动车。东区临湖风景线上宽景洋房即将揭幕。

推广渠道与计划：①网络：7 月 4 日开始网络广告投放；②短信：7 月 24 日、7 月 31 日、8 月 7 日对业主及老客户群发短信，10 万条区域短信；③围墙：7 月 30 日前对东区围墙进行包装；④售楼部包装：售楼部内外部包装(鸟瞰图、沙盘、外部包装等)。

(2) 东区认筹期(2009 年 8 月 8 日至 9 月 26 日)。(略)

(3) 开盘热销期(2009 年 9 月 26 日至 11 月 7 日)。

目标：推出 114 套，解筹率达到 30% 以上。

营销重点：开盘优惠，提高认筹客户解筹率"十一"房交会营销节点促销，保持开盘热度。

阶段性营销策略：广泛传播开盘信息及热销信息，进行活动营销。临湖风景展示、观景样板间展示。合理推盘、定价，最大化提升项目价值。

推广主题：认筹金卡 5000 元抵 5 万元，赢幸运大奖。

营销活动：认筹客户进行排号，解筹开盘日购房的客户进行抽奖活动，赢取大奖。

推广渠道与计划：①报纸：9 月 30 日软文及报广，发布开盘热销及"十一"优惠；②网络：10 月持续投放；③短信：9 月 30 日对业主及老客户群发短信，10 万条区域短信；④现场包装：开盘期间对项目现场进行形象包装；⑤房交会：参与房交会，展示项目形象。开盘活动要点如下。

目的：营造销售气氛，提高客户解筹率，促进项目成交。

优惠措施：

① 购买金卡客户，按5000元抵5万元的总价进行优惠。优先排号选房。

② 购买普通卡客户，按日进1000元优惠进行总价优惠，最高优惠2.2万元。摇号选房。

活动造势：

① 舞台节目、开盘仪式、排队摇号。

② 购房客户幸运大抽奖。

关键物料：现场包装、楼书、单张、展板等。

③ 费用预算。

销售目标：5800万元；总费用预算：58万元；占销售额的1%。

表 2-2 费用预算表 单位：万元

营销阶段	事项		费用
前期咨询期	围墙	0.5	9.5
	现场包装	1	
	行销费用	1.5	
	沙盘、宣传物料	6	
	门楼更换	0.5	
东区认筹期	报纸	12.5	21
	网络	2	
	短信	1	
	楼体广告	2	
	行销费用	1.5	
	宣传物料	1.5	
	门楼更换	0.5	
开盘热销期	报纸	2.5	22
	网络	2	
	短信	1	
	行销费用	1.5	
	物料	1.5	
	开盘费用	3	
	房交会费用	9.5	
	门楼更换	0.5	
加推热销期	网络	2	7
	短信	1	
	行销费用	1.5	
	物料	1	
	门楼更换	1.5	
合计	59		

【同步测试】

一、单项选择题

1. 营销策划思考及策划书结构组织的常用方法是（　　）。
   A. 水平思考法　　B. 头脑风暴法　　C. 金字塔结构　　D. 类比法
2. 下面不属于营销策划方案评估标准的是（　　）。
   A. 易操作性　　B. 与市场贴切程度　　C. 创新性　　D. 字数
3. "上市后价格将采用低开高走策略"属于（　　）。
   A. 营销战略　　B. 营销策略　　C. 行动计划　　D. 经济预算
4. 下面不属于营销策划格式正文的是（　　）。
   A. 营销现状分析　　B. 营销战略　　C. 行动计划　　D. 附录
5. 下面不属于营销策划书写作技巧的是（　　）。
   A. 版面设计合理　　B. 消除错误　　C. 不需图表　　D. 寻找理论依据

二、多项选择题

1. 营销策划步骤有（　　）。
   A. 策划准备　　B. 营销策划方案制定　　C. 策划实施　　D. 策划评估
2. 有效实施营销方案的方法包括（　　）。
   A. 合适的组织结构　　　　　　B. 策划方案科学合理
   C. 良好的企业文化　　　　　　D. 详细的执行方案
3. 营销策划书封面设计应该（　　）。
   A. 简洁　　　　　　　　　　　B. 突出主题
   C. 花哨　　　　　　　　　　　D. 委托双方名称使用规范全称
4. 下面属于营销策划书格式的有（　　）。
   A. 摘要　　B. 封面　　C. 封底　　D. 目录
5. 下面属于营销策划书写作要求的是（　　）。
   A. 严谨与形象性统一　　　　　B. 逻辑性
   C. 整合性　　　　　　　　　　D. 效益性

三、简答题

1. 简述营销策划的步骤。
2. 简述营销策划的评估标准。
3. 简述营销策划书的类型。
4. 简述营销策划书的格式。
5. 简述营销策划书的写作技巧。

四、案例分析

"小茗同学"如何抓住"95后"

日本包装设计大师笹田史仁在《0.2秒设计力》一书里写道:"购物的客人在经过货架前,让商品映入眼帘的时间只有0.2秒。想要让顾客在这个瞬间惊叹一声'哇!'并且愿意驻足停留,那就必须靠抢眼的包装。"

实际上,越来越多以包装美学取胜的韩日快消食品成为国内消费者的新宠。便利店里,设计精美、包装别致的小零食总能轻易吸引到顾客的眼球。在国内,像饮料这样的快消行业,也越来越注重0.2秒经济。

自统一在1995年和1998年分别推出冰红茶和绿茶以来,茶饮料已经在中国的零售商超货架上风靡十多年,其间,消费者的偏好和购买力都发生了巨变。健康需求的提升和饮料品类的丰富,使得茶饮料市场的风光渐弱,而在2014年,雀巢冰爽茶的停产也折射出了这一窘境。

市场不缺有购买力的消费者,但饮料市场普遍面临着老化的问题,如何通过激发消费者购买欲来激活市场,成为像统一集团这样的行业巨头正在琢磨的问题。因为摆在眼前的财报已经不容乐观,2014年,统一的饮料业务收益自2009年以来出现首次下滑。

饮料企业需要开发新饮料来跟上当前的消费者。"小茗同学"成为商家成功抓住消费生力军的一个典型案例。

1. "小茗同学"诞生记

毋庸置疑,"95后"已逐渐成为中国新生的消费者主力。他们消费力强,会因为喜爱而购买,同时他们对饮料的饮用频率相对其他年龄段较高。在统一看来,"95后"作为独特的群体,也有着与众不同的特质和特征,他们为这个群体做出了这样的群画像:

他们在中国经济爆发性增长的时期出生,在资讯发达的媒体环境、宽松的学习氛围与环境中成长,TA们比"90后"更早接触、了解社会,形成"自我、个性"的意识。

他们觉得自己就是一个小世界,崇尚做自己,只和懂得他们的人交流,信奉"我的世界你现在不懂,以后也不必懂"的信条。

他们和中国互联网一起成长,网络融在血液中,通过网络认识同道朋友。这培养了他们独特的圈子文化(现实+网络)和文化体系。他们甚至会创造出新生词义,可以在微信中用表情来聊一整天。

对于饮料这样的日常消费,"95后"的初次购买更是凭感觉来选择。因此,有趣好玩,无负担的品牌更容易获得他们的青睐。"小茗同学"品牌部负责人告诉《商学院》记者,根据他们的消费洞察和数据分析,对"95后"的消费偏好提炼出三个关键点:首先,喜欢新鲜的东西,喜欢接受新的事物,包容很多元的文化;其次,他们也很有主见,从传播视角来看,商家必须带给他个性化的品牌、个性化的商品;最后是理性,如果产品只是靠概念取胜,但是缺乏内在美和高品质,那么他们的喜爱也会像一阵旋风刮过,很快就会消失。

从"小茗同学"这款饮料的想法开始到最后上市,一年多里经历了很多的关键步骤,从为什么选冷泡茶,为什么面对"95后"学生群体,策略背后的支撑是精确的数据库。

为什么选定"小茗同学"而不是"小明同学"或者"小华同学"，统一也做了许多功课。"小茗同学"是在几百个名字中经过层层消费者测试、注册筛选，最终选定的名字。

作为统一的创意代理商，李奥贝纳参与策划了这款饮料的包装设计和营销策略。他们认为，首先"小茗同学"是冷泡茶，"茗"就是代表茶，其次这款冷泡茶的品牌核心是"95后"，他们的身份主要是学生，因此"同学"的叫法更容易强化共鸣。此外，对于国人来说，XiaoMing 本身就是一个具有情怀和故事性的名字，他鬼灵精怪、积极乐观，所有的难题在他那里都有着出其不意的解决方案。因此"小茗同学"不但是"95后"的朋友更是他们自己。他和他们一起，在属于"我们"的世界里，说只有你听得懂的话，用认真的方式搞笑，用低调的方式做着(喝着)冷泡茶。

从视觉上，"小茗同学"人物形象设定呈现出一种"呆萌"属性：茶芽头、腰果眼、逗逼的表情、贱气外露的声音，包括设置他说什么样的话、做什么样的事情等，也都是力求体现人物的鲜明性格。

橙红蓝的包装纸裹着的饮料瓶身上，表情各异又呆萌的"小茗同学"占据了大幅的醒目位置，首先进入视线的是一整张脸的表情包，4款不同口味的瓶身有4种不同的表情，深度迎合了社交网络时代的流行文化符号，"95后"在网聊语言习惯里，可以说"无表情不聊天"。而可以取下来的双盖设计——仿啤酒瓶的锯齿状盖子，也可以拿下来玩或者做手工，是设计过程中的一点"无心插柳"，原先是工艺上的小失误，双层盖子没有黏紧容易掉落，但没想到掉下来的盖子被消费者拿来把玩，比如玩弹来弹去的"盖式武功"、收集不同款颜色的盖子、做手工派上用处、在盖上面绘画等，索性就做成双层的瓶盖设计。

用"小茗同学"品牌部负责人的话来说，这款饮料的上架，在茶饮料品类中产生了投下一颗炸弹的效应——在"小茗同学"之前，并没有哪款饮料是专门针对"95后"消费群体的。而2015年获得全球首个也是唯一针对产品包装设计大奖Pentawards金奖的殊荣，也印证了《0.2秒设计力》的观点，"小茗同学"的包装为其成为现象级饮料起了关键作用。

从统一集团2015年的财报来看，净利润同比增长高达192.26%，达到8.3亿元。其中，"小茗同学"和2014年夏天推出的"海之言"合计贡献了25亿元的收益，占饮品总销售额的近20%。

2. 制造网红 小茗的IP营销

"小茗同学"的成功走红，起到了一石激起千层浪的效应。在类似知乎这样的网络社区中，还有帖子专门讨论这款茶饮料热卖的原因，人们对其成功的秘诀抱以浓厚的兴趣，有观点认为，"小茗"的成功更多体现的是营销的成功，而不是茶品牌本身的成功，按照相同的策略，换成果汁或碳酸饮料都能取得不俗的成绩。

在产品诞生之初，概念的确定和优化是统一认为最磨人的部分。概念要新颖是关键，并且要符合产品的内在美、外在美，先要确认了概念才会去进一步考虑瓶形、瓶标和瓶盖以及内在的口感等，因此在供应链和工厂花费了较多的时间，思索如何把这款茶饮料做出明亮的感觉，匹配冷泡茶的内在，于是试过玻璃、磨砂、软塞等设计形式。统一坦承对"小茗同学"抱有较大的期望，希望能做出一款既有品位也有品质的产品。

在产品顺利诞生之后，为了强化品牌传播的效益，统一和李奥贝纳联手为"小茗同学"

做了一系列线上线下整合传播：

2015年6月赞助大型真人秀节目《我去上学了》，并相应推出第一条TVC。

2015年9月播出国内第一条鬼畜TVC，搞笑风趣的动作配上"小茗同学"的魔性配音，洗脑般的一遍就让人记住了"小茗同学冷泡茶"。

2015年11月推出微信表情包，创造了一系列"95后"语言的动画表情，如"帅醒""忙成狗"等诙谐幽默的表情包。被喜爱创作的消费者做成不同的画面或动图，进行了2次甚至多次传播。

在这样多管齐下的推动之下，"小茗同学"如愿地一炮走红。调研数据显示，"小茗同学"的知名度达到了70%。而在刚上市的时候，其实统一也有过担忧，毕竟这个行业还没有过这样的先河，没有哪个厂家会用这种思维和模式来生产一款饮料，实际上也从当下流行的"网红制造"经济中尝到了甜头，不同于那些真实的人物设定，"小茗同学"只是一个深入人心的虚拟卡通形象。

最意外的收获是，原本这款被担心过度低龄化的饮料，在上市1年之后证明了其大小通吃的魔力，统一的工作人员走在路上发现，连大叔都拿着"小茗同学"，这为他们带来了思考："难道年纪大的人就不喜欢萌了吗？"虽然在品牌定位、品牌沟通和创意思考的时候确实有锁定主要受众，也就是"95后"学生族群，但实际上，受网络流行文化的渗透，这已经是个全民皆萌的时代，对于新鲜事物的好奇心，绝不仅仅局限于某一个年龄段。

在统一的品牌体系中，强调"以人为本"的观念，即任何的市场挑战都是通过从"人"开始找到解决的方法的。消费者不是单纯的购买者，而是在特定文化背景下成长的群体。所以不会仅仅分析他们的饮用时机、购买动机等，而是更多地去了解他们的生活态度、社交习惯、消费洞察甚至沟通方式，他们是丰富的、多元化的。"这套体系就是Humankind，它已经超乎一套策略工具，它更像是一门营销哲学，从以人为本的洞察出发，再转换成独特有效的营销机会。""小茗同学"的产品负责人说。统一还成立了"90后"消费评审团，用于产品研发过程中的意见调查和反馈。而李奥贝纳当时也策划了几十个"小茗同学"的传播方案，在研究了调研资料之后，最终选择了搞笑、逗逼、呆萌等关键词的传播调性。

直到今年，统一还在继续深化品牌形象和人物性格。用"小茗同学"的电视广告以及继续和《我去上学了2》合作来加深消费者心目中的品牌印记。

在统一看来，"小茗同学"的成功并不是一种偶然。近十年来中国经济的飞速发展，网络信息的全方位覆盖，中国人在消费能力、价值观、品牌认知等各个层面都有着极大的变化。年轻消费阶层已经达到了某种转化的时间点，统一恰恰是预测到并抓住了这个时机。"小茗同学"成功的背后代表了一个中国消费市场在逐渐走向成熟过程中所实现的细分化和个性化。当然，除了发现的眼光外，还要有敏锐的洞察力和精准的判断力。

一个产品品牌的成功，首先应该是通过营销包装获得消费者的第一次尝试，而通过产品本身过硬的品质留住消费者和形成口碑的二次传播，是产生长尾效应的关键所在。"小茗同学"无论是从产品的设计包装还是线上线下营销传播上，都能够拉拢到消费者的第一次尝试。

(资料来源：http://bmrzh.baijia.baidu.com/article/538747)

思考题：

1. "小茗同学"成功的因素有哪些？
2. 通过案例思考，产品营销如何吸引"95后"消费者？

项 目 实 训

实训项目：年度营销策划

【实训目的】

1. 掌握营销策划步骤；培养解决实际企业年度营销规划问题的能力。
2. 掌握营销策划书的撰写方法；提高实际工作能力和专业技能。

【实训内容】

1. 组建策划小组，选择某种商品进行实地考察。
2. 进行市场分析。
3. 制作营销策划方案，提出营销建议。
4. 实训结束后，以小组为单位完成对实训的总结。

【实训要求】

训练项目	训练要求	备注
步骤一：实地考察	(1) 调查某类商品； (2) 调查消费者需求	掌握正确的调查方法
步骤二：市场分析	(1) 商品资料整理分析； (2) 了解策划对象	掌握 SWOT 分析方法
步骤三：制定策划书	制定顺序：市场分析→营销战略→营销策略→营销计划→经济预算	掌握策划步骤，掌握策划书撰写方法
步骤四：方案讲解	分组讲解营销策划方案	掌握演讲技巧

项目三　企业战略策划

【知识目标】

- 掌握企业战略策划的概念、特点、层次和作用。
- 掌握企业战略策划的要素和过程。
- 掌握企业经营基本战略的三种类型的概念、优缺点和适用条件。

【能力目标】

- 能够分析企业经营的基本战略类型及适用条件。
- 初步具备进行企业经营战略的策划能力。
- 培养策划人应用的素质和能力。

【引导案例】

可口可乐和百事可乐的竞争战略

20世纪30年代的美国街头,到处都设有饮料自动销售机,顾客只需投下5美分,就可以马上得到一个装满精美独特、内盛6.5盎司可口可乐的"魔瓶",一享口福。新奇、方便的销售方式及遍布各地的销售网络,使创业于1892年素以"配方古老,口味独特"著称的可口可乐公司如虎添翼,独霸美国的软性饮料市场。但谁能想到,它的潜在竞争对手——百事可乐公司,正是从饮料瓶上看到自己的机会,向可口可乐发起了猛击。1939年,这个尚未显露锋芒的后起之秀,推出了一种5美分12盎司的百事可乐,辅以"一样代价,双重享受"的广告,向可口可乐发起挑战。此举正是钻了一个市场空隙:可口可乐的口味,虽老少皆宜,但瓶子的容量太小,刚够中老年人一次饮用;青年人饮量大,喝起来不过瘾,不如一瓶百事可乐痛快,何况价钱还便宜得多。这样,占消费总数1/3的青年,逐渐被百事可乐所吸引。到1960年,百事可乐的销售额上升了20%,与此同时,可口可乐则下降了33%。试就上述材料分析百事可乐采取了何种战略以及使用该战略类型的条件。

(资料来源:http://www.doc88.com/p-181638288851.html)

思考:

结合案例分别谈谈可口可乐和百事可乐的竞争战略分别是什么,各有什么特点?

3.1　企业战略策划概述

"战略"一词早已存在,它源于战争和军事活动,是战争实践、军事活动的理论概括,是指导战争全局的计划与策略,也是克敌制胜的良策。早在我国的春秋时代、三国时代就成为历史上军事战略系统分析的典范,并被世界各国运用至今。企业把战略应用到管理领域最早出现在 20 世纪 50 年代的美国,到 20 世纪 60 年代,美国管理学者对战略管理进行一系列开拓工作,著名管理学者小阿尔福莱德·D. 钱德勒(Alfred D Chandler)在 1962 年发表《战略与结构》一书,揭开了企业战略问题研究的序幕。1971 年美国管理学者肯尼斯·R. 安德鲁斯(Kenneth R Andrews)在其所著《公司战略思想》一书中,第一次明确提出"公司战略的思想"。1972 年,伊戈尔·安索夫(Lgor Ansoff)在美国《企业经营政策》杂志上,发表《战略管理思想》一文,正式提出"战略管理"概念,伊戈尔·安索夫被誉为是现代企业战略方面的先驱者。

3.1.1 企业战略策划的概念和特点

1. 企业战略策划的概念

企业战略策划的概念来源于企业生产经营活动的实践。企业战略策划是指企业着眼于未来,根据其外部环境的变化和内部资料条件,为获得持久竞争优势以求得企业生存和长远发展而进行的总体性谋划。企业战略策划是企业战略思想的集中体现,是企业经营范围的科学规定,同时又是制定规划的基础,如图 3-1 所示。

图 3-1　企业战略策划

2. 企业战略策划的特点

企业战略策划的特点有以下几方面。

(1) 全局性。企业战略是以企业的全局为对象,根据企业总体发展的需要而制定的,它所规定的是企业的总体行动,追求的是企业的总体效果。

(2) 长远性。企业战略既是企业谋求长远发展要求的反映,又是企业对未来较长时期内如何生存和发展的通盘考虑。虽然它的制定要以企业外部环境和内部条件的当前状况为出发点,并且对企业当前的生产经营活动有指导、限制作用,但是这一切也是为了更长远的发展,是长远发展的起步。凡是为适应环境条件的变化所确定的长期基本不变的行动目标和实现目标的行动方案都称为战略。

(3) 指导性。企业战略不是仅仅规划 3～5 年的一系列数字，也不是对过去或未来预算中的数字进行合理的解释，而是透过表象研究实质性的问题，解决企业中的主要矛盾，确定企业的发展方向与基本趋势，也规定了企业具体营销活动的基调。

(4) 抗争性。企业战略是关于企业在激烈的竞争中如何与竞争对手相抗衡的行动方案，同时也是针对来自各方面的许多冲击、压力、威胁和困难，迎接这些挑战的行动方案。企业制定战略是为了取得优势地位，战胜对手，保证自己的生存和发展。

(5) 客观性。企业战略是以企业未来为主导的，但不是对企业最佳愿望的表述和描绘，不是仅仅靠想象创造出来的未来世界，也不是靠最高领导人的信念或直觉决定的，它是在充分认识企业的营销环境，估价企业自身的经营资源及能力的基础上制定的，是体现企业目标有切实可行的发展规划。

(6) 可调性。企业战略是在环境与企业能力的平衡下制定的。但构成战略的因素在不断地变化，外部环境也在不断地运动，企业战略必须具备一定的"弹性"，做到能够在基本方向不变的情况下，对战略的局部或非根本性方面进行修改和校正，以在变化的诸因素中求得企业内部条件与环境变化的相对平衡。

(7) 广泛性。企业战略必须被企业中的所有管理人员所理解。它不是企业中少数人的思想汇集，而是应当有比较广泛的思想基础。

(8) 风险性。企业战略是对未来发展的谋划，而未来的环境总是处于不确定的发展变化中，因此企业做出任何一项战略决策都存在风险。企业能够深入市场研究，对行业发展趋势预测准确，设立的远景目标客观，各战略阶段人、财、物等资源调配得当，战略形态选择科学，制定的战略就能引导企业健康、快速地发展。反之，仅凭个人主观判断市场，设立目标过于理想或对行业的发展趋势预测偏差，制定的战略就会产生管理误导，甚至给企业带来破产的风险。

3.1.2 企业战略策划的层次和作用

1. 企业战略策划的层次

一般来说，拥有多个战略业务或事业单位的企业战略策划至少可以分为三个层次：公司战略(Corporate Strategy)，业务战略或竞争战略(Business Strategy)，职能战略(Functional Strategy)。三个层次的战略策划都是企业战略管理的重要组成部分，但侧重点和影响的范围有所不同。而对于只拥有单个战略业务单位的中小企业，其公司战略和业务战略则是合二为一的。

(1) 公司战略。公司战略又称为总体战略，是企业最高层次的战略。它需要根据企业的目标，选择企业可以竞争的经营领域，合理配置企业经营所必需的资源，使各项经营业务相互支持、相互协调，以实现企业整体的战略意图，是公司战略实施的关键措施。公司战略主要强调两个方面的问题：一是"我们应该做什么业务"，即确定企业的使命和任务，产品与市场领域；二是"我们怎样去管理这些业务"，即在企业不同的战略业务或事业单位之间如何分配资源以及采取何种成长方向等。公司战略可以分为发展型战略、稳定型战略和紧缩型战略三种类型。

公司战略的任务主要是：① 选择企业经营范围。② 决定企业应该扩展哪种经营事业；应该限制哪种经营事业。③ 合理配置资源。④ 制定提高投资收益率的方法。

(2) 业务战略。业务战略又称为竞争战略，是公司的二级战略。业务战略涉及各业务单位的主管及辅助人员。这些经理人员的主要任务是将公司战略所包括的企业目标、发展方向和措施具体化，形成本业务单位具体的竞争与经营战略。竞争战略主要研究的是产品和服务在市场上的竞争问题，如推出新产品或服务、建立研究与开发设施等。业务战略一般分为成本领先战略、产品差异化战略和专业化战略三种类型。

业务战略的任务主要是：① 在企业目标和战略范围内制定本单位战略。② 密切关注本经营单位在同行业中的竞争位次，及时采取有效的战术决策。

(3) 职能战略。职能战略又称为职能层战略，是为了贯彻、实施和支持公司战略和竞争战略在企业特定的职能管理领域制定的战略。职能战略的重点是如何更好地为各级战略服务，提高企业资源的利用效率，使企业资源的利用效率最大化，从而提高组织效率。职能战略一般可以分为人力资源战略、研发战略、营销战略、财务战略、生产战略等，如生产过程自动化等。

职能战略的任务主要是：① 职能部门制定各种战略，保证企业目标的实现。② 使职能部门各种活动协调一致，提高工作绩效。

总而言之，公司战略倾向于总体价值取向，以抽象概念为基础，主要由企业高层管理者制定；业务战略主要是就本业务部门的某一具体业务进行战略规划，主要由业务部门领导层负责；职能战略主要涉及具体执行和操作问题。

公司战略、业务战略与职能战略一起构成了企业战略体系。在企业内部，企业战略管理各个层次之间是相互联系、相互配合的。企业每一层次的战略都为下一层次战略提供方向，并构成下一层次的战略环境；每层战略又为上一级战略目标的实现提供保障和支持。所以，企业要实现其总体战略目标，必须将三个层次的战略有效地结合起来。

2. 企业战略策划的作用

(1) 保证企业正确进行长期发展决策的必然要求。在现代科技推动下，产生了更多的资金密集型产品和技术密集型产品，使经营此类产品的企业初始投资远远高于经营劳动密集型产品的企业，若经营决策失误，则造成的损失更大，后果更严重，也将更难以挽回。

(2) 有效地提升企业竞争力的客观要求。随着市场体系的不断完善，竞争机制的作用日益加强，要求企业进行着眼于长期发展的战略规划与管理。正确的战略策划使企业在竞争中勇往直前立于不败之地，没有战略策划的企业不可能与竞争对手相抗衡。

(3) 适应消费结构的迅速变化的客观要求。以满足消费者需求为宗旨的企业营销活动，为适应现代社会市场需求的复杂化、分散化、多样化、新奇化、个性化的倾向，必须进行战略规划，以更好地识别消费需求的发展趋向，并在此基础上把握企业的市场机会。

(4) 增加企业凝聚力的客观要求。依靠企业员工，充分发挥他们的积极性与创造性，是企业发展的基本条件。企业战略策划可以使企业内部领导与员工统一思想，统一行动。

3.1.3 企业战略策划的要素

企业战略策划是一个动态的，以事项为导向的过程，它主要包括以下四个方面的基本要素。

1. 经营战略策划要素

企业战略策划首先需要制定一套科学务实的经营战略策划，即企业的经营战略必须是正确的。经营战略主要解决的是企业"做什么"这个重大问题。企业经营战略的基本内容主要包括产品与市场领域、成长方向、竞争优势和协同效应。这四个方面的基本内容可以在企业中产生一种合力，形成企业的共同经营主线。在做企业经营战略策划时，首先应从产品、技术以及市场营销等方面的类似性，为企业确定出一条共同经营主线。这是企业战略策划中十分关键的内容，也是十分重要的第一步。

2. 管理战略策划要素

企业战略策划需要制定一套运作高效的管理战略策划，即企业的管理战略必须是具有高效率性质的。管理战略主要解决的是企业"怎么做"这个问题。企业管理战略的基本内容主要包括组织系统、指挥系统、联络系统、检查反馈系统、计划预算系统等。其特点是必须密切配合企业的经营战略特征来制定，服务于经营战略并作用于经营战略。

3. 人才战略策划要素

企业战略策划需要制定一套极具激励作用的人才战略策划，即企业的人才战略必须是具有激励作用的。人才战略主要解决的是企业事情"谁来做"这个问题。企业人才战略的基本内容主要包括人才的选用和招聘、培训、激励等。从整体来说，一些企业的成功得力于它的战略成功，但就人才战略角度来说，其成功应该得力于它的人才战略成功。例如拯救克莱斯勒公司的亚柯卡，复活 IBM 的郭士纳，让通用公司成为美国经济"火车头"的韦尔奇等。一个企业的成功都可以归结为这个企业关键的人才战略的成功。

4. 文化战略策划要素

企业战略策划需要制定一套具有强大生命力的，并带有鲜明个性特色的企业文化战略策划，即企业的文化战略。成功的企业，它的企业文化必须是具有强大生命力的，并同时带有重大鲜明个性特征的。企业文化战略主要解决的是回答企业"我是谁"这个在竞争中明确定位的重大问题。企业的文化战略的基本内容就是做好企业的 CIS 系统策划。CIS 系统包含三大部分：MI 系统(理念识别系统)、BI 系统(行为识别系统)、VI 系统(形象识别系统)。

以上四个方面的基本内容是一个企业进行战略策划的基本内容和核心要素。做好以上四个方面的战略策划，是一个企业走向成熟，走向成功的基础。

3.1.4 企业战略策划的过程

企业战略策划过程也称为企业战略管理过程，是对企业的未来发展方向制定决策和实施这些决策的动态管理过程。它是企业及其各业务单位为生存和发展的需要而制定的长期总战略所采取的一系列重大步骤，包括确立企业宗旨、远景和目标，外部环境分析，企业内部资源分析，企业战略方案的选择及评价，战略实施与战略控制六个步骤，如图 3-2 所示。

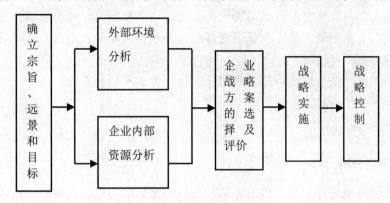

图 3-2　企业战略策划过程

1. 确立企业宗旨、远景和目标

(1) 企业宗旨。企业宗旨是企业的基本目的和价值取向，也是企业的经营范围。宗旨通常用文字来表述。

(2) 战略远景。战略远景是揭示和指明企业的发展方向和最终目标。宗旨和远景这两个词汇可以互换使用，但远景更能形象地表明企业的长期方向和战略意图。

(3) 战略目标。战略目标是指企业长期生存和发展密切相关的主要目标或最终结果。企业的战略目标有投资收益率(ROI=利润额/投资总额)、盈利能力、市场占有率、产品创新、生产率、对社会的贡献等。

为了使企业的战略目标切实可行，战略目标要符合层次化、数量化、现实性及协调性的要求，这样才能使战略目标化解为一个个实施计划，得到落实。

一个企业的宗旨、远景和战略目标的制定需要考虑的影响因素有：一是历史和文化的延续性；二是所有者、管理者的意图和想法；三是市场环境的发展变化；四是企业的资源条件，包括物质资源和人力资源；五是企业的核心能力优势。核心能力是企业优于其竞争对手之处，是指独一无二的技能和知识。

【同步阅读 3-1】

壳牌石油公司的宗旨和远景

壳牌石油公司宗旨：

壳牌石油公司在美国和世界范围内从事优质石油、天然气、石化和其他相关产品的业务。我们的宗旨是在满足客户、员工、供应商和公众期望的基础上，最大化股东的价值。

我们是皇家荷兰/壳牌集团的独立经营公司，受益于集团在世界范围内的知名度和技术支持，并为此做出自己的贡献。

壳牌石油公司远景：

> 我们的目标是成为美国第一，并在我们的业务领域内处于世界领先。
> 我们的理念是诚实守信、顾客至上、利润增长、以人为本、技术领先。我们要广纳各方意见，不断求索。
> 我们要以无比的责任感和提供高价值商品的能力征服客户。人们将以为壳牌公司工作为荣，因为我们有最好的业务、有提供发挥个人潜能的机会。我们所处的社区也会欢迎我们，因为我们的关心和投入。
> 我们，壳牌人，是实现这一远景规划的关键，并因我们的敬业、能量、改进的紧迫感和我们共享的价值观而与众不同。

（资料来源：http://wenku.baidu.com）

2. 外部环境分析

对市场营销环境进行全面准确的评估，是战略策划取得成功的基础。具体来讲，市场营销环境分析包括以下几方面：

1) 行业和市场分析

(1) 行业构成分析。行业构成分析包括主要产品和行业市场划分。

(2) 行业增长分析。行业增长分析包括对行业增长率、主要市场增长率、增长方式变化预测、增长决定因素分析。

(3) 行业力量分析。行业力量分析是运用战略态势分析的主要工具"波特模型"进行行业竞争力量分析。行业中存在五种基本竞争力量，即新进入者的威胁、替代品威胁、消费者的讨价还价能力、供应商的讨价还价能力、行业的内部竞争。这五种基本竞争力量的状况以及它们的综合强度，决定行业竞争的激烈程度，决定行业中利润的最终潜力。行业竞争激烈将导致投资收益率下降，不仅不会使企业获取高额收益，而且还有的企业会破产；行业竞争相对平缓的行业，能吸引新的投资，各企业都能获得较多的经济收益。

2) 竞争者分析

(1) 竞争者组成分析。竞争者组成分析是指对主要竞争对手及其市场份额的分析。竞争是市场经济的基本特征之一，市场竞争所形成的优胜劣汰，是推动市场经济运行的强制力量，只有正确识别竞争对手，才能做到"知己知彼，百战不殆"。识别竞争对手的关键是从行业结构和业务范围两个方面将产品细分与市场细分结合起来综合考虑。

(2) 竞争者战略分析。竞争者战略分析主要分析每个竞争者的战略目标、优势与劣势。企业最直接的竞争者是处于同一行业同一战略群体的企业。战略群体是指在某一特定行业内推行相同战略的一组公司。同一战略群体内部竞争最为激烈。企业通过对竞争者战略目标及其组合分析可以判断竞争者对不同竞争行为的反应；通过对竞争者优势和劣势进行分析，可以评判出企业在目标市场上的竞争地位。

企业在目标市场上的竞争地位可分为以下六种类型：

主宰型：此类公司控制其他竞争者的行为，有广泛的战略选择余地。

强壮型：此类公司可以采取不会危及其长期地位的独立行动，竞争者的行为难以撼动其长期地位。

优势型：此类公司在特定战略中有较多的力量可以利用，有很多机会可以改善其战略地位。

防守型：此类公司的经营状况会令人满意，但其在主宰型企业的控制下生存，改善其地位的机会很少。

虚弱型：此类公司的经营状况不能令人满意，但仍然有改善的机会，不改变就会被迫退出市场。

难以生存型：这类公司经营状况很差，并且没有改善的机会。

(3) 竞争者优势分析。分析竞争者提供差异产品或服务的能力和成本优势。

对竞争者能力分析可以从五个方面进行，即核心能力、增长能力、迅速反应能力、应变能力和持久力。

核心能力是企业在同行业中拥有独一无二的技能和知识。如本田公司的核心技术是小型发动机的设计和制造，索尼公司的核心能力则是小型化。典型的核心能力是指一套技术与经验，而不在于实物和财务。在美国汽车行业中，通用汽车公司被认为在行业中具有市场营销方面的核心能力，福特公司的质量独树一帜。在企业发展过程中，为了适应市场营销环境，提高生存发展能力，企业的核心能力也在发生转变。

3) 政治和监管分析

政治和监管分析是指分析企业参加政治活动的程度及行业受政治影响的程度，分析法律与监管给企业带来的竞争优势和威胁。通过对国家政治和监管分析，许多企业不再把政府视为对手，而把政府作为竞争优势的来源。

4) 社会分析

社会分析即对现有的和潜在的社会问题及其对行业影响进行分析。社会利益团体分析即对客户、环保或类似的对行业产生影响的社会团体分析。

5) 人力资源分析

主要是对劳动力问题分析，如劳动力需求、短缺，行业面临的问题与机遇。

6) 宏观经济分析

分析宏观经济运行状况，包括影响行业供给、需求、增长、竞争和利润的经济因素。

7) 技术分析

分析影响行业的科学和技术方法，尤其是最近的和潜在的技术创新。

3. 企业内部资源分析

通过内部资源分析，可以使企业战略决策层全面了解企业的技术储备、资源储备和职能部门的运营水平，了解一家企业是如何通过资源进行竞争的。

(1) 财务分析。通过资产负债表、损益对财务状况的好坏进行分析，通过横向和纵向对比分析发展趋势。

(2) 人力资源分析。通过企业招聘、培训、再就业安排、补偿、晋升、表扬、工作生活质量和人力资源计划工作分析，对全体员工的水平高低进行摸底。

(3) 市场审计。企业要在一定时期内对企业业务进行总体效果评价，分析市场活动的优势和劣势，确定主要目标市场，明确企业的竞争位次，掌握市场占有率的变动情况。

(4) 运作分析。分析生产、产品或服务的优势和劣势。由于消费者需求多样化，因此企业实行规模顾客化。规模顾客化是指企业同时生产高产量和多样性的产品，以满足每个顾客的品位、规模和预算。为了使规模顾客化更好地为顾客服务，一些企业在制造流程中采取许多新的生产方式，如计算机集成制造、柔性工厂、精益生产等。

(5) 其他内部资源分析。其他内部资源分析主要是指对企业产品开发、管理信息系统、工程和采购等方面的优势和劣势进行分析。通过内部资源分析，使企业的资源进行有效组合，能够增强企业的竞争优势。

4. 企业战略方案的选择及评价

企业战略方案的选择及评价过程实质上就是战略决策过程。企业管理层在做战略决策时，应要求战略制定人员尽可能多地列出可供选择的方案，因为战略涉及的因素很多，有些因素的影响往往不那么明显，因此，企业战略策划在战略选择过程中形成多种战略方案是战略评价与选择的前提。

企业战略方案的选择及评价可以使用综合战略分析技术，即 SWOT 分析法、波士顿矩阵分析法和通用矩阵分析法。通过运用战略分析方法形成企业总体战略、竞争战略和职能战略。企业总体战略即公司战略包括发展型战略、稳定型战略和收缩型战略。企业竞争战略一般包括成本领先战略、产品差异化战略和专业化战略。职能战略主要指生产、人力资源、市场营销、产品研发、财务、分销、促销等具体职能部门战略。

5. 战略实施

在此阶段，企业管理者要采取措施保证新战略的实施既有效果又有效率。企业战略在实施中包括以下环节：

(1) 制定详细的行动方案。行动方案要突出战略的关键性决策、任务、责任和采取的措施，并把任务和责任落实到具体的个人或业务单位，制定实施计划的时间表，以保证行动方案准时完成。

(2) 调整组织结构。组织结构具有明确分工，协调沟通的职能，在战略实施过程中起决定性作用，通过调整组织结构，消除不利于战略有效实施的因素，并进行及时协调，以保证战略的顺利实施。

(3) 制定绩效考核标准。依据组织的战略，制定出个人或群体的工作行为和工作成果的考核标准，标准可有多项，每一项也有很多明细的要求，但衡量绩效的总原则只有两条：是否使工作成果最大化；是否有利于提高组织效率。

(4) 制定各种规章制度。通过制定各项规章制度，明确各个岗位、各个环节人员的责权利及奖酬系统，从而有效地落实战略计划。

(5) 协调各种关系。协调各种关系是指要保证战略计划得以顺利实施，必须得到组织结构、技术、人力资源、规章制度、信息系统、企业文化、管理风格等方面的极大支持，只有这些方面的关系协调一致，互相配合，才能使战略得到成功实施。

6. 战略控制

战略控制是指市场营销管理者采取一系列行动，使实际市场营销工作与原计划尽可能一致，在控制中通过对工作成效不断的评审和信息反馈，对战略不断修正。由于市场营销环境的变化，带有全局性、长远性的企业战略在实施过程中必然会出现偏差，发生未曾预料的情况，因此战略控制对计划的执行起到保障作用。

1) 战略控制的基本环节

(1) 拟定标准。标准是衡量实际或预期工作成果的尺度。一般有实物标准、费用标准、资金标准、收入标准、计划标准、无形目标等。

(2) 衡量成效。衡量成效的最好方法是在市场预测基础上，使偏差未出现之前就被发现并及时采取预防措施，阻止其发生。

(3) 纠正偏差。纠正偏差是战略控制的关键环节。主管人员通过制订新计划或修改目标来纠正偏差。

2) 战略控制的工具

战略控制的工具是市场营销审计。市场营销审计是在一定时期内对企业全部市场营销业务的效果和效率进行评估的手段。市场营销审计的内容包括市场营销环境审计(包括外部审计和内部审计)、战略审计、组织审计、系统审计、盈利能力审计和职能审计。

【案例分析3-1】

民营企业发展转型期的战略与变革

经过12年的艰苦创业，李先生的恒达集团已具备了坚实的竞争实力和根基，并考虑更高层次的发展。目前公司总资产2亿元，年销售收入3亿元，年净利润1 000万元，并且销售收入和利润正以年平均15%的速度递增。

制药业和轻工业是集团的两大支柱产业。制药公司设备先进并拥有数个基本类药物，但目前缺乏新、特药品种，利润稳定。轻工业方面市场需求增长较快，产品严重供不应求，但该行业市场进入壁垒较低，生产厂商众多，竞争激烈。公司目前的困难直接体现在：融资困难，公司具有较好市场前景的项目以及雄厚的企业基础，但作为民营企业其融资渠道缺乏，资金问题已成为企业发展的瓶颈；人员问题，公司中随同李先生创业的元老忠诚有余但不具备现代企业管理的能力和素质，但要更换他们却也非易事，且公司的人才引进、培训、激励机制尚未建立，使得人才的匮乏问题一时难以突破。

李先生意识到企业今后竞争的残酷性和紧迫性，他必须在短期内完成企业向现代企业的转型，完成对老企业的改造，确立更明确的战略发展思路，迅速壮大企业规模，为此他希望在以下几方面着手进行企业变革，使企业在更高的层次上能有进一步的发展。一是公司战略的制定、方法和框架；二是公司高层的平稳顺利调整和人力资源系统的构建；三是符合公司实情的资本运作思路。

分析：(1) 公司战略的制定包括战略分析、战略制定、战略实施三个环节。这三个环节是相互联系、循环反复、不断完善的动态过程。其中，战略分析主要包括内外部环境分析、战略目标的设定；战略制定主要包括公司战略、竞争战略、职能战略及战略方案的评价与选择；战略实施主要包括战略实施和战略控制。

(2) 民营企业在管理方面突出的问题是家族式管理。在创业初期使用的这种家族式管理模式，在一定阶段和范围内有着不可比拟的优势。但当企业发展到一定阶段后，弊端就会明显地暴露出来，企业发展的历史习惯使得他们在用人方面常表现为对外人不放心、任人唯亲、过分集权、论资排辈等。因此，用人机制有待进一步健全和规范：①营造现代企业文化氛围，使全体员工有共同行为准则。②人力资源管理机构设置与提高人员配备专业化程度。③加强人力资本的投入。④建立健全制度和长期有效的薪酬与激励机制。中小型民营企业具有相当的人力资源管理优势，如组织层次少、对市场反应灵敏；机制灵活，有利于吸引优秀人才等，如能合理解决上述问题，将会极大地改善企业的人力资源管理现状，成为企业赢取竞争力的重要来源。在人事制度上由任人唯亲转变为任人唯贤的科学管理，依靠一整套先进的用人制度，广招科技人才和管理精英，才能使企业发展壮大。

如果公司高层要进行平稳顺利的调整，需要做到：①平衡好与元老们的利益关系，对元老们在一次创业过程所做的贡献予以充分的肯定。②做好沟通。二次创业，需要具有现代企业管理能力和素质的人才，使元老们信服新人已经超过了他们。③以老带新，采用权利委让使用战略，逐步过渡，使人才具备忠诚度。

(3) 符合公司实情的资本运作思路有：①及时地由家族制向现代公司制企业制度的转换。使经营权与所有权的两极分离，突破家族制企业产权单一的模式。②借助资本市场实现产权多元化和流动化。产权多元化和流动化可构成相互监督又相互支持的风险共担的多元投资主体，有利于企业的迅速壮大和扩张。③上市，增加融资手段。④实施财务战略，合理进行资源分配，降低运作成本，实现资金收益最大化。

(资料来源：http://www.ppkao.com/tiku/shiti/3362915.html)

3.2　企业经营基本战略

　　企业经营基本战略也称为企业竞争战略、一般竞争战略、经营单位战略，是指企业在行业中构建竞争优势的战略。企业的竞争优势是企业在一定范围内超越其竞争对手的某种长处，其基本来源有两个：一是低成本，二是差别化。企业竞争优势的两种基本来源与企业谋求获取优势的业务范围相结合，从而制定并获取高于行业平均经济效益水平的竞争战略，企业常用的三种通用竞争战略分别是成本领先战略、差异化战略和集中化战略，如图3-3所示。

　　成本领先战略和差异化战略是在广泛的范围内谋求竞争优势，而集中化战略是在狭窄的范围内取得低成本或差别化优势。

图 3-3 竞争战略

3.2.1 成本领先战略

成本领先战略又称为低成本战略,是指通过降低产品生产成本、在保证产品和服务质量的前提下,使自己的产品价格低于竞争对手,以争取最大市场份额,赢得竞争优势的战略。

1. 成本领先战略的基本思想

(1) 保持竞争优势思想是成本领先战略的动因。从竞争的角度来看,无论企业采取何种战略,成本问题始终是企业战略制定、选择和实施过程中需要考虑的重点问题。如何为企业赢得成本优势和竞争优势,是企业战略管理的重要内容,也是成本领先战略的动因。

(2) 节约思想是成本领先战略的动力。节约可以以相同的资源创造更大的价值,可以使有限的资源延长使用时间。在市场经济条件下,节约不仅是卖方所追求的,也是买方乐意接受的,作为买方所期望的是同等质量下价格最低。正是人类的这种追求,形成了成本领先战略的原动力。

(3) 全员参与思想是成本领先战略的基础。在影响成本的诸因素中人的因素占主导地位,人的素质、技能、成本意识以及降低成本的主动性都对成本产生重要影响。并且,在企业的经济活动中,每一个人都与成本有关。因此,降低成本必须全员参与,树立起全员的成本意识,调动全员在工作中时刻注意节约成本的主动性。

(4) 全过程控制思想是成本领先战略的保障。成本产生于企业经营活动的各个环节,从产品设计、材料采购、产品制造到产品销售及售后服务的全过程中,时刻都有成本发生。因此,控制成本不是控制哪一个环节的成本,必须全过程控制,从而达到综合成本最低。只有综合成本最低,才能保障成本领先战略的实施。

【案例分析 3-2】

俄亥俄州牛排包装公司的竞争战略

在牛排包装行业中,传统的成本链包括:在分布很稀疏的各个农庄和农场饲养牛群,将这些活牛运到劳动密集型的屠宰场,然后将整块牛排送到零售商处,由零售商的屠宰部再把牛排加工得小一些,包装起来卖给购物者。俄亥俄州牛排包装公司采用了一个完全不同的战略改造了传统的价值链，建立大型的自动化屠宰场，并将屠宰场建在便于经济运输牛群的地方，在加工厂将部分牛肉加工得更小一点从而数量会随之增多的牛肉块，之后装盒，然后再装运到零售商那里。该公司的入厂牛群运输费用在传统价值链下是一个主要的成本项目，但现在因为减少了长途运输从而使成本大大减少了；同时，不再整块运送牛肉因而也减少了高额的牛肉废弃，大大减少了出厂成本。该公司采取的战略非常成功，从而取得了美国最大的牛肉包装公司的地位，一举超越了先前的行业领先者。

分析：该公司采取的是成本领先的竞争战略。通过对企业生产流程的重新组合(改进设计型或生产创新型)达到降低成本、提高竞争能力的目的。该公司从两个方面保证成本的降低：一是从整个成本链的角度进行分析，将影响成本的最大影响因素——屠宰过程进行了重新安排，大大降低了活牛的运输费用。二是从物料消耗方面进行改进，将零售商分割改为生产过程中分割，减少了消耗。

(资料来源：http://www.docin.com/p-641587774.html)

2. 成本领先战略的优缺点

成本领先战略的优点主要体现在以下几点。

(1) 低成本可以获取竞争优势；
(2) 低成本可以有效防御竞争对手的进攻；
(3) 强有力的成本领先者可以迫使供应商维持原价格；
(4) 成本领先者对于潜在进入者足以对其构成进入壁垒。

成本领先战略的缺点主要体现在以下几点。

(1) 投资过大；
(2) 降价过度会引起利润率的降低；
(3) 容易忽视市场需求发展趋势的变化；
(4) 退出障碍较高。

3. 成本领先战略的适用条件

(1) 外部条件。
① 现有竞争企业之间的价格竞争非常激烈；
② 企业所处产业的产品基本上是标准化或者同质化的；
③ 实现产品差异化的途径很少；
④ 多数顾客使用产品的方式相同；
⑤ 消费者的转换成本很低；
⑥ 消费者具有较大的降价谈判能力。

(2) 内部条件。
① 拥有高效率的生产设备，生产工艺简捷；
② 企业生产同质产品或标准化产品，生产规模大，产量达到一定的规模经济；
③ 市场需求量大，企业市场占有率高；
④ 严格控制一切费用支出，采取各种措施降低成本；
⑤ 强化劳动管理，实行绩效工资；

⑥ 建立低成本的分销渠道；
⑦ 具有良好的融资渠道，加大设备更新改造的投入；
⑧ 拥有技术熟练的工人。

3.2.2 差异化战略

差异化战略是指企业提供区别于竞争对手的，在其行业范围内具有独特性的产品、服务或企业形象的一种竞争战略。此战略的重点是创造被全行业和顾客视为独特的产品和服务。差异化战略的方法多种多样，如产品的差异化、服务差异化和形象差异化等。实现差异化战略，可以培养用户对品牌的忠诚。因此，差异化战略是使企业获得高于同行业平均水平利润的一种有效的竞争战略。

1. 差异化战略的优缺点

差异化战略的优点主要体现在以下几点。
(1) 差异化本身可以给企业产品带来较高的溢价；
(2) 由于差异化产品和服务是竞争对手不能以同样的价格提供的，因而明显地削弱了顾客的讨价还价能力；
(3) 采用差异化战略的企业在应对替代品竞争时将比其竞争对手处于更有利的地位，因为购买差异化产品的顾客不愿意接受替代品；
(4) 产品差异化会形成一定的壁垒,在产品差异化越明显的行业,因产品差别化所形成的进入壁垒就越高。

差异化战略的缺点主要体现在以下几点。
(1) 以高成本为代价；
(2) 有时要放弃获得较高的市场占有率；
(3) 并非所有的顾客都愿意或能够支付产品差异所形成的较高价格。

2. 差异化战略的适用条件

(1) 外部条件。
① 可以有很多途径创造企业与竞争对手产品之间的差异，并且这种差异被顾客认为是有价值的；
② 顾客对产品的需求和使用要求是多种多样的，即顾客需求是有差异的；
③ 采用类似差异化途径的竞争对手很少，即真正能够保证企业是"差异化"的；
④ 技术变革很快，市场上的竞争主要集中在不断地推出新的产品特色。
(2) 内部条件。
① 具有很强的研究开发能力，研究人员要有创造性的眼光；
② 企业具有以其产品质量或技术领先的声望；
③ 企业在这一行业有着悠久的历史或者吸取其他企业的技能并自成一体；
④ 很强的市场营销能力；
⑤ 研究与开发、产品开发以及市场营销等职能部门之间具有很强的协调性；

⑥ 企业要具备能吸引高级研究人员、创造性人才和高技能职员的物质设施；
⑦ 各种销售渠道强有力的合作。

【案例分析 3-3】

吉利公司的差异化战略

1901 年吉列创建了美国安全刮胡刀公司，提供给顾客一种很薄的使用便利的新型刀片。而在此之前，美国人每次刮胡子之前都要等磨刀师将刮胡刀磨利后才能使用。吉列集中精力开发出顾客必须反复购买的产品，并不断创新，使其新产品能更加完美。

1931 年，原来的安全刮胡刀的专利权到期。正当吉列的竞争对手准备大肆仿造的时候，吉列令人吃惊地推出两种新产品：一种是名叫"银郎"的新型改进安全刮胡刀；另一种称为"得伯特"的女用剃毛刀。1938 年，吉列进一步发明了电动刮胡刀，并采用了新的包装工艺。1960 年吉列又推出了超级兰吉列刀片，即第一种涂层刀片。1984 年，吉列推出女用 Deisy 系列剃毛器和 GIXI news 系列刀片。由于不断的创新保证了其垄断地位。公司 70%以上的销售额来自年内的新产品，同时在保健品领域公司也开发出多种产品，并且利用并购的方式建立了自己的社会营销网络，至此吉列成为名副其实的多样化跨国公司。

分析：吉列公司成功的原因在于实施了差异化的技术创新战略。通过自身很强的研究开发能力，不断地进行技术变革，推出不同特色的新产品，创造企业与竞争对手产品之间的差异，并且这种差异被顾客认为是有价值的，从而取得了成功。

(资料来源：http://scyxjpk.jlbtc.edu.cn/anli/zxanli/anl10.html)

3.2.3 集中化战略

集中化战略也称为重点战略、聚焦战略，是指企业经营的重点目标集中在某一细分市场，在这个目标市场上构建产品在低成本或差异性上的优势。重点战略一般适用于中小企业。由于实行重点战略，集中企业的人力、物力、财力去开发一个或几个特定的目标市场，生产高度专业化，管理简便可以节省大量营销费用，降低成本，在短期内培养出自己的名牌产品，取得成本和市场优势，扩大企业知名度，增加经济效益。但是，重点战略风险大，因此采用此战略必须密切关注市场需求变化，及时改进产品。

【案例分析 3-4】

"非常小器"赚大钱

1998 年 4 月的一天，梁伯强在报纸上看到，时任国务院总理的朱镕基同志在接见全国轻工业集体企业代表时说："要盯紧市场找缺口找活路，比如指甲钳，我没用过一个好用的指甲钳，我们生产的指甲钳，剪了两天就剪不动指甲了，使大劲也剪不断。"由此他找到了商机开始生产指甲钳，创立了广东中山圣雅伦公司的"非常小器·圣雅伦"指甲钳产品。2000 年、2001 年连续两年被中国五金制品协会授予"中国指甲钳行业第一品牌"的称号。2005 年 4 月 23 日，在北京人民大会堂举行的 2005 "中国隐形冠军百佳"颁奖典礼上，广东中山聚龙集团的中山圣雅伦公司凭借其生产的"非常小器·圣雅伦"指甲钳产品在国内指甲钳中高档市场占70%以上的份额的骄人业绩,被评为"中国隐形冠军标杆企业",成为中国第一,全球第三,与德国、韩国三足鼎立的世界品牌。

青岛的冀鲁制针,主要经营缝纫机针,把这小小的玩意做到了世界产销量第一。它的现任领导就是手缝针大王——陈长玉,因为专注,他围着这根针一转就是几十年,从一个学徒工做到了现在的冀鲁制针股份合作总公司董事长。冀鲁制针不仅发明了盲针,还发明了针鼻上能有四个针孔的针,这些创新产品大大提高了产品的附加值。如今,只要他们把每根针的价格上涨一厘,整个行业都要受到波动,而他们的利润则能涨2000万元。

"隐形冠军"的另一个杰出代表是义乌的吸管大王楼仲平,这位15岁开始手摇拨浪鼓闯天下的义乌货郎,选择了毫不起眼的吸管作为自己事业的起点,以一根吸管8毫利的"蝇头小利",用以小博大的精神在短短十多年间打造了一个全球最大的吸管王国。现在他的"双童吸管"国际市场占有率已经达到20%,国内市场占有率也达到了30%。在他看来,"以利小而有为","以小博大,以小创大,以小创强,以小创精"的义乌商经正是他的财富之道。

分析:以上三家中小企业都采取了集中化战略,集中企业有限的人力、物力、财力攻某个特定的客户群、某产品系列的一个细分区段或某一个地区市场,生产高度专业化,降低成本,在市场竞争中打造出自己的名牌产品,取得优势,从而获得成功。

(资料来源: http://news.sciencenet.cn/html/showsbnews1.aspx?id=131781)

1. 集中化战略与其他两个基本竞争战略的区别

成本领先战略与差异化战略面向全行业,在整个行业的范围内进行活动。而集中化战略则是围绕一个特定的目标进行密集型的生产经营活动,要求能够比竞争对手提供更为有效的服务。公司一旦选择了目标市场,便可以通过产品差别化或成本领先的方法,形成集中化战略。即采用重点集中型战略的公司,基本上就是特殊的差别化或特殊的成本领先公司。由于这类公司的规模较小,采用集中化战略的公司往往不能同时进行差别化和成本领先的方法。

如果采用集中化战略的公司想要实现成本领先,则可以在专用品或复杂产品上建立自己的成本优势,这类产品难以进行标准化生产,也就不容易形成生产上的规模经济效益。如果采用集中化战略的公司要实现差异化,则可以运用所有差别化的方法达到预期的目的,与差异化战略不同的是,采用集中化战略的公司是在特定的目标市场中与实行差异化战略的公司进行竞争,而不在其他细分市场上与其竞争对手竞争。在这方面,重点集中的公司由于其市场面狭小,可以更好地了解市场和顾客,提供更好的产品与服务。

2. 集中化战略的优缺点

集中化战略的优点主要体现在:集中化营销策略追求的目标不是在较大的市场上占有较小的市场份额,而是在一个或几个市场上有较大的甚至是领先的市场份额。其优点是适应了本企业资源有限这一特点,可以集中力量向某一特定子市场提供最好的服务,而且经营目标集中，管理简单方便。使企业经营成本得以降低，有利于集中使用企业资源，实现生产的专业化，实现规模经济的效益。

集中化战略的缺点主要体现在：集中性化战略对环境的适应能力较差，有较大风险，放弃了其他市场机会。如果目标市场突然变化，如价格猛跌、购买者兴趣转移等，企业就有可能陷入困境。集中单一产品或服务的增长战略风险较大，因为一旦企业的产品或服务的市场萎缩，企业就会面临困境。因此，企业在使用单一产品或服务的集中增长战略时要谨慎。

3. 集中化战略的适用条件

(1) 具有完全不同的用户群；
(2) 在相同的目标市场群中，其他竞争对手不打算实行重点集中的战略；
(3) 企业的资源不允许其追求广泛的细分市场；
(4) 行业中各细分部分在规模、成长率、获得能力方面存在很大的差异。

【知识结构图】

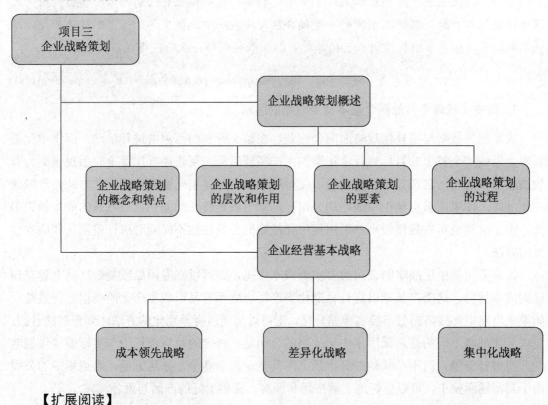

【扩展阅读】

沃尔玛的成本领先战略

沃尔玛公司是一家美国的世界性连锁企业，以营业额计算为全球最大的公司。沃尔玛发展的一个重要原因是成功运用了成本领先战略并予以正确实施。沃尔玛降低成本的具体举措如下：

一、贯彻节约开支的经营理念

沃尔玛的经营理念蕴含于其"天天平价,始终如一"的经营策略中。沃尔玛在零售这一微利行业,力求比竞争对手更节约开支,这一看似平实但实际上效果显著的经营理念,成为沃尔玛在零售行业保持领先的关键所在,为其确立并成功实施成本领先战略提供了先决条件,它使沃尔玛在采购、存货、销售和运输等各个商品流通环节想尽一切办法降低成本,并能够在包含高科技的计算机网络方面和信息化管理方面不惜代价,投入重金打造其有助于降低整体物流成本的高科技信息处理系统。

二、从物流循环链条实施成本领先战略

沃尔玛将涉及采购、存货、运输等各个在内的物流循环链条,作为实施成本领先战略的载体,并通过对该链条的集中管理,把整个链条中各个点的成本降至行业最低。

1. 购货环节采取工厂直接购货、统一购货和辅助供应商减少产品成本等方式

(1) 直接向工厂购货方式。

很多商家采取的是代销的经营方式,以规避经营风险,而沃尔玛却实施直接买断购货政策,而且对于货款结算采取固定时间绝不拖延的做法。沃尔玛的平均应付期为29天,竞争对手凯玛特则需45天。这种购货方式虽然使沃尔玛需要冒一定的风险,但供应商的利益得到了保护,大大激发了供应商与沃尔玛建立业务的积极性,赢取了供应商的信赖并同供应商建立起友好融洽的合作关系,从而保证了沃尔玛的最优惠进价,大大降低了购货成本。据沃尔玛统计,沃尔玛实行向生产厂家直接购货的策略,使采购成本降低了2%~6%。

(2) 统一购货方式。

沃尔玛采取中央采购制,尽量由总部实行统一进货,特别是那些在全球范围内销售的高知名度商品,如可口可乐等,沃尔玛一般将一年销售的商品一次性签订采购合同,由于数量巨大,其获得的价格优惠远远高于同行,形成他人无法比拟的低成本优势。

(3) 辅助供应商减少产品成本方式。

沃尔玛通过帮助供应商改进工艺、提高质量、降低劳动力成本、分享沃尔玛的信息系统等,辅助供应商实现最低成本,从而提高收益率。

2. 存货管理环节降低包装成本和存货成本

沃尔玛的商品多以大包装出售,以减低单独包装的成本。同时,将信息系统运用于分销系统和存货管理。公司总部有一台高速计算机,同20个发货中心及1000多家商店链接。通过商店付款柜台扫描器售出的每一件商品全部自动计入计算机。当某一货物减少到某一数量时,就会发出这种信号,使商店及时向总部要求进货,总部安排货源后,送往离商店最近的分销中心,再由分销中心的计算机安排发送时间和路线。在商店发出订单后48小时,所需的货品就会全部出现在货架上。这种高效的存货管理,使公司既能迅速掌握销售情况,又能及时补充存货不足;既不积压存货,又不使商品断档,加速资金周转,大大降低了资金成本和库存费用。

3. 分销配送环节沃尔玛自身拥有车队,有效地降低了运输成本

在整个物流链条中,运输环节是最昂贵的部分,如果运输车队省下的成本越多,整个

物流链条节省的钱就会越多。为降低运输成本和提高效率，沃尔玛采取了自身拥有车队的方法，并辅之全球定位的高科技管理手段，保证车队总是处在一种准确、高效、快速、满负荷的状态。沃尔玛各店铺从向总部订货到实现补货，仅需2天时间，而竞争对手需要4~5天才能实现补货一次。据沃尔玛统计，沃尔玛的商品运往商店的成本，即进货费用占商品总成本的比例只有3%，而竞争对手则需要4.5%~5%。这就保证了沃尔玛能以快速的服务和低廉的价格获得与竞争者同样的利润。

三、利用发达的高科技信息处理系统作为战略实施的基本保障

沃尔玛的高科技信息处理系统不仅包括发达的计算机网络体系，还包括全美国最大的私人卫星通信系统和世界上最大的民用数据库。沃尔玛所有店铺、配送中心的购销调存以及运输车队的详细信息，都可以通过与计算机相链接的通信卫星传送到总部的数据中心，数据中心为沃尔玛各店铺、配送中心、供应商和车队进行通信联系和信息交流提供了便利。在先进的高科技信息处理系统的支持下，各店铺、配送中心、供应商和运输车队利用空中信息轨道及时联络，使快速移动的物流循环链条上的各个点实现了光滑、平稳、顺畅的低成本衔接。

四、与供应商建立战略伙伴关系

企业如果能够打破供应链伙伴之间传统的交易关系，积极寻求与供应商、分销商、顾客等供应链外部参与者的合作或联盟，就可以以广泛的团队，通过共担风险、共享收益、共享信息、共同完成长期目标，实现对顾客需求的快速反应和供应链总利润的最大化。沃尔玛与供应商建立战略伙伴关系，整合零售企业的上游价值链，促进零售企业与供应商"双赢"的效果，一方面，增强与供应商的管理能力；另一方面，降低物流费用、交易费用、提高物流效率、提高顾客满意度。

资料来源：http://baike.baidu.com

【同步测试】

一、单项选择题

1. （　　）被誉为现代企业战略方面的先驱者。
   A. 安索夫　　　B. 安德鲁斯　　　C. 钱德勒　　　D. 法约尔

2. 企业战略必须具备一定的"弹性"，做到能够在基本方向不变的情况下，对战略的局部或非根本性方面修改和校正。这阐述的是企业战略的（　　）特点。
   A. 全局性　　　B. 长远性　　　C. 可调性　　　D. 抗争性

3. （　　）是为了贯彻、实施和支持公司战略和竞争战略而在企业特定的职能管理领域制定的战略。
   A. 总体战略　　　B. 业务战略　　　C. 职能战略　　　D. 竞争战略

4. （　　）是企业基本目的和价值取向，也是企业的经营范围。
   A. 企业宗旨　　　B. 战略远景　　　C. 战略目标　　　D. 企业文化

5. ( )公司在特定战略中有较多的力量可以利用，有很多机会改善其战略地位。
   A. 优势型   B. 主宰型   C. 防守型   D. 强壮型

二、多项选择题

1. 企业战略策划的特点有( )。
   A. 全局性   B. 长远性   C. 指导性   D. 抗争性
2. 公司战略的任务主要有( )。
   A. 选择企业经营范围
   B. 合理配置资源
   C. 在企业目标和战略范围内制定本单位战略
   D. 制定提高投资收益率的方法
3. 成本领先战略的优点有( )。
   A. 低成本可以有效防御竞争对手的进攻
   B. 强有力的成本领先者还可以迫使供应商维持原价格
   C. 成本领先者对于潜在进入者足以对其构成进入壁垒
   D. 差异化本身可以给企业产品带来较高的溢价
4. 差异化战略的缺点有( )。
   A. 以低成本为代价
   B. 有时要放弃获得较高的市场占有率
   C. 并非所有的顾客都愿意或能够支付产品差异所形成的较高价格
   D. 产品差异化会形成一定的壁垒
5. 成本领先战略的适用条件有( )。
   A. 具有完全不同的用户群
   B. 现有竞争企业之间的价格竞争非常激烈
   C. 实现产品差异化的途径很少
   D. 拥有高效率的生产设备，生产工艺简捷

三、简答题

1. 企业战略策划的特点有哪些？
2. 企业战略策划的要素有哪些？
3. 成本领先战略的基本思想有哪些？
4. 差异化战略的优缺点有哪些？
5. 集中化战略的适用条件有哪些？

四、案例分析

山居小栈位于一个著名的风景区边缘，旁边是国道，每年有大批旅游者通过这条公路来到这个风景名胜区游览。

罗生两年前买下山居小栈时是充满信心的，作为一个经验丰富的旅游者，他认为游客真正需要的是朴实但方便的房间——舒适的床，标准的盥洗设备以及免费有线电视。像公共游泳池等没有收益的花哨设施是不必要的。而且他认为重要的不是提供的服务，而是管理。但是在不断接到顾客抱怨后，他还是增设了简单的免费早餐。

然而经营情况比他预料的要糟，两年来的入住率都维持在55%左右，而当地的旅游局统计数字表明这一带旅店的平均入住率是68%。毋庸置疑，竞争很激烈，除了许多高档的饭店宾馆外，还有很多家居式的小旅社参与竞争。

其实，罗生对这些情况并非一无所知，但是他觉得高档宾馆太昂贵，而家庭式旅社则很不正规，像山居小栈这样既具有规范化服务特点又价格低廉的旅店应该很有市场。但是他现在感觉到事情并不是他想得这么简单。最近又传来旅游局决定在本地兴建更多大型宾馆的风声，罗生越来越发觉处境不利，甚至决定退出市场。

这时他得到一大笔亲属赠予的遗产，这笔资金使得他犹豫起来。也许这是个让山居小栈起死回生的机会呢？他开始认真研究所处的市场环境。

从一开始罗生就避免与提供全套服务的度假酒店直接竞争，他采取的方式是削减"不必要的服务项目"，这使得山居小栈的房价比它们要低40%，住过的客人都觉得物有所值，但是很多游客还是选择转转，然后去别家投宿了。

罗生对近期旅游局发布的对当地游客的调查结果很感兴趣：
1. 68%的游客是不带孩子的年轻人或年老夫妇；
2. 40%的游客两个月前就预定好了房间和旅行计划；
3. 66%的游客在当地停留超过三天，并且住同一旅店；
4. 78%的游客认为旅馆的休闲娱乐设施对他们的选择很重要；
5. 38%的游客是第一次来此地游览。

得到上述资料后，罗生反复思量，到底要不要退出市场，拿这笔钱来养老，或者继续经营？如果继续经营的话，是一如既往，还是改变山居小栈的经营策略？

思考题：
1. 导致山居小栈经营不理想的主要原因是什么？
2. 你认为山居小栈的发展前景如何？
3. 如何改变山居小栈现在的不利局面？

项 目 实 训

实训项目：某企业经营战略的调查与分析

企业经营战略是决定企业经营活动成败的关键性因素。企业能否实现高效经营的目标，关键在于对经营战略的选择，如果经营战略选择失误，那么企业的整个经营活动就必然会满盘皆输。所以，企业经营战略实际上是决定企业经营活动的一个极其关键的和重要的因

项目三 企业战略策划

素。请各位同学通过网络、文献、实地访谈等多种途径对某企业的经营战略演变进行调查与分析，并提出具有现实意义的解决思路或方案。

【实训目的】

能够运用企业战略策划的相关内容分析和解决企业在实际中存在的相关问题。

【实训内容】

1. 以小组为单位调查一家企业，并获取企业的经营战略演变的相关资料。
2. 分析并提交一份企业经营战略的调查和改进方案。

【实训要求】

训练项目	训练要求	备 注
收集所调查企业的经营战略演变的相关资料	(1) 掌握企业战略策划概述的相关内容； (2) 通过网络、实地调研、访谈等多种方式收集获取资料； (3) 培养收集信息资料的能力	以学生小组为单位，6~8人组成一个小组完成此任务
分析所调查企业的经营战略现状	(1) 掌握经营战略的相关内容； (2) 结合内外部环境分析，剖析现状及原因； (3) 培养团队合作的能力	学生分组讨论，分析该企业面临的经营战略现状
提出所调查企业的调研方案	(1) 制定相应的调查与改进方案； (2) 培养运用理论知识解决实际问题的能力	学生分组讨论，各小组以PPT形式提交一份调查与改进方案，教师点评，学生互评

项目四　目标市场策划

【知识目标】

- 了解市场细分原则、标准、方法。
- 掌握目标市场策略。
- 掌握市场定位策略。
- 会独立设计市场定位图。

【能力目标】

- 提高目标市场的细分能力。
- 提高目标市场的选择能力。
- 提高目标市场的定位能力。
- 培养策划人目标市场的策划素质和能力。

【引导案例】

华素片的市场定位策略

华素片是北京四环制药厂生产的一种治疗口腔咽喉疾病的西药，其主要特点是：具有独特的碘分子杀菌作用，能迅速治愈；口含；西药；能长久滞留在口腔内发挥药力。

在华素片推出之前，市场上就已经有新的、老的一系列同类产品了。那么，华素片走向市场的机会在哪呢？

先看咽喉类药品市场。市场上常见的咽喉类药品有六神丸、四季润喉片、草珊瑚含片、桂林西瓜霜、武汉健民咽喉片、牛黄益金片、双料喉风散、咽喉冲剂、含碘片等，它们或凭借传统的知名度(如六神丸)、广告知名度(如草珊瑚含片)，或以便宜的价格(如含碘片)、较好的疗效(如双料喉风散)赢得一部分市场。可以说，咽喉类药品市场品牌众多、竞争激烈。

再看口腔药品市场。市场上治疗口腔疾病的药有牙周清、洗必太口胶、桂林西瓜霜、双料喉风散，产品不算多，且基本上没有知名度高、疗效好的第一品牌；一些药物牙膏和口洁露等日化品也占据了一部分市场，但这些都未形成"气候"。

华素片从适应症上讲，是既治口腔病又治咽喉病的。由于咽喉类药品市场上草珊瑚和健民咽喉片等药品上市时间长，广告投入大，在消费者中认知度和购买率较高，如果华素片进入咽喉类市场，面对的竞争对手较强，有可能位居其后，而且企业需要较高投入才有可能改变其竞争中的不利处境。然而，口腔类药品市场还没有形成有影响的品牌，很多口腔病患者有时尚需要靠一些药物牙膏来辅助。显然，在咽喉类药品市场竞争激烈、口腔类药品市场松散空白的状况下，华素片的市场机会点就是：定位于口腔药，主打口腔药品市场。

在了解华素片面对的市场状况后，还要了解华素片的消费者及其购买行为。

首先，需要明确的是，华素片的患者群并不是固定的一群人，男女老幼都有可能成为患者，其中成人比例高，季节性变化大。他们的选药标准是疗效第一位。一份对患者的抽样调查显示：患者重视疗效的为93.4%；讲究服用方便的为67.6%；注重口感好的为40.3%。

其次，看患者对口腔药的购买行为：口腔病患者多为高关心度的感性购买。顾客关心自己生病的同时又不认为是很严重的事，所以购买上对品牌的忠诚度并不高，他们很可能因为广告的影响或别人的介绍更换品牌。

再次，看患者的心态。口腔病不是什么疼痛难忍、至关生死的大病，大多数患者不到无法忍受的程度不会自觉用药，且患者一般状态下不太有什么病痛反应，只在想说、想吃、想唱时才会有强烈的病痛感。因此，患者普遍心态是认为它是很烦人的小病，希望尽快治好。

在分析了华素片的市场状况及患者的购买行为之后，企业可以充分了解到：华素片不仅满足患者希望尽快治好病的心理，同时还有能尽快治好的功能，它所卖的是其快速治愈的功效。于是，华素片的广告定位就清晰可见了，这就是迅速治愈口腔疾病的口腔含片。于是，华素片以"快治人口"的承诺和"病口不治，笑从何来"的呼唤走进了患者心里，患者认识它了，销售也就增长了。

(资料来源：http://www.docin.com/p-399675144.html)

思考：

华素片是如何进行市场定位的？

4.1 市场细分

4.1.1 市场细分概念

市场由人或组织构成，这些人或组织有其特定的需求与购买目的。因此，我们可以相似或相同的消费需求特征为依据，把市场消费者划分为具有不同需求的亚群体，其中每一个子市场都是一个有相似需求的购买者群体，这就是市场细分。

市场细分有利于发现市场机会，掌握不同细分市场的特点，制定有针对性的市场营销策略，集中有限的资源开发市场。

4.1.2 市场细分原则

市场细分具体包括以下4项原则：

1. 可衡量性

该市场购买者的购买力、市场规模等细分标量能够进行衡量和推算的程度，如果细分标量很难衡量就不能作为市场细分的依据。

2. 可实现性

选择的细分市场要与企业的实力相匹配。在进行细分时，企业应考虑企业是否有优势

与能力进入该市场。

3. 可盈利性

企业所选中的子市场还必须具有一定的规模，使企业能够获得一定的利润，并实现预期目标。如果细分市场的规模过大，本企业可能面临其他众多进入者的竞争；如果规模过小，企业的资源得不到充分利用，产品单位成本高，难以保证盈利。所以，细分出的市场规模需要恰当。同时，市场的规模应具有相对的稳定性，选择的细分市场不仅应给企业带来当前的利益，还需要能够给企业带来长远的利益。因为，企业确定进入目标市场则必须进行投资，如果市场赢利性不稳定，则可能难以收回投资，所以，企业在进行细分时还需要考虑市场盈利的可持续性。

4. 可区分性

细分市场的顾客群体特征能够被企业营销人员所识别和区分，这些群体能够对不同的营销策划产生各自相应的反应。

4.1.3 市场细分标准

企业要进行市场细分，首先要确定按照什么样的标准来进行细分。一般来说，凡是影响消费者需求的一切因素，都可以作为市场细分的依据。企业可以根据行业和自己的情况选择适当的因素作为标准(或变数)来对市场进行细分。

1. 消费者市场细分的标准

企业在进行市场细分时，要根据自己的内外部环境等因素作出恰当的决策。市场细分所依据的标准及下属变量有许多。就消费者市场而言，主要有四大类，即地理环境因素、人口因素、心理因素和行为因素，如表4-1所示。

表4-1 消费者市场细分标准

细分标准	细分变量
地理环境因素	区域、气候、地形、城乡差别等
人口因素	年龄、性别、职业、收入、家庭结构、生命周期、受教育程度、社会阶层、宗教、民族、种族、国籍、代沟等
心理因素	生活方式、个性等
行为因素	购买时机、追求利益、使用者状况、使用频率、忠诚程度、购买准备阶段等

(1) 地理环境因素。地理环境因素包括区域、气候、地形、城乡差别等。不同地理环境下的顾客，由于气候、生活习惯、经济水平等不同，对同一类产品往往会有不同的需求和偏好，以至对企业的产品、价格、销售渠道以及广告等营销措施的反应也常常存在差别。如不同地区有不同的口味，有"南甜北咸东辣西酸"之说。

(2) 人口因素。人口因素包括年龄、性别、职业、收入、家庭结构、生命周期、受教育程度、社会阶层、宗教、民族、种族、国籍、代沟等。年龄、收入、职业、种族等不同的顾客，会有不同的价值观念、生活情趣、审美观念和消费方式，因而对同一类产品，必定会产生不同的消费需求。

(3) 心理因素。心理因素包括生活方式、个性等,这主要是心理因素的影响。生活方式是人们生活的格局和格调,表现人们对活动、兴趣和思想的见解上,人们形成的生活方式不同,消费倾向也不同,如某家服装公司根据妇女顾客的不同生活方式,分别设计出"朴素型""时髦型""新潮型""保守型""有男子气型"服装;个性可以分为内向与外向、乐观与悲观、追求独特、依赖等。

(4) 行为因素。行为因素包括购买时机、追求利益、使用者状况、使用频率、忠诚程度、购买准备阶段等。行为因素是按照顾客购买过程中对产品的认知、态度、使用来进行细分。购买时机是指按顾客对产品的需要、购买、使用时机作为市场细分的标准。如旅行社每年不同的时间可为不同的消费者提供不同的旅游线路、品种及价格,寒暑假学生游、非节假日老年游等。追求利益是一种重要的细分因素,如追求实用、便宜、求名、求美等。美国学者哈雷曾对牙膏市场进行细分而获得成功。他把牙膏需求者寻求的利益分为经济实惠、防治牙病、洁齿美容、口味清爽四种,如表4-2所示。

表4-2 牙膏市场的利益细分

利益市场细分	人口统计特征	行为特征	心理特征	偏好品牌
经济(低价)	男性	大量使用者	高度自主、注重价值	减价的品牌
医用(防蛀)	大家庭	大量使用者	抑郁、保守	佳洁士
美容(洁齿)	青年、成年人	吸烟者	高度爱好交际、积极	麦克莱恩斯、超级布莱特
口味(清爽)	儿童	留兰香味喜爱者	高度自主介入、享乐	高露洁、艾姆

许多产品可以按照消费者对产品的使用频率进行分类。使用情况可以分为"从未使用过""曾经使用过""准备使用""初次使用""经常使用"五种类型。对于不同的使用者情况,企业所施用的策略是不相同的。一般而言,对于经常采用会员制等保持老顾客;对于曾经使用过分析竞争者策略和自己营销情况,采取有针对性措施;对于从未使用过者采用有利促销手段吸引。

2. 产业市场细分的标准

产业市场的细分标准,有些与消费者市场的细分标准相同。如追求利益、使用者情况、地理因素等,但还需要使用一些其他的变量,如行业、企业规模与地理位置变量、经营变量、采购方法与其他因素等,如表4-3所示。

表4-3 产业市场细分标准

细分标准	细分变量
用户类型	商业购买者(制造业、建筑业、通信业、金融业等)、政府购买者(行政机构、军队、法院等)、其他购买者(学院、医院、慈善机构等)
购买规模	大量购买者、一般购买者、少量购买等
地理因素	地理位置、资源、环境、气候、通信、交通运输等
购买行为因素	采购标准、采购战略、购买能力、购买目的、购买类型、追求利益、价格要求、购买频次、使用率、交易方式等

【同步阅读 4-1】

产业市场细分变量

美国的波罗玛(Bouoma)和夏皮罗(Shapiro)两位学者，提出了一个产业市场细分变量表，较系统地列举了产业市场细分的主要变量，并提出了企业在选择目标市场时应考虑的主要问题(见表 4-4)。

表 4-4　产业市场主要细分标准

人口变量
- □ 行业：我们应把重点放在购买这种产品的哪些行业上？
- □ 公司规模：我们应把重点放在多大规模的公司？
- □ 地理位置：我们应把重点放在哪些地区？

经营变量
- □ 技术：我们应把重点放在顾客所重视的哪些技术上？
- □ 使用者或非使用者情况：我们应把重点放在经常使用者、较少使用者、首次使用者或从未使用者身上？
- □ 顾客能力：我们应把重点放在需要很多服务的顾客上，还是只需少量服务的顾客上？

采购方法
- □ 采购职能组织：我们应将重点放在采购组织高度集中的公司上，还是采购组织相对分散的公司上？
- □ 权利结构：我们应选择工程技术人员占主导地位的公司，还是财务人员占主导地位的公司？
- □ 与用户的关系：我们应选择现在与我们有牢固关系的公司，还是追求最理想的公司？
- □ 总的采购政策：我们应把重点放在乐于采用租赁、服务合同、系统采购的公司，还是采用密封投标等贸易方式的公司上？
- □ 购买标准：我们是选择追求质量的公司、重视服务的公司，还是注重价格的公司？

情况因素
- □ 紧急：我们是否应把重点放在那些要求迅速和突击交货或提供服务的公司？
- □ 特别用途：我们应将力量集中于本公司产品的某些用途上，还是将力量平均花在各种用途上？
- □ 订货量：我们应侧重于大宗订货的用户，还是少量订货者？

个人特性
- □ 购销双方的相似性：我们是否应把重点放在那些人员及其价值观念与本公司相似的公司上？

□ 对待风险的态度：我们应把重点放在敢于冒风险的用户上还是不愿冒风险的用户上？
忠诚度：我们是否应该选择那些对本公司产品非常忠诚的用户？

(资料来源：菲利普·科特勒. 市场营销管理. 亚洲版. 郭国庆等译. 北京：中国人民大学出版社，1997：258)

4.1.4 市场细分方法

按照选择市场细分标准的多少，市场细分有三种方法：

1. 单一因素法

单一因素法是指按照影响消费需求的一个因素(细分标准)进行细分市场的方法。

例如，笔记本电脑市场，不同机构对笔记本电脑的需求不同，可按使用者类型标准把市场细分为家庭个人消费者市场、商业市场等细分市场。家庭个人消费者市场应该满足娱乐、游戏功能，商业市场应具有完善的售后服务等。

2. 综合因素法

综合因素法是指按照影响消费需求的两个以上(少数几个)的因素(细分标准)进行细分市场的方法。例如，某公司对房地产市场的细分采用了三个标准(见表4-5)。

表4-5　某房地产公司对房地产市场的细分

细分标准	细分变量			
年　龄	25岁及以下	26～35岁	36～49岁	50岁及以上
家庭结构	1～2人	3人	3～5人	1～2人
家庭月收入水平	5000元以下	5000～1000元	1000～1500元	2500～5000元

3. 系列因素法

系列因素法是指选择影响消费需求的两个以上(少数几个)的因素(细分标准)，并按照一次的次序进行细分市场的方法，即各因素先后有序、由大到小、由粗到细、由浅入深。例如，某服装公司选择多标准对服装市场进行细分(见图4-1)。

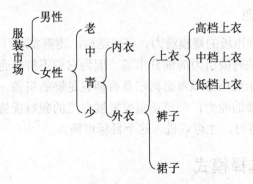

图4-1　某服装公司对服装的市场细分

4.2 目标市场选择

市场细分为若干个子市场后，企业需要根据自己的实力与资源，决定进入哪一个或哪几个市场。在决定之前必须对细分市场进行分析和评价，确定目标市场。目标市场是指企业准备要进入的市场。目标市场的确定步骤如图 4-2 所示。

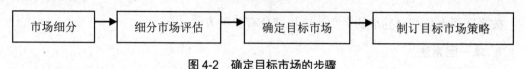

图 4-2　确定目标市场的步骤

4.2.1　目标市场评估

评价细分市场，必须确定一套具体的评价标准，评价标准可以从细分市场本身的特性、市场结构的吸引力、本公司的目标及资源优势等方面进行考虑。

1. 细分市场规模与潜力

(1) 市场规模。根据企业自身的条件，衡量细分市场的规模是否值得开发，即开发这样的市场是否会由于规模过小而不能给企业带来所期望的销售额和利润。

(2) 市场发展前景。一个细分市场是否值得开发，除了应具备规模因素外，还要考察市场有没有相应的发展前景。发展前景通常是一种期望值，因为企业总是希望销售额和利润能不断上升。但需要注意的是，竞争对手会迅速地抢占正在发展的细分市场，从而抑制本企业的盈利水平。

2. 细分市场结构吸引力

细分市场不仅需要具备企业所期望的规模和发展前景，还需要具备盈利能力。迈克尔·波特提出决定某一细分市场长期利润吸引力的五种因素。五种因素包括同行业竞争者的数量和实力、市场进入的难易程度及潜在竞争者的实力、替代产品威胁、购买者的议价能力高低、供应商的议价能力的高低。

3. 企业的目标和资源

企业不仅要考虑细分市场的规模潜力、市场结构，还需要对目标和资源进行考虑。

企业有时会放弃一些有吸引力的细分市场，因为它们不符合企业的长远目标。当细分市场符合企业目标时，企业还必须考虑自己是否拥有足够的资源，能保证在细分市场上取得成功。即使具备了必要的能力，公司还需要发展自己的独特优势。只有当企业能够提供具有高价值的产品和服务时，才可以进入这个目标市场。

4.2.2　目标市场选择模式

企业对市场进行评估后，根据自身情况，可以选择可供进入的细分市场。企业有五种目标市场选择模式(见图 4-3)。

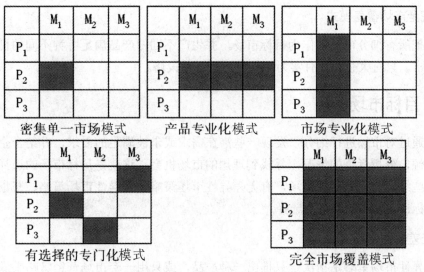

图 4-3 目标市场选择的五种模式

1. 密集单一市场模式

企业选择一个细分市场作为目标市场，企业只生产一种产品来满足这一市场消费者的需求。

这种策略的优点主要是能集中企业的有限资源，通过有针对性地生产、销售和促销等专业化手段，在某一细分市场深耕细作。一般适应实力较弱的小企业，但存在较大的潜在风险，如消费者的偏好突然发生变化，或有强大的竞争对手进入这个细分市场，企业很容易受到损害。

2. 产品专业化模式

企业选择几个细分市场作为目标市场，企业只生产一种产品来分别满足不同目标市场消费者的需求。这种策略可使企业保持一定的产品销量和知名度，但如果这种产品被全新技术产品所取代，其销量就会大幅下降。

3. 市场专业化模式

企业选择一个细分市场作为目标市场，并生产多种产品来满足这一市场消费者的需求。企业提供一系列产品专门为这个目标市场服务，容易获得这些消费者的信赖，产生良好的声誉，打开产品的销路。但是，如果这个消费群体购买情况出现变化，如购买力下降，就会直接减少购买本企业产品的销量，较大影响企业发展。

4. 有选择的专业化模式

企业选择若干个互不相关的细分市场作为目标市场，并根据每个目标市场消费者的需求，向其提供相应的产品。这种策略的前提就是每个细分市场必须是最有前景、最具经济效益的市场，否则容易造成资源浪费、规模不效益。

5. 完全市场覆盖模式

企业把所有细分市场都作为目标市场，并生产不同的产品满足各种不同的目标市场消费者的需求。只有大企业才有实力与能力选用这种策略。

4.2.3 目标市场策略

企业通过对市场进行细分，发现一些潜在需求或未被满足的需求，并结合企业自身的目标和资源，分析竞争的情况，寻找到理想的市场机会，这就是目标市场的选择。企业决定选择哪些细分市场为目标市场，有无差异性市场策略、差异性市场策略、密集性市场策略三种目标市场营销策略可供选择。

1. 无差异性市场策略

无差异性市场策略是指决定只推出一种产品，或只用一套市场营销策略来满足市场所有顾客的需求，以求在一定程度上适合尽可能多的顾客需求(见图4-4)。

图4-4 无差异性市场营销策略

其优势表现在：由于只有一种产品，企业容易做到标准化、自动化、大批量生产，有利于降低生产成本、提升产品质量；又由于仅采用一种营销策略，销售成本也相对较低。其不足表现在：首先，不能满足消费者的多种需求。其次，容易引起竞争的过度。一旦企业的这种产品销路好，能获得丰厚的利润时，必然吸引许多竞争者。再次，不能长期使用。因为一种产品长期不变很难为消费者一直接受，特别是现在，产品更新换代快，老产品容易被淘汰。

这一策略适用于产品初上市，或产品获得专利权时，因为这样的情况下没有竞争者或竞争者少。此外，适合于生产规模大，实力强大的企业。

2. 差异性市场策略

差异性市场策略是指企业采用不同的营销组合策略，分别去满足多个目标市场消费者的需求(见图4-5)。如联想集团生产各种计算机，用不同的配置、不同的功能、不同的包装、不同的广告宣传，分别吸引多个目标市场的消费者。对于学生爱玩游戏也爱追求时尚的特点，联想推出Y系列电脑，性能出色外观时尚。对于商务人士对办公要求高，经常出差的特点，联想推出V系列商务本，便于其携带。

由于消费者的需求是千差万别的，企业采取不同的市场策略去满足各个目标市场消费者的需要，有利于扩大销售量；另外，有利于降低风险。因为企业进入多个市场，避免因为一个目标市场出现问题时，威胁到企业的生存和发展。

最主要的不足之处是成本高。由于企业生产的产品多，研究费用、生产设备、生产管理、存货成本高，且用复杂的分销渠道网络，多种促销措施，以至渠道费用、宣传费用、人员费用都大幅增加，销售成本高。

这一策略适用于产品生命周期的成长期后期和成熟期。因为这一时期竞争者多，企业采取这一策略可以获取市场竞争优势，增强企业的竞争力。

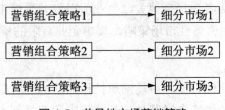

图 4-5　差异性市场营销策略

3. 密集性市场策略

密集性市场策略也称为集中性市场策略，是指企业集中力量，采取同样的营销组合策略，去满足一个或有限的几个目标市场消费者需要(见图 4-6)。

图 4-6　密集性市场营销策略

密集性市场营销策略适合资源有限的企业，企业集中所有的力量在大企业没有顾及的一个或几个细分市场上，不断取得竞争优势，扩大市场占有率，更容易成功。因为企业只专注一两个市场，资金的需要较少，有利于及时了解市场，及时按消费者的需求改进产品，提供服务，有利于提高营销效果。但由于市场少，企业发展受到限制，如果市场发生变化，就会导致企业遭受较大损失。

4.2.4　目标市场选择影响因素

前面所述的三种目标市场营销策略各有其长处和不足，企业应根据内外部环境情况进行选择。企业在确定采用何种目标市场策略时应考虑企业自身因素、产品因素、市场因素、竞争因素等。

1. 企业自身因素

企业自身因素主要是指企业的各种资源，包括企业的人力、物力、财力、信息、技术等方面。当企业资源多，实力雄厚，可运用无差异性或差异性市场策略；当企业资源稀缺最好采用密集性市场策略。

2. 产品因素

产品因素是指产品的同质性和产品所处的生命周期阶段。生产同质性高的产品的企业，如大米等，由于其差异较少，企业可用无差异性市场策略；生产同质性低的产品，如衣服、饮料、汽车等，产品差别性大，不同消费者有不同需求，适宜采用差异性市场策略。

产品处于生命周期不同的阶段，企业应采用不同的市场策略。在产品的投入期和成长期前期，由于没有或很少有竞争对手，可以采用无差异性市场策略；在成长期后期、成熟期，由于竞争对手多，消费者选择余地大，企业应采取差异性市场策略，适应不同消费者需要。在衰退期，则可施用密集性市场策略，集中企业有限的资源，保持市场地位。

3. 市场因素

市场因素是指市场同质性程度，市场同质性指的是消费者需求偏好、购买行为的相似程度。如果各个细分市场的消费者对某种产品的需求和偏好基本一致，对市场营销措施反应也相似，则说明市场同质性较高，市场策略可以采用无差异性市场策略。如果各个细分市场的消费者对同类产品需求的差异性大，则这种产品的市场同质性低，应采用差异性市场策略。如汽车市场，高收入层与低收入层的需求会有所差异。

4. 竞争因素

首先，应考虑竞争对手的数量。如果竞争对手的数目多，应采用差异性市场策略，发挥自己的优势，提高竞争力；如果竞争对手少，则采用无差异性市场策略，去占领整体市场，增加产品的销售量；其次，应考虑竞争对手采取的策略。如果竞争对手已积极进行市场细分，并已选用差异性市场策略时，企业应采用更有效的市场细分，并采用差异性市场策略或密集性市场策略，寻找新的市场机会。如果竞争对手采用无差异性市场策略，企业可用差异性市场策略或密集性市场策略与之抗衡；如果竞争对手较弱，企业也可以实行无差异性市场策略。

4.3 市场定位

企业进行市场细分，确定目标市场之后，紧接着应考虑目标市场各个方面的竞争情况。因为在企业准备进入的目标市场中往往存在一些捷足先登的竞争者，有些竞争者在市场中已占有一席之地，并树立了独特的形象。新进入的企业如何使自己的产品与现存的竞争者产品在市场形象上相区别，这就是市场定位的问题。

4.3.1 市场定位的内涵

1. 市场定位的概念

市场定位(Market Positioning)是指对企业产品、形象及营销组合进行设计，在目标消费者心中树立特定的形象，从而占据有力的竞争位置的行为。市场定位需要根据市场的竞争情况和本企业的条件，在目标顾客的心目中为产品创造一定的特色，赋予一定的形象，以适应顾客一定的需要和偏好。产品特色和形象可以是实物方面的，也可以是心理方面的，或者两方面兼有。

市场定位根据不同定位的对象不同，一般有产品定位、品牌定位、竞争定位三个层面。

产品定位是指向目标客户传播某个具体的产品的独特利益，从而在消费者心中建立一定位置，让消费者产生某种需求就会联想起这种产品。

品牌定位是指企业品牌或产品品牌形象的整体在公众心目中所树立的形象。

竞争定位是企业组织形象的整体或其代表性的局部在公众心目中的形象定位，企业定位是最高层的定位，必须先定位他们的产品和品牌，但它的内容和范围要广泛得多。

定位能创造差异，有利于塑造企业特有的形象；适应细分市场消费者或顾客的特定要求，以更好地满足消费者的需求；定位能形成竞争优势。

【同步阅读4-2】

香港银行如何利用定位谋取市场

香港金融业非常发达，占其产业的1/4。在这一弹丸之地，各类银行多达几千家，竞争异常激烈。如何在这个狭小的市场找到自身的生存空间？他们的做法是：利用定位策略，突出各自优势。

汇丰——定位于分行最多、全港最大的银行。这是以自我为中心实力展示式的诉求。20世纪90年代以来，为拉近与顾客之间的距离，汇丰改变了定位策略。新的定位立足于"患难与共，伴同成长"。旨在与顾客建立同舟共济，共谋发展的亲密朋友关系。

恒生——定位于充满人情味的、服务态度最佳的银行。通过走感性路线赢得顾客的心。突出服务这一卖点，也使其有别于其他银行。

渣打——定位于历史悠久、安全可靠的英资银行。这一定位树立了渣打可信赖的"老大哥"形象，传达了让顾客放心的信息。

中国银行——定位于强大后盾的中资银行。直接针对有民族情结、信赖中资的目标顾客群，同时暗示它提供更多更新的服务。

廖创兴——定位于助你创业兴家的银行。以中小工商业者为目标对象，为他们排忧解难，赢得事业的成功。香港中小工商业者有很大的潜在市场。廖创兴敏锐地洞察到这一点，并切准他们的心理：想出人头地，大展宏图。据此，廖创兴将自身定位在专为这一目标顾客群服务，给予他们在其他大银行和专业银行所不能得到的支持和帮助，从而牢牢地占有了这一市场。

（资料来源：http://www.docin.com/p-807973786.html）

2. 市场定位与差异化

差异化是一个和市场定位密切相关的概念。根据定位的理论，差异化是指设计一系列有意义的差异，以便使本公司的产品同竞争者产品或形象相区分的行动。有差异的、与众不同的事物才容易吸引人的注意力，差异化是定位深化的重要依据，是企业竞争的重要工具。

差异化可以从产品、服务、人员、渠道、形象等变量方面进行挖掘和塑造。①产品差别化战略。即是从产品质量、产品款式等方面实现差别。寻求产品特征是产品差别化战略经常使用的手段。②服务差别化战略。即是向目标市场提供与竞争者不同的优异服务。企业的竞争力越能体现在顾客服务水平上，市场差别化就越容易实现。③人员差别化战略。即是通过聘用和培训比竞争者更为优秀的人员以获取差别优势。④形象差异化战略。是在产品的核心部分与竞争者雷同的情况下塑造不同的产品形象以获取差别优势，见表4-6。

表4-6 差异化变量表

产品	服务	人员	渠道	形象
特色、性能、耐用性、可靠性、可维修性、风格、设计	订货方便、送货安装、客户培训、客户咨询、维修	能力、资格、谦恭诚实、可靠、负责、沟通	覆盖面、专业化、绩效	标志、文字、视听媒体、气氛、事件

4.3.2 市场定位策略

1. 产品定位策略

市场营销中的产品是一个包含五个层次的整体产品，产品定位的目的，是让产品在有形、无形方面在顾客心目中留下深刻的印象，因此产品定位必须由产品五个层次的各种特征，如功能、价格、技术、质量、包装、安装、维护、售后服务等方面入手，使其中的一个或几个方面能与其他同类产品区分开来。产品定位策略主要有以下几种：

(1) 根据属性定位。根据产品的某些特色属性及由此给消费者带来的利益来定位。如同样是洗发水，飘柔定位于柔顺，海飞丝定位于去头皮屑，潘婷定位于营养头发；宝马定位于"完美的驾驶工具"，沃尔沃汽车则定位于"安全"。

(2) 根据价格与质量定位。价格是产品最明显、最能反映其质量、档次特征的信息。如一家大酒楼，推出上万元一桌的"黄金宴"，通过这种看似噱头的高价，除了造成新闻的轰动效应外，关键是给顾客留下了深刻的印象，使顾客把这家酒楼与豪华高贵联系起来，酒楼在顾客心目中形成了独特的地位。于是，社会的有钱人士都以进去消费一番为荣。价格与质量定位可以细分为高质高价定位、高质低价定位等。

(3) 根据产品的功能和利益定位。产品主要是因为它能帮助顾客解决问题，带来方便，获得心理上的满足，这就是产品的功能。顾客一般很注重产品的功能，企业可以通过对自己的各种功能的突破、强调给顾客带来比竞争对手更多的利益和满足，可以用它进行定位。

(4) 根据使用者定位。使用者就是目标顾客。所以依靠使用者的定位，实际上就是选定一个独特的目标市场，并使产品在此目标市场上获得难以取代的优势地位，如婴儿助长奶粉、老年人高钙铁质奶粉等。

2. 品牌定位策略

品牌是产品与企业的身份与标志。不同的品牌定位彰显出产品与企业不同的身份。

(1) 档次定位。依据品牌在消费者心目中的价值高低区分出不同的档次。如五星级酒店其高档的品牌形象不仅涵盖了幽雅的环境、优质的服务、完善的设施，还包括进出其中的都是商界名流及有一定社会地位的人士。定位于中低档次的品牌，则针对其他细分市场，如满足追求实惠和廉价的中低收入人群。

因为档次定位反映品牌的价值，不同品质、价位的产品不适宜使用同一品牌，以免使整体品牌形象受低质产品印象而遭到破坏。

(2) 类别定位。类别定位是指通过多种措施在顾客心目中形成该品牌等同于某类产品的印象，建立该品牌是某类产品的代名词或领导品牌的印象。比如"七喜"汽水"非可乐"定位就是使用类别定位。"非可乐"的定位使"七喜"处于与"可口"和"百事"对立的一个单独类别，还巧妙地与两知名品牌并列，提升了自身的地位。

(3) 情景定位。将品牌与一定环境、场合下产品的使用情况相联系，以唤起顾客在特定情景下对该品牌的联想。比如奥利奥宣传要扭一扭、舔一舔、泡一泡更好吃。

(4) 比附定位。比附定位就是以攀附名牌来增加自己的品牌形象档次，提升自己品牌的价值和知名度。

① 甘居"第二"。明确承认同类产品中有一个最负盛名的品牌，而自己是第二。这种策略会使人产生一种谦虚诚恳的印象，相信其所说的是真实可靠的，容易记住。

② 高级俱乐部策略。强调自己是某个具有良好声誉的小团体的成员之一。如美国克莱斯勒公司就宣称自己是美国"三大汽车公司之一"，使自己和其他两大汽车商并列。

3. 竞争定位策略

目标市场策略以客户为导向，有益于市场竞争，但是市场竞争必然存在与同类企业的竞争，不同的企业适宜采用不同的竞争策略。

(1) 市场领导者的策略。市场领导者经济实力雄厚，产品市场占有率最大。这类企业为了维护其领导者的地位，通常把自己定位于消费者偏爱范围的中心位置，这种定位最能适合大多数顾客的需要，市场占有率最大。

(2) 市场挑战者的策略。即不是市场领导者的大企业要想发展必须进行市场竞争，提高市场占有率，增加收益。这类企业的市场定位是把自己定位在尽量靠近市场领导者的位置，体现自身实力，缩小与领导者的差别，便于争夺市场。

(3) 市场追随者的策略。一些实力较弱的企业，没有与市场领导者争夺市场领导地位的实力，所以宁愿居于次要地位追随、模仿市场领导者。这样一来，可以减少市场风险。

(4) 市场补缺者的策略。在同一行业中，一些小型企业因为资源有限，无法与大企业竞争，只能经营一些被大企业忽视的细分市场，以避免市场竞争，获得最大限度收益。

4.3.3 市场定位工具与步骤

1. 市场工具

1) 市场定位图

定位不仅是一种营销思维方式，在实践中还可以具体化。定位图就是最常使用的一种定位具体化、操作性强的工具。

定位图是一种直观的、简洁的定位分析工具，一般采用平面二维坐标图，其坐标变量为定位影响因素，图上的各圈点则对应市场上的品牌，它们在图上的位置代表顾客对各品牌的评价。通过定位图，可以显示各品牌在顾客心目中的印象及差异，以解决自身定位决策问题（见图4-7）。

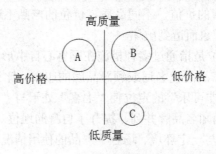

图 4-7 定位图

2) 市场定位图设计步骤

第一步，分析影响定位的因素，影响定位的因素从竞争对手定位状况、目标客户对产品评价标准、本企业潜在竞争优势等方面进行分析。

第二步，确定产品定位依据，一般产品定位的因素有功能、质量、价格、款式、服务等，根据消费者评价最关注的因素作为坐标变量，绘制定位图。一般选择两个变量组合来确定平面定位图，如图 4-7 选择质量和价格作为坐标变量。

第三步，标示目标市场竞争情况，把现有企业竞争情况在定位图上标示出来。图 4-7 所示 A、B、C 三个圆圈表示三家竞争对手，圆圈大小表示市场份额大小，圆圈位置表示市场定位位置。以 B 企业为例，从图 4-7 可以看出其生产高质低价产品，市场份额最大。

第四步，确定本企业产品定位。企业通过对市场、竞争等要素分析找出自己的优势，进行正确的定位。图 4-8 中 D1、D2、D3 表示三种市场定位方案。

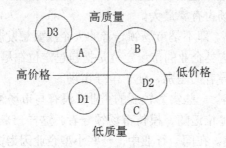

图 4-8 定位方案

(1) 运用"补缺定位"策略，采用 D1 定位方案。补缺定位可以避开竞争，迅速在市场上立足，并能在消费者心目中迅速树立形象。这种定位方式风险较小，成功率较高，常常为多数企业所采用。

如果本企业能以较低的价格，销售高质量的产品，适宜采用"补缺定位"策略，应该采用 D1 定位方案。

进行定位时注意确定市场的空白处是否有潜在的需求，是否适合作为细分市场。

(2) 运用"并列定位"策略，采用 D2 定位方案。并列定位表示企业希望积极进入有利可图市场，虽然具有一定的风险，但也可能会激励企业奋发向上。一旦成功就会获得较大回报。

实力有限的企业可以采用"并列定位策略"，采用 D2 定位方案，在这个市场上竞争对手力量也很有限，有利于中小企业成功。

(3) 运用"对抗定位"策略，采用 D3 定位方案。企业采用对抗定位的目的是准备扩大自己的市场份额，决定并且有能力击败竞争者。

如果市场上对优质高价手机需求量较大；且本企业比 A 企业实力更强，能开发出更好的产品，可以采用"对抗定位策略"，应该采用 D3 定位方案。

2. 市场定位步骤

市场定位有三个步骤：

(1) 识别潜在竞争优势。识别潜在竞争优势是市场定位的基础。企业的竞争优势通常表现在两个方面，即成本优势和产品差别化优势。

(2) 企业核心竞争优势定位。核心竞争优势是与主要竞争对手相比，企业在产品开发、服务质量、销售渠道、品牌知名度等方面所具有的可获取明显差别利益的优势。

(3) 制定发挥核心竞争优势的战略。企业在市场营销方面的核心能力与优势，不会自动地在市场上得到充分的表现，必须制定明确的市场战略来加以体现。

【同步阅读 4-3】

"洋"快餐为何能长驱直入广州城

广州素有"食在广州"之美誉，因而很多人并没料到洋快餐竟能在此大行其道。但只要分析洋快餐进攻广州之前餐饮市场定位图(见图 4-9)就可知洋快餐的成功并非偶然。

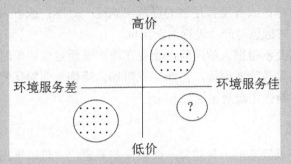

图 4-9 餐饮市场定位图

图 4-9 上的点主要集结在两个区域：环境、服务较佳但价格不菲的部分是星罗棋布的高档酒楼；另一部分低档价廉，这是遍布大街小巷的小食肆。由此反映出广州餐饮业：①主要分为两个类型：高档酒楼和低档的大排档；②这两种类型从业者之间的竞争相当激烈，市场空隙甚少。虽然市场上众多饮食业竞争得不可开交，但从图上可以看出，环境、服务优良但价格适中的区域却尚是一片空白。而若我们了解广州近年的经济发展状况及市民对餐饮消费需求的变化，就很容易明白这片空白是大好机会所在。随着经济的发展，人们的收入有了很大的增长，对进餐的卫生条件、环境、服务、质量等方面的要求也提高了，因而低档小食肆已不能满足越来越多人的要求，特别是日益壮大的白领阶层，更是把在此类食肆进餐看作是有失身份的事，高档酒楼进餐只能偶然而为之，将其作为解决日常进餐问题的场所是不现实的。生活水准的提高，生活节奏的加快，都令中档快餐有着不可估量的市场潜力。洋快餐正是瞄准这一机会而进攻广州市场的。

(资料来源：http://www.doc88.com/p-015651656194.html)

4.3.4 市场定位方式

1. 市场定位方式

(1) 避强定位。企业尽量避免与实力最强或较强的其他企业发生直接竞争,将自己的产品定位于与竞争对手不同的市场区域内,使自己的产品在某些特征或属性方面与最强或较强的对手有显著的差异。这种方式的优点是:能够迅速在市场上站稳脚跟,并能在消费者或用户心目中迅速树立起一种形象。由于这种定位的方法市场风险较少,成功率较高,常常为多数企业所采用。

(2) 对抗性定位。企业根据自身的实力,为占据较佳的市场位置,不惜与市场上占支配地位的、实力最强的或较强的竞争者发生正面竞争,从而使自己的产品进入与对手相同的市场位置。这种定位的方式有时会产生激烈的市场竞争,有较大的市场风险,但也能够激励自己奋发上进,一旦成功就会取得巨大的市场优势,且在竞争过程中往往能产生轰动效应,可以让消费者很快了解企业及其产品,企业易于树立市场形象。如可口可乐与百事可乐之间持续不断的争斗等。实行对抗性定位,必须知己知彼,应明白清楚估计自己的实力,不一定要打败对方才是成功。

(3) 重新定位。企业实施某种定位方案一段时间以后,有可能发现原有定位效果并不理想,不能达到营销目标;或者没有足够的资源实施这一方案;或者为发展新市场的需要;或者竞争的需要。此时应该对产品进行重新定位。

重新定位有时需要承担很大的风险,企业在作出重新定位决策时,一定要慎重。必须仔细分析原有定位需要改变的原因,重新认识市场,明确企业的优势,选择最具优势的定位,并通过传播、不断强化新的定位。

2. 市场定位误区

定位时,企业可以只推出一种差异,即单一差异定位;可以推出两种差异,称为双重差异定位;还可以推出几种差异,实行多重差异定位。但值得引起重视的是,企业推出的差异不宜过多,否则会降低可信度,从而影响了定位的明确性。定位时应注意以下几方面问题:

(1) 定位混乱。企业推出的差异过多、推出的主题太多、定位变化太过频繁,使消费者对其产品或品牌只有一个混乱的印象,令人难以弄清起主要的功能及好处是什么。

(2) 定位过度。企业过度鼓吹产品的功效或提供的利益,使消费者难以相信企业在产品特色、价格、功效和利益等方面的宣传,对定位的真实性产生怀疑。

(3) 定位过宽。有些产品定位过宽,不能突出产品的差异性,使消费者难以真正了解产品,难以使该产品在消费者心目中树立起鲜明的、独特的市场形象。

(4) 定位过窄。有些产品或品牌本来可以适应更多的消费者的需要,但由于定位过窄,使消费者对其形象的认识也过于狭窄,因而不能成为企业产品的购买者。如中国的丝绸,在西方顾客心目中是一种上流社会消费的高价商品,但由于国内企业争相出口,不断压价,使其在国外市场上成为一种便宜货,许多人反而不买了。

【知识结构图】

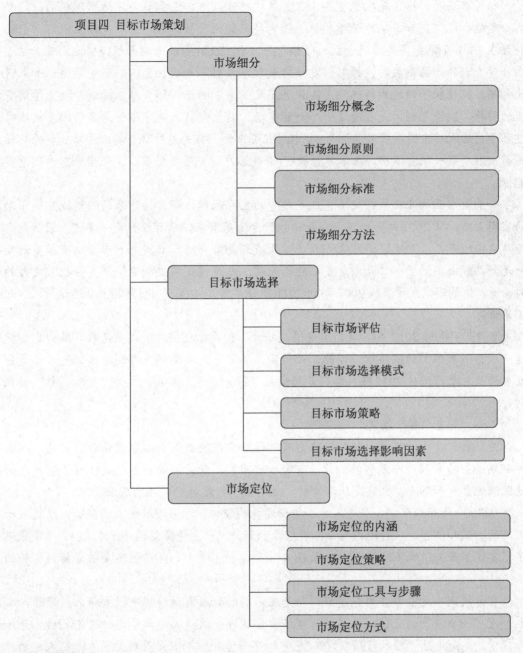

【扩展阅读】

名门静音门锁的定位与配称

1998年,做过研发、生产管理和销售的陈力发现了球锁变执手锁的市场机遇,于是与合伙人创办宝石锁业(名门前身),专做执手锁。与球锁相比,执手锁有很多优势,多了一个把手,更加美观,使用体验更加方便。加上质量过硬、国内装修市场开始火爆,宝石的执手锁一炮打响，供不应求。

初入市场时，抢占先机很重要，但要保持持续领先，还需要不断地发现机遇，调整战略，超越自己。例如，从球锁结构执手锁变插芯锁的时候，名门又一次抢在同行的前面，并且在2001年率先将美学概念引入门锁行业，自主设计多款专利面板，当他们带着这些获得外观专利的产品参展时，顿时引发业内轰动，吸引客户的注意，打通了渠道。如果说创业初期，抓住执手锁的市场机遇是发现并满足了需求的话，那么从功能到外观美学消费潮流的引导，则毫无疑问是创造了一个新的市场。时至今日，美学依然是名门的重点战略。这源于创始人对中国消费者的洞察："中国人买东西，首先看外观，其次是功能，外观始终是第一眼，第一眼看不中，基本不会购买(家庭客户首先看重外观，工程专业客户则看重功能)。"

如果说前面的几次战略变革完成了起步的生存问题，那么接下来的终端战略则帮助名门实现飞跃。从2007年开始，名门开始推行专卖店形象，所有经销商必须统一门头，只准销售名门的产品，导致经销商从600多家锐减到200多家。但是推行专卖店有很多好处，一是产品线更丰满了；二是增加了品牌曝光度；三是经销商更加专一了，会投入更大的精力，所以销量不减反增，从2007年到2011年每年都是40%～50%的增长，迅速进入"亿元俱乐部"。

从1998年到2012年，名门迅速崛起壮大，但复盘这些年的发展历程，陈力愈发觉得这一战略带有很大的偶然性。因此，必须从产品领先到品类领先再到品牌领先，才是企业发展的长久之计。从2012年，名门开始聚焦"静音门锁"品类，成为"静音门锁"的代名词。

开创"静音门锁"品类

为什么定位为"静音门锁"？陈力有时候加班很晚回家小心翼翼地开门、关门，生怕吵醒熟睡中的家人。可是尽管如此，有次加班回家，开关门的声音还是吵醒了家人，为此他深深地自责和不安，也就是从那时起，他萌生了研发静音门锁的想法。

从2009年开始研发，引进人才，与研发机构合作，学习国外企业的经验，经过成千上万次的测试和试验，填补国内行业品类空白的新产品——静音门锁终于在2012年年底诞生了！实现了开关门噪声降低60%，荣获4项国家技术专利，革命性地突破了传统门锁的局限。

有时候战略元素并非事先想好，而是在不断的战术实践过程中摸索而来。开始，名门也并没有一个清晰的定位，只是觉得市场需要这样一款产品，学了定位理论之后才开始慢慢摸索。先是定位"艺术门锁"，但"艺术"不好量化，而且是否称为艺术是别人说的，而不是自己说的；后来，陈力召集业务员和经销商分别开会，提出了"静音"概念，但还不是"名门静音门锁"，而是"名门门锁·静音专家"，静音只是作为产品的一个诉求，而不是核心定位；直到2013年上半年陈力去走访市场，才最终将"名门静音门锁"的定位确定下来。

定位的战略配称

一个好的定位，还要有系统的配称才能发挥效力。找定位是发现价值，定位落实到产品上是创造价值，通过终端、广告将自身的定位传播给消费者是传递价值，售后和市场调查则是反馈价值。因此，系统的定位配称就必须涵盖产品、研发、终端、品牌和渠道。

好产品自己会说话。名门"静音门锁"的定位要想进入消费者心智，也要靠事实说话。粗制滥造的产品很难实现理想的静音效果。为了提高精度，名门进行大流水线的改造，并进行了严苛的产品检测。每把门锁从研发到出厂，都要经过严格的68项标准检测，比国家标准多了24项，并建立了20项高于国家标准的企业标准。名门还修改了传统的产品评审流程，增加了一个"体验"评审环节，并且将客户评审前置，在量产前就将样品送给客户，工程师往往受自身思维的限制，对功能、结构把握得比较好，但外观(包装、设计)和体验(安装体验、使用体验)的评审则是客户比较擅长。

倾力研发，为"静生活"代言。既然将自己的门锁定位为"静音"，那么在静音这一核心诉求上就要成为领导者，研发的作用就尤为关键。在外观设计方面，名门专门聘请德国、芬兰、意大利的设计师，用他们的极简主义风格，凸显"静音"的质感，现已形成"现代简约、欧式古典、中式古典、田园系列"四大主题风格；功能设计方面，与工信部电子五所合作开拓全国首家国家级的静音门锁研发中心，不断升级静音门锁系统，例如投入100万元与日本企业合作，专门研发适合中国的关门器，静音门吸也在研发中。

把终端当成产品来设计。终端即品牌，因为它直接接触消费者，是品牌进入消费者心智的重要媒介。自2006年推行专卖店以来，名门的终端已经升级了四代。

第一代终端实现了货架上墙；第二代终端形成了专卖店，统一门头，有了独立的空间；第三代终端在第二代终端的基础上做了升级，设计细节更规范；第四代终端则是专为"静音门锁"的定位设计的，站在更高的高度，从整个SI的体系，融合建筑设计美学、营销(产品陈列方式、导购的站位)、产品文化及品牌文化等多种因素。

为了让消费者快速认知"静音门锁"的价值，第四代终端最大的变化就是将"体验"作为设计的重点。例如推拉式的吊轨门设计、无把手展示柜，当然最重要的还是为终端配备了五大体验式营销工具：便携式静音展示系统(小门)、情景式静音体验展示系统(1∶1木门)、静音门锁体验展示专区、静音门锁对比体验台、静音系统演示视频，通过量化和对比，让消费者对"静音门锁"产生直接感知。

品牌：好门锁，要静音。要想在成千上万个品牌中让消费者记住你，就必须要有清晰的定位，还要及时地将你的定位传达给消费者。

名门的品牌传播基本上分三个层次：以专卖店为中心的传统媒体广告、网络营销和行业内的公关。

名门定位传播的第一步就是专卖店改造，所有专卖店的门头一律换成"名门静音门锁"，并给所有终端(包括专卖店、专区、微型终端)配备情景式静音体验展示系统(1∶1木门)，增强终端的体验功能；接着以专卖店为中心，在建材市场周边投放了1000多块户外广告，在长三角、珠三角、京津唐、海西等经济圈的高速路上投放高炮广告，目前户外广告已经覆盖到全国所有省会城市和60%的一线城市；完成了基本认知的宣传之后，2016年春节期间，名门启动了上星计划，在央视4套投放了3个月的广告，全面锁定早中晚三大收视高峰。随着这些广告的上星落地，短短几个月时间，"好门锁，要静音"的品牌诉求已经深入人心。

在启动定位战略的最初，名门就已经开始借助网络工具进行传播。与传统媒体的广告投放不同的是，名门很少在网络上打硬广告，更注重消费者的参与和互动。首先，围绕新定位对官网进行了全新改版，其次以官网为中心在PC和移动搜索上做关键词优化、投放软文和视频，建立自己的微信平台与粉丝互动，比如近日推出的"求点赞只因我在乎你"活动，点20个赞就送一套瓷杯，联合线下专卖店，通过海报发布活动，不仅传播了品牌，还为经销商圈了粉丝和用户数据，可以说是一举多得。

网络营销与传统广告的点面结合，构成了整合营销的闭环，让消费者对品牌形成了认知，但"公关大于广告"的事实也不容忽视。从去年"开启静音时代"开始，名门就开展了一系列的公关活动。比如建博会、木门展、五金展会，还广泛参与北京、上海、广州的设计周，设立设计师奖项，通过影响设计师来打通家装市场和工程渠道。包括门锁在内的建材产品属于低关注度产品，人的一生一般也就经历两次装修(买房、换房)，因此，消费者的产品知识不多，设计师的意见就显得尤为关键。

渠道驱动品牌升级。在定位初期尤其如此，在还没有形成强大的品牌时，通过渠道来影响消费者会更为实在和有效。终端是品牌曝光的最佳场景，在完成专卖店的布局后，名门启动了规模庞大的"曝光点工程"，计划发展更多的微型终端，从目前的1000家到5000家。与专卖店和专区相比，微型终端更加灵活，一台锁架和一个体验柜，只要显示"名门静音门锁"6个字就可以成为一个分销点和曝光点。在当前渠道下沉的趋势下，这也是名门抢占县域市场的创新性策略。

工程渠道方面，仍然处在一个市场教育的阶段。由于工程客户一般用量比较大，因此更看重价格，厂家拼的是成本优势和基础运营能力。针对工程渠道的公关传播，名门正在加大力度，比如参加行业展会、设计周及通过权威机构建立公信力。此外，随着房地产市场增长的趋缓，名门在盯紧现量市场的同时，也在谋局存量市场。随着地产增速放缓，现量市场的饱和期会提前到来，而经过这十几年的高速发展，存量市场已经越积越大，并且轮替的周期已经迫近。相比零售，门锁的更换、维修的利润也很高，未来，名门将不排除与锁匠合作，走进社区开社区店的可能性，而这才是O2O真正开始的地方。

锁作为门上的核心要素，势必免不了与门厂的关联。截至目前，名门已经与行业里数一数二的品牌结成异业联盟，比如梦天、TATA，梦天对名门全渠道开放，而与同样主打"静音"(隔音)诉求的TATA木门的合作，则更是相得益彰，对于静音品类的开拓如虎添翼。与此同时，在与门厂的合作中，名门也越来越关注品牌曝光度和话语权，今后，门上将一律贴上"名门静音门锁"的标志。伴随自身品牌的强大，名门正在改变锁作为门的附属品的传统定位。

(资料来源：《销售与市场》杂志管理版2014年第6期)

思考题：
通过本案例，你觉得应该如何进行市场定位的配称？

【同步测试】

一、单项选择题

1. 市场细分的内在依据( )。
   A. 产品　　　　　B. 消费需求　　　　C. 价格　　　　　D. 竞争
2. 选择几个细分市场作为目标市场，企业只生产一种产品来分别满足目标市场需求的模式是( )。
   A. 市场专业化模式　　　　　　　　B. 产品专业化模式
   C. 有选择的专业化模式　　　　　　D. 密集单一模式
3. 无差异性市场策略的最大优点是( )。
   A. 市场占有率高　B. 成本低　　C. 需求满足程度高　D. 市场适应性强
4. 差异性市场策略最主要的不足之处是( )。
   A. 速度慢　　　　B. 市场小　　　C. 成本高　　　　D. 适应性差
5. 品牌定位策略不包括( )。
   A. 类别定位　　　B. 档次定位　　C. 比附定位　　　D. 功能定位

二、多项选择题

1. 消费者市场细分的标准主要有( )。
   A. 地理环境因素　B. 人口因素　　C. 心理因素　　　D. 行为因素
2. 消费者市场细分人口因素包括( )。
   A. 年龄　　　　　B. 收入　　　　C. 家庭结构　　　D. 受教育程度
3. 影响目标市场选择的因素( )。
   A. 产品特点　　　B. 竞争情况　　C. 市场特点　　　D. 企业资源
4. 产品定位策略( )。
   A. 根据属性定位　　　　　　　　　B. 根据功能利益定位
   C. 根据价格质量定位　　　　　　　D. 根据使用者定位
5. 市场定位方式有( )。
   A. 产品定位　　　B. 避强定位　　C. 对抗性定位　　D. 重新定位

三、简答题

1. 简述怎样进行市场细分。
2. 简述市场细分的原则。
3. 简述目标市场营销策略。
4. 简述影响目标市场营销策略的因素。
5. 简述市场定位策略。

四、案例分析

三只松鼠20亿年销售额，能拉动坚果炒货全品类转型？

以卖坚果为主的电商品牌三只松鼠成立于2012年，创始人兼CEO为章燎原，他早年是一家塑胶公司的销售。而从三只松鼠公布的数据来看，自成立以来发展迅速，并一直被资本追捧。

2015年上半年，三只松鼠宣称销售额突破12亿元，全年销售额预计突破20亿元。不过，就在近期，三只松鼠宣布关闭旗下两大子品牌"松鼠小美"和"松鼠小贱"在天猫、京东和1号店的官方店铺。外界认为这很可能是三只松鼠战略转型的开始。

一个"传统至死"的行业

数据统计，2013年，坚果炒货行业规模企业(年产值收入在2000万元以上的)共有898家，主营销售收入1173亿元，比上年增长了17.7%，其中利润总额达到80亿元，同比上年增长17.3%。另外，坚果炒货规模企业的资产合计470亿元，产品出口创汇213亿元，分别比上年增长15%和8%。与此同时，2013年坚果炒货新开发产品的产值约为38.7亿元，占主营销售收入的3.3%。

随着人们购买力的增强和营养知识的普及，中国坚果炒货市场的销量得到快速扩张，产品种类和结构也得到明显升级，并逐步形成了多样化、多层次的消费市场。目前，国内干果市场一年的市场容量多达105亿元。

我国炒货类产品种类繁多，比如香瓜子、花生米、蚕豆、板栗、杏仁、腰果等上千个品种；坚果类的也存在核桃、山核桃、松子(仁)、开心果等多种主流产品。同时，坚果炒货以其物美价廉、保存期长和独特的风味等原因一直备受消费者青睐。

上规模、有品牌的坚果炒货企业都相继走上品牌化经营道路，近十年来，行业一直处于高速发展阶段。然而，目前的线下市场依然存在一些弊端。

首先，同质化严重，品牌溢价能力差。

坚果炒货行业的产品严重同质化，其中高端产品与低端产品的价格差异较小，即使高端产品很多也是依靠包装和品牌力硬性拉高价格。因此，坚果炒货行业的产品溢价能力较差，消费者普遍认可度不高。

其次，由于线下消费者水平的参差不齐，炒货坚果的销量受到严重的影响。

相关数据显示，进口类坚果的顾客群体逐渐提升，新年期间更为明显。平日购买进口坚果的顾客约占整体顾客群体的13%。新年期间，该比重又呈明显上升趋势，进口类的坚果备受消费者青睐。与此同时，最新市场调研表明，坚果等休闲食品的消费人群范围非常广，年龄跨度从15~65岁，然而实际的家庭采购决策者和购买者多数不会上网购物，他们更愿意到实体门店选购产品。但是，随着坚果类顾客的比例越来越年轻化，未来"80后"和"90后"的线上网购主力军比例会不断增加。

再次，由于炒货坚果行业的产品周期性强，销售淡旺季可谓十分明显。

坚果炒货企业产品种类繁多，涉及广泛，瓜子类、坚果类、核桃类、肉类、豆类、礼品类等往往都是动辄几十个上百个SKU。例如葵花籽，"恰恰"的SKU要40多个，如此众多的产品线、众多的品类、品项缺乏详细科学的规划,造成产品生命力不强、生命周期短暂。很多产品更是昙花一现,刚上市就消失了。

最后,就炒货坚果销售方式而言,目前炒货坚果的线下销售方式比较单一。

分为商超、专卖店和流动小摊三种主要渠道,这与炒货坚果的消费人群相关——青少年、中老年和年轻女性。这些人作为主流的消费人群,比较看重味美价平的口感,方便卫生的特点,所以通常会青睐炒货专卖店或日常去商超购物时连带购买,虽然消费能力较弱,但总体消费频率很高。

其中,中老年作为家庭年货的主要采购者,通常的采购方式以方便为主,会到超市、农贸市场、炒货店、路边流动小摊等,如果作为过节送礼,通常会注重健康,追求知名品牌;基于送礼人群的购买心理,商超和专卖店,炒货坚果都会采用简洁时尚的包装,因为节日期间一次性消费量大。

电商之路上的受益者

随着电商行业在国内市场的崛起,线上市场呈快速的增长态势,以淘宝为例,搜索"坚果"这一关键词,可以搜到25.5万件商品。加上人们对坚果认识的进一步增加以及坚果本身所具有的诸多符合现代人消费需求的特点,吃坚果零食在某种程度上已经成为一种时尚潮流,这些都成了推动线上坚果行业发展的重要因素。

与线下相比,线上炒货坚果的种类更丰富,也更全面,同时也非常重视产品的口感、包装、档次与品质,一定程度上提升了消费者的购物体验。

同时,电子商务的优势在于知道"谁买我的产品",针对网购消费群体的特征,迎合网购消费者的心理进行品牌定位,可以通过极致的用户体验(如送果壳收纳袋、开箱器、湿纸巾等),满足顾客需求,降低宣传成本,不断积累自己的"粉丝"用户。

然而,这几年是食品发展的起步阶段,消费者的消费习惯不同以及对坚果行业一些品牌的认知度不高,坚果炒货行业只有4%在线上操作,96%还是传统的线下模式。因此,未来坚果线上销售的发展空间很大。同时,线上销售比线下销售有绝对的仓储时间优势。

从2008年至今,坚果炒货以每年5倍以上的增长量在互联网上迅速发展,所以坚果类电商要比服装、化妆品机会多一点。

以"三只松鼠"为例,2012年6月创立,当年"双十一"单日销售额突破800万元。2013年1月,单月销售额突破2000万元,跃居坚果行业全网(天猫)第一。2014年"双十一"创下1.02亿元销售额。生猛的三只松鼠,成长的秘密在于以下几点:

1. 在子类目挖掘增长点

坚果类市场是个红海市场,但是碧根果是个蓝海市场。这就是爆品战略,早期用碧根果这个单品直击袋装坚果市场,引爆市场。从多方数据表明,碧根果极具成长力,有较好的发展潜力。

2. 虚拟化营销

从根本上说,传统营销的套路,是无法在互联网上打造品牌的,必须开创新的套路。

互联网的属性是社交网络，"人"开始比"信息"重要。三只松鼠在品牌代言人上采取了"品牌虚拟化"，采用了最亲民的卡通虚拟化——这和坚果的休闲零食特质是符合的。这种塑造是全程的。对话式营销是支撑三只松鼠业绩的第二个关键。

3. 精准网络流量端

对传统商业来说，重要的是找到最适合开店的区域。电商也是如此，找到优质资源，比如钻展，比如"双十一"，比如聚划算，然后通过对话式营销提升转化率，接下来，疯狂投入相应渠道费用。

不过，网购虽然高效便捷，但由于不能看见实物，消费者对于食品安全问题还持有担心的态度。在淘宝坚果市场已初具规模的前提下，目前每年线上交易销量过亿的有20家左右，并且这些淘品牌趁电子商务的大势在全国消费市场上还会不断破局。

除了这些老牌的坚果淘品牌，还有很多新兴的坚果品牌，未来会有越来越多的坚果品牌，从生产基地的选取、原材料的获取，再到制作加工的工程都会更透明，会给消费者提供更加健康、原生态的产品和包装，除了极致的用户体验，还会从不同角度满足不同层次消费者的需求。独树一帜的品牌特色会对品牌推广起到至关重要的作用。

打破同质化竞争困局

面对如此多的营销问题，该如何冲破同质化竞争的困局、提高品牌的溢价能力呢？

1. 整合营销

在营销渠道中，通过提高产品的附加值来提高品牌的议价能力。比如对消费者的承诺、对渠道和消费者更好的服务、针对特定消费群体的产品答赠活动等，当年的海尔家电就是在家电行业的激烈竞争中依靠对消费者更好的服务——五星级服务杀出重围的。当然这种品牌溢价能力很容易被竞争对手效仿。

2. 从产业链上游开始，创造产品的差异化

生产厂家可以从上游圈定企业自身的种植园，从原料的品种到种植制造差异化和从原料的绿色、无污染方向制造差异化；也可以寻求口味突破：从口感上寻找差异化、从产品配料上寻找差异化；或者是从寻求消费者的使用过程上做突破，如使用和携带的方便性、使用感觉上让消费者感觉体面等。

3. 根据不同的区域市场，对经销商实行差异化管理

其中利基市场，厂家渠道重心要尽可能低，最好能够掌控到终端；发展性市场要厂商共投，双方共同运作市场。厂家主攻重点终端，经销商保证终端覆盖率；跑马圈地的市场要以经销商的投入为主，厂家主要提供足够的利润空间。终端管理要实行动态管理，根据不同的市场要有足够的终端覆盖率、终端要分类管理、终端档案要完整和随时更新。

4. 根据市场确定新的推广策略

利基市场要以品牌推广为主，非利基市场要以产品推广为主。推广要注重实效，各种

推广方式尽可能合理搭配，广告投入要慎重(尤其是在终端覆盖率低的时候更应注意)，要注意推广的节奏，淡季做促销、旺季求销量。同时，还要注意与竞争对手推广策略的区隔。

"产品时代已经过去，现在是品牌时代。"在如今的坚果炒货市场，产品的品质已经成为基础，要竞争就得比差异化，比创新。只有通过品牌、工艺、渠道、营销方式等多方面的创新，才能在坚果炒货市场中立足。

(资料来源：根据《销售与市场》，杂志渠道版2015年第10期整理)

思考题：
1. 通过本案例的学习，你认为电商品牌三只松鼠为什么能够快速增长？
2. 通过本案例的学习，你认为应该如何冲破同质化竞争的困局、提高品牌的溢价能力？

项 目 实 训

实训项目：市场定位

【实训目的】
1. 培养分析问题的能力；培养解决实际企业营销问题的能力。
2. 加深对市场定位的有关知识的理解；提高实际工作能力和专业技能。

【实训内容】
1. 人员分组，选择某区域房地产项目进行实地考察。
2. 了解市场各项目优劣势，制作市场定位图。
3. 对所选房地产项目进行分析与评价，提出包装宣传建议。
4. 实训结束后，以小组为单位完成对实训的总结。

【实训要求】

训练项目	训练要求	备注
步骤一：市场调查	(1) 采用现场观察法、文献调查法调查房地产项目； (2) 调查消费者需求	掌握正确调查方法
步骤二：了解市场各项目优劣势	(1) 各个项目资料整理分析； (2) 了解市场各项目优劣势	掌握SWOT分析方法
步骤三：制作市场定位图	市场定位图设计顺序：分析影响定位的因素→畜产→确定产品定位依据→表示目标市场竞争情况→本企业定位	掌握市场定位图设计方法
步骤四：对本项目进行定位	可以采取补缺定位、并列定位或对抗定位	掌握定位技巧

项目五　产品策划

【知识目标】
- 掌握产品组合策划。
- 掌握产品生命周期各阶段营销策略。
- 了解品牌策划的内容。
- 掌握包装策略。
- 掌握新产品开发策略。

【能力目标】
- 提高产品组合策划实践能力。
- 提高品牌策划实践能力。
- 培养策划人产品策划素质和能力。

【引导案例】

欧琳换挡：一个匠心企业的供给侧改革

欧琳的创始人徐剑光最早是学美术的，在审美上有自己的见解，因此他在1994年筹办欧琳集团的时候，就立愿：将欧洲先进的生活理念引入中国。而"欧琳"这个名字，正是"欧式生活，琳琅满目"的简称。

在外行眼中，不锈钢水槽只是一块钢板，实际上，要做到在厨房环境下耐用抗菌，对冷轧、钣金工艺的要求都相当高。而这种特殊钢材，过去是德国和日本的天下，欧琳"跟德国学技术，向日本学精致"，引进专家、设备，终于做出了中国自己的高品质水槽。凭借较高的性价比，欧琳水槽问世一年时间，就受到经销商的热捧，树立了其水槽行业老大的地位。

20多年来，欧琳一直牢牢占据着中国高端水槽第一品牌的市场地位，制造工艺也在不断精进，不仅在国内持续领先，在国际同行中也受到高度认可，尤其是其独有的"R10"小圆角技术，已经达到国际领先水平。

欧琳发起了行业内十几次技术和品质的革命。欧琳认为，一个行业的老大如果开始采取价格战，那么将摧毁整个行业的价值链条，压缩价值链上所有环节的利润空间。而利润是生产企业是否投入精力、物力、财力去发展品质产品的重要信号。低价竞争将摧毁整个行业的创新能力。欧琳认为要秉持工匠精神，不断在技术和品质上取得突破，不断拉高价值，才能为整个行业塑造良好的商业生态环境。

坚守工匠精神是非常难的，这不仅需要定力，还需要实力。从2015年开始，各行业龙头的业绩普遍面临销量下滑的情况。企业家们开始降价救市场。但是在2015年，中国有1亿多人次到国外，人均消费超过1万元人民币，游客购买力居世界之首，全年达到2800多亿美元。

国内企业危机反而是消费者到海外爆买，这说明他们对品质的要求是多么强烈。正是看准了这一点，欧琳在中国家电业整体低迷、厨电行业亦无法独善其身、市场极为艰难的情况下，大胆地推出了更高端的水槽，并作为主打产品，推向市场。

2016年，在全球家电及消费电子领域三大展会之一的AWE展上，欧琳的跨界整合精品——"净水水槽"惊艳亮相。这是欧琳这几年一直倡导的"健康水槽""水槽电器化"的集大成者。"健康"毫无疑问是整个市场消费升级的主要方向之一，但是水槽与健康的联系点又在哪呢？

通过调研，欧琳发现，越来越多的城市家庭开始使用净水器、净水壶等净水设备。然而，在厨房用水场景下，净水壶不能满足厨房大量的用水需求；管道净水器目前分台上式和台下式，台上机虽然操作较为方便，但占地又沾油，台下机需要经常弯腰检查工作状态与滤芯寿命。为此，欧琳迅速研发推出全球首款净水水槽，将水槽与净水结合，台下隐藏安装，台上智能操作界面，净水情况一目了然，安全方便又保持美感。

而水槽还只是欧琳诸多升级产品中的一个。欧琳的5.2kW火力燃气灶、自动免清洁吸油烟机、嵌壁式烤箱等产品问世后风靡市场。在4.0kW火力都尚未普及的情况下，欧琳率先研发出5.2kW"四翼速火"燃气灶，刷新家用燃气灶最大火力新纪录。0.4～5.2kW超宽频火力动态调节，大火迅猛，小火绵长，远高于国家1级能效标准67.5%的超高热效率，直接把中国家用燃气灶火力带入"5.2kW时代"。

一个时代有一个时代的主流产品，但是如果时代变了，而产品没有变，不管过去多么成功，销量有多大，可能就要落后了。今天时代剧变，为与时俱进就必然要实行供给侧改革。因为原来的主流产品，已经不能满足升级的市场需求了。这意味我们的主流产品要换挡了。

徐剑光认为，供给侧改革的核心，就是为目标消费者去量身定做，去引导他们的消费，去生产他们真正想要的产品。

转型转型，不该落在"转"上面，而应该先"寻"——寻找到你定位的消费群的需求。"没寻找到怎么去转呢？"徐剑光认为，"寻和转是前后的关系，先寻后转就好转。不寻而先转，你盲目地转到哪里去呢？你没有把需求端、产品端搞清楚，没有把'80后''90后'的生活方式、二胎经济搞清楚，单一地讲机器换人，就没有解决根本性的供给侧的问题。"

(资料来源：《销售与市场》杂志渠道版2016年第4期整理)

思考：

欧琳为什么能够取得成功？

【知识要点】

营销组合策略是指企业在目标市场上，综合考虑市场环境、竞争状况、自身情况，对企业可以控制的因素，进行协调、配合使用，形成合力，从而实现企业的目的与任务的营销活动。1960年，美国学者麦卡锡教授提出了4P组合的概念，引发了广泛的关注。麦卡锡认为，企业从事市场营销活动，既要考虑企业的外部环境，又要根据实际制定市场营销组合策略，通过策略的实施，适应外部环境，满足目标市场的需要，从而实现预期目标。麦卡锡还形象地绘制了一张市场营销组合图，图的中心是一个消费群体，代表目标市场，产品（Product）、渠道（Place）、价格（Price）、促销（Promotion）四个可控要素围绕目标市场，进行行动，从而影响该消费群体的行为。麦卡锡认为成功的市场营销活动，需要以适当的产品、价格、渠道和促销，将合适的产品或服务投放到目标市场。

【同步阅读 5-1】

4P 是个万能架构，互联网时代照样有效

20 年前，就有 4P 要被 4C、4R 替代的说法，但最终 4P 的地位还是很稳固，相反人们却慢慢忘记了什么是 4C、4R。互联网出现后，又出现了 4P 要解体的言论，然而，4P 可能是个万能架构，互联网时代也好，电商也罢，照样适用。

营销共有 20 多个要素，美国营销学者麦卡锡把这些要素概括为 4P(产品、价格、渠道、传播)。4P 的每个要素，包括多个子要素，基本涵盖了营销的主要要素。科特勒在编写《营销管理》教科书时，在战术篇中即应用了 4P 架构。

4P 只是一个营销分析架构，这个架构的特点是即使没有掌握营销理论，应用 4P 架构也能比较好地做分析。营销的复杂性不在于架构，而在于组合方式。4P 只是最浓缩、最简化、最主要的营销变数，它没有提供解放方案，但提供了分析路径。

互联网改变 4P 了吗？互联网应用于营销，在某个阶段都会出现"4P 一体化"，正是这种现象，才有人放言"4P 失效了"。

什么是"4P 一体化"？就是产品、价格、渠道和传播这四个营销要素合并为一个。比如，小米手机在网上销售时，产品、渠道和传播全部是靠互联网完成的，这就是"4P 一体化"。

当雷军是网红时，"4P 一体化"是可以实现的。因为雷军是网红，传播是互联网，销售渠道也是互联网，产品也是互联网化的。这时很容易产生错觉：互联网就是一切，不需要什么 4P 了。但这只是网红在某个阶段的特权。当他们挟成功做出结论时，人们是很难反驳的。但是，把这种网红的特权推而广之，则没有任何典型意义。现在，"米黑"越来越多，"4P 一体化"不再是雷军的特权，小米渠道的缺失，传播渠道单一，产品的缺陷，都出现了。

4P 架构是一个稳定的架构，"4P 一体化"是一个临时架构，不可推而广之。

互联网时代，照样可以按照 4P 架构去分析，但 4P 的内涵是在变化的。比如，原来的传播更多依赖大众传媒，而现在则更多依赖互联网，互联网营销的体验、场景、KOL，都是互联网传播的要素。原来的渠道主要是线下(通路、KA)，现在增加了电商和微商，而电商的渠道类型又分为很多种。再比如，最近很多人讲需求链、极客，它们都是打造产品的方法和方法论，但从架构上并没有否定 4P。

去年曾经风靡一时的互联网营销 4E(体验 Experence，花费 Expense，电铺 E-shop，展现 Exhibition)，基本上还是 4P 架构，但远没有 4P 包含的内容多。

(资料来源：《销售与市场》，杂志管理版 2016 年第 6 期)

项目五 产品策划

5.1 产品与产品组合策划

5.1.1 产品整体概念

市场营销学中所理解的产品与人们通常的看法有一定差异。产品整体概念是指是能够提供给市场以满足人们需要和欲望的一切物品和劳务。菲利普·科特勒认为,产品在市场上包括实体产品、服务、体验、事件、人物、地点、财产、组织、信息和创意。产品的整体概念即营销学上的产品应该包括五个层次:

1. 核心产品

核心利益是顾客真正想购买的基本效用或利益。消费者购买一个电风扇,并不是买电风扇的实体部分,而是购买电风扇能够给顾客带来的凉爽。如果产品没有使用价值或效用,不能够给人们带来某种利益和满足,人们就会拒绝购买。核心产品是整体产品概念中最基本、最关键的部分。因此,在产品策划中必须以产品的核心为出发点和归宿,设计出真正满足消费者需要的产品。

2. 基础产品

基础产品又称为形式产品,是指核心产品所呈现在市场上的具体形态,是核心产品的载体,生产者通过产品的基础形式将产品的核心利益传递给消费者。主要包括质量、式样、特点、品牌、包装等。例如,旅馆必须借助于床、浴室、毛巾、卫生间等形式才能提供住宿的效用。可见,核心利益和基础产品是不能够分离的。

3. 期望产品

期望产品是指消费者购买产品时通常希望和默认的一组属性和条件。这种属性和条件一般是消费者获得产品效用的基本保证。例如,消费者住旅店大多希望能够获得干净的床单、清洁的卫生间和安静的环境等。

4. 附加产品

附加产品是指生产者或销售者为了创造产品的差异化而给予消费者的增加的服务和利益。它包括提供产品说明书、产品保证、安装、维修、送货、技术培训、售前与售后服务等。附加产品有转化为期望产品的趋势,当产业内所有的企业都对消费者提供了相同的附加产品之后,附加产品就会被消费者当作理所当然的期望产品来看待。例如,消费者想当然地认为家电专卖超市应该提供送货上门服务。未来市场竞争的关键,在于产品所提供的附加值,包括安装、服务、广告、用户咨询、购买信贷、及时交货和人们以价值来衡量的一切东西。

5. 潜在产品

潜在产品是指产品最终可能会带给消费者的全部附加产品和将来会转换的部分。潜在产品能够给企业的产品带来竞争优势地位。潜在产品指出了产品可能的演变趋势和发展前景，如手机发展为移动电脑终端等。

【同步阅读 5-2】

产品分类

产品可以分为消费品与工业品。消费品是指由最终消费者购买并用于个人消费的产品。消费品可以分为便利品、选购品、特殊品、非渴求品。便利品是指经常购买、根据需要即时购买的产品，消费者购买此类产品时花较少时间去比较选择，如毛巾、食盐、饮料等。选购品是指在购买过程中要对性能、款式、质量、价格、品牌等进行较多时间比较、选择的产品，如家电、服装等。特殊品是指具有专有特色或品牌的产品，如收藏品、LV包等。非渴求品是指消费者不熟悉或知道也没兴趣购买的产品，如保险等。

工业品是指为了用于企业生产而购买的产品。工业品可以分为三类：材料和零部件、资本项目、供应品和服务。材料和零部件是指要完全转化为制造商产成品的那部分产品，包括未经加工的原材料、加工过的材料和部件。资本项目是指在生产过程中起辅助作用、部分进入产成品的装备与设备，如厂房、发电机、打印机等。供应品和服务是指维持日常经营但不形成最终产品的产品，供应品包括日常用品(打印纸、笔)、维修用品(钉子、扫帚)，服务包括维修服务与业务咨询。

5.1.2 产品组合策划

如果生产单一产品，专业程度高，管理起来不复杂，但风险很大，如果该种产品销售不畅，就会影响企业全局。所以要多品种多系列地进行组合生产，多品种多系列可以相互配合，减少风险，但管理复杂。企业实际应该生产几个品种、几个系列要具体问题具体分析。

1. 产品组合含义

(1) 产品线。产品线是指产品系列、产品类别，是指满足同类需要，在功能、使用和销售方面具有相似性的一组产品，某企业生产技术密切相关的同类产品的总和。如美的有空调、冰箱、电饭煲产品线，产品线是由若干密切联系的产品项目组成。

(2) 产品项目。每个产品系列(线)中不同品种、规格、质量、价格的特定产品，即企业产品目录上列出的产品。如彩电产品线中有等离子、液晶彩电等产品项目。

(3) 产品组合。产品组合是指企业生产和销售的所有产品的品种和系列的总和，包括所有的产品线和产品项目。例如，花王公司拥有三条主要的产品线，即消费品、高级化妆品和化学产品。而每个产品线又由众多的子产品线构成。消费品线可以分解为纺织品和家用护理品、个人护理、妇女和儿童护理、健康护理以及专业护理产品。每条产品线和子产品线又拥有许多单个的产品项目。

产品组合的衡量标准可以分为产品组合的宽度、长度、深度和关联度。

产品组合的宽度是指产品组合中包含的产品线的数量。产品线越多，产品组合越宽。由表5-1可知，保洁公司有5条产品线，这就是在量上给予产品组合宽度的衡量。企业发展多条产品线,主要是为了降低经营风险。

产品组合的长度是指企业产品组合中,所包含的产品项目的数量。把企业所有产品线包括的产品项目加总,就可以在量上衡量企业产品组合的长度。如表5-1所示,宝洁公司共有25个产品项目,这就是宝洁公司产品组合的长度。企业增加产品组合的长度,可以最大化货架空间,并且给予消费者多样化的选择,从而造成企业对于竞争对手的优势地位。

产品组合的深度是指企业每一产品线上产品花色、品种和类型的数量。例如,佳洁士牙膏有三种规格和两种配方(普通味和薄荷味),佳洁士牙膏的深度就是6。通过计算每一品牌产品品种的数目,我们就可以计算出宝洁公司的产品组合的平均深度。

产品组合的关联性是指各产品之间的关联性,这些关联性表现在最终用途、生产条件、分销渠道、技术或者其他方面。由于宝洁公司的产品大多为日化产品,并且可以使用相同的销售渠道,所以宝洁公司的产品组合具有关联性,但就这些产品的最终用途大相径庭而言,我们可以认为产品组合不具有黏度。产品组合关联性的强弱是企业进行产品多角化应该认真考虑的问题,过弱的产品组合关联性对新产品带来风险。

【同步阅读5-3】

宝洁公司的产品组合

宝洁公司的产品组合非常丰富,以清洁剂、牙膏、肥皂、纸尿布、纸巾五种消费品为例,考察产品组合的长度、宽度等(如表5-1所示)。

表5-1　宝洁公司的产品组合

	产品组合的宽度				
	清洁剂	牙膏	肥皂	纸尿布	纸巾
产品线长度	奥克雪多 1914 象牙雪 1930 德来夫特 1933 汰渍 1946 快乐 1950 达什 1954 波尔德 1965 吉斯 1966 黎明 1972	格利 1952 佳洁士 1955	象牙 1879 柯克斯 1885 洗污 1893 佳美 1926 爵士 1952 保洁净 1963 海岸 1974 玉兰油 1993	帮宝适 1961 露夫 1976	媚人 1928 粉扑 1960 旗帜 1982 绝顶 1992

(资料来源:菲利普·科特勒.营销管理.10版.北京:中国人民大学出版社,2001)

在表5-1中,产品项目总数是25个,产品线总长度为25,平均长度为5,产品宽度为5。

2. 产品组合策划

产品组合策划主要是根据企业内外部环境,对企业产品线进行分析,对产品组合的宽度、长度、深度和关联度等进行策划。产品组合的宽度、长度、深度和关联度具体由各产品项目决定，因此，产品组合策划需要对各产品项目的发展力度与增减进行分析与决策。

1) 产品组合分析

产品组合分析是指对现行产品线上每一个产品项目的贡献及发展前景进行分析，从而对不同产品项目采取不同的发展策略。产品组合分析主要有销售额和利润分析法、波士顿矩阵分析法等。

(1) 销售额和利润分析法。销售额和利润分析法是指对现行产品线上每一个产品项目的销售额和利润进行分析，来决定针对不同产品项目的发展、维持、收益或放弃策略，如图5-1所示。

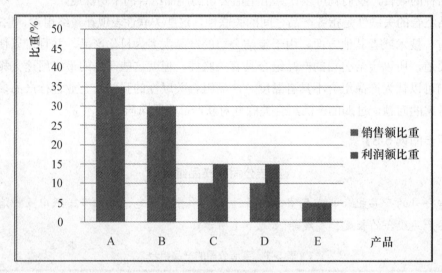

图 5-1 销售额和利润分析法

假设一条产品线有五个产品项目，A 产品项目的销售额、利润额占总销售额、销售额和利润额的 45%和 35%；B 项目的销售额、利润额占总销售额、销售额和利润额的 30%和 30%，这两个产品项目销售额、利润额分别占总销售额和利润额的 75%和 75%，显然是产品线中主要产品对企业影响非常大。同时调查显示竞争较大，所以必须采取措施巩固其地位。同时，根据市场了解，产品项目 C 和 D 市场前景好，需加强市场营销。产品项目 E 只占总销售额和利润额的 5%，如无较大市场潜力，则应停止生产。

(2) 波士顿矩阵分析法。波士顿矩阵(BCG 矩阵)又称市场增长率——相对市场份额矩阵、四象限分析法，是一种用来分析和规划企业产品组合的方法。这种方法的核心在于，要解决如何使企业的产品品种及其结构适合市场需求的变化。同时，如何将企业有限的资源有效地分配到合理的产品结构中去，以保证企业收益。波士顿矩阵认为一般决定产品结构的基本因素有两个，即市场引力和企业实力。市场引力主要由指标——销售增长率表示各项业务市场发展前景。企业实力主要用相对市场份额来表示各项业务竞争地位。在坐标图上，以纵轴表示企业销售增长率，横轴表示市场占有率，各以 10%和 20%作为区分高、低的中点，将坐标图划分为四个象限，依次为"明星""现金牛""问题""瘦狗"。然后把企业全部产品按其销售增长率和市场占有率的大小，在坐标图上以圆心标出其相应位置。圆圈大小表示每种产品当年销售额的多少。具体如表 5-2 所示。

表 5-2　波士顿矩阵产品类型特点及战略表

象 限	增长率占有率	盈利	投资	战 略
明星	高增长率、高市场占有率	高	大	发展扩大
现金牛	低增长率、高市场占有率	高	少	维持或收获
问题	高增长率、低市场占有率	低或负	多或无	选择性投资或撤退
瘦狗	低增长率、低市场占有率	低或负	无	撤退

2) 产品组合策略

对企业产品组合进行分析之后，找出问题，进一步采取相应措施，对产品组合进行调整和优化，以求最佳。产品组合的调整策略主要有以下几种：

(1) 产品线延伸。一般情况下，一个企业不可能提供整个行业的所有产品，企业的产品线只是整个行业中的一部分。比如，奔驰汽车是汽车产业中的高档汽车，同时，还存在大量的中低档汽车厂商。

产品线延伸是指公司超出现有的经营范围去拓展其产品线。这种延伸可以有三种选择：①向下延伸。高档产品线中增加低档产品项目。这种策略一般有以下原因：找到新的增长点，消化剩余生产能力等。与此同时，向下扩展可能会给企业原有品牌带来一定的影响，因此企业须考虑新产品的品牌策略，可以使用原品牌，用次级品牌或使用新品牌等。②向上延伸。原来经营中低端产品的企业开始经营高档产品。一般是因为高端市场具有较高的利润率，高档产品可以给企业带来较高的声誉。例如，日本汽车厂商先以中低档经济型轿车开拓美国市场成功后，接着推出高档汽车凌志。但是这种策略也有一定风险，因为要改变产品在消费者心目中的定位比较困难。③双向延伸。这主要是指经营中档产品的企业将产品线向高档和低挡延伸。

(2) 产品组合扩大。产品组合扩大是指增加产品的广度和深度，包括增加产品线，扩大经营范围；增加新的产品项目。企业采取这种策略的目的主要有：获取增量利润；满足那些经常抱怨由于产品线不足而使销售额下降的经销商；充分利用剩余的生产能力；争取成为领先的产品线完整的公司；设法填补市场空隙，防止竞争者进入。

企业在采取这种策略的时候，要注意避免产品项目之间的相互竞争。因此，企业有必要对不同的产品项目给予不同的定位。例如，宝洁的海飞丝、潘婷都定位于不同的目标市场。

(3) 产品线现代化。企业的产品线必须适时地进行升级换代。通过产品线的现代化，企业可以吸引住顾客，并且可以把现有顾客引向附加值较高的产品，从而获得高利润率。但是，在现代化的速度方面，企业应该谨慎地选择，缓慢的现代化风险较小、成本较低，但容易被竞争对手察觉，从而失去了战略的突然性。另外，现代化的时机也是一个需要企业认真思考的问题，过早的现代化会对现有的产品线带来伤害，过迟的现代化会使得竞争对手占尽先机。

(4) 产品线特色化。产品线的特色化主要是指企业选择产品线一个或几个典型的产品项目进行特色化。

(5) 产品线的缩减。产品线缩减主要是指企业对产品线中的产品项目进行剔除。这主要出于两个原因：第一，该产品项目对企业来说不再具有价值；第二，企业没有能力继续经营该产品项目。例如，联合利华曾经将自产品项目从 1600 种削减到 970 种。

5.1.3 产品生命周期

1. 产品生命周期含义

产品生命周期是指产品从投入市场到退出市场的全过程。产品市场生命周期由市场需求和技术条件的变化来决定。

产品生命周期一般要经历四个阶段：市场导入期、市场成长期、市场成熟期和市场衰退期(如图 5-2 所示)。

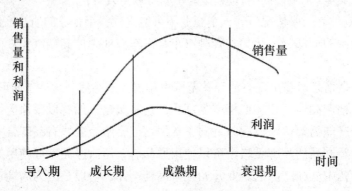

图 5-2　产品生命周期的四个阶段

2. 产品生命周期阶段特点

(1) 市场导入期。销售增长缓慢，市场还没有完全接受新产品，销量较小，利润很低或根本不存在，消费者对产品和品牌缺乏足够的认知。

(2) 市场成长期。市场成长期的主要特点是销售量迅速增长，利润大量增加，消费者对产品的认知增加，潜在进入者开始大量进入市场，竞争日趋激烈。

(3) 市场成熟期。大多数的潜在消费者已接受产品，销量增长乏力，同时，日趋激烈的竞争导致利润下滑，企业促销成本上升，个别企业面临被淘汰的危险。产业结构面临着从垄断竞争向少数垄断的过渡。

(4) 市场衰退期。销售量下降趋势增强，市场不断萎缩，部分企业退出市场，利润率不断下降。

3. 产品市场生命周期各阶段营销策略

1) 市场导入期营销策略

(1) 产品策略。根据消费者的需要对产品的性能、特征、包装等方面进行改进与定型，稳定产品质量，为大批量生产做准备。产品尽快被消费者接受，满足消费者的需要。

(2) 价格促销策略。市场导入期价格促销策略主要有以下四种(如图 5-3 所示)：

① 快速撇脂策略。即以高价格和高促销水平的方式推出新产品。在这种策略下，企业

给产品制定一个高价格，获取高额利润，同时通过大量促销来吸引顾客，加快市场渗透。该策略适用于以下情况：目标市场顾客缺乏产品知识和价格知识；了解产品的顾客愿意为产品支付高价从而成为创新产品采用者；企业面临潜在竞争压力，能够迅速建立品牌忠诚。

② 缓慢撤脂策略。即企业以高价格和低促销水平推出新产品。在这种策略下，企业可以获得一个较高的利润，其适用条件为市场规模有限，消费者了解产品并且愿意为产品支付高价；潜在的竞争压力不大。

③ 快速渗透策略。即企业以低价格和高促销水平迅速地开拓市场，企业采取此种营销策略的目的在于迅速占领市场。其适用条件为：市场规模大；消费者缺乏产品知识，对价格敏感；潜在竞争很激烈；产品成本随着生产规模的扩大和学习经验的增加而下降。

④ 缓慢渗透策略。即企业以低价格和低促销水平的方式推出产品。其适用条件为：市场容量大，产品知名度高；目标市场上消费者的价格弹性大、促销弹性小，并且潜在竞争压力较大。

图 5-3　导入期价格促销四种策略

(3) 渠道策略。在市场导入期，企业一般采取比较短的分销渠道。

2) 市场成长期营销策略

(1) 产品策略。企业应该改进产品质量，增加新产品的特点和式样，最大化市场规模，并且构筑市场壁垒。进入新的细分市场来谋求新的利润增长点。

(2) 促销策略。加强促销，树立品牌形象。在市场成长期，竞争品牌增加，企业的广告目标应从提高产品知名度转变为培养消费者的品牌偏好。

(3) 价格策略。选择时机调整价格，吸引对价格敏感的消费者进入市场，扩大消费人群。

(4) 渠道策略。增加、完善新的分销渠道，扩大营销网点。

3) 市场成熟期的营销策略

为了应对市场衰退期的销售量下降和市场萎缩的趋势，企业应从两个方面予以改进：

(1) 市场改进。这包括增加品牌消费者数量，包括：①吸引非顾客成为顾客；②进入新的细分市场；③争取竞争对手的顾客。增加品牌消费者的使用数量，包括：①增加品牌消费者的使用频率；②每次使用增加使用量；③增加产品的用途。

(2) 产品改进。企业通过对产品的改进来吸引更多顾客的购买。产品改进主要通过质量、功能、特点、外观等方面进行。

(3) 营销组合的改进。这包括对产品、价格、分销渠道和促销方式的改变。

① 价格改进。在市场成熟期，企业需要考虑是否需要通过削价来应对日益激烈的市场竞争。或者通过其他手段进行促销，如赠券、有奖销售等。

② 分销改进。在市场成熟期，企业同样需要考虑现有的分销渠道能否满足企业扩大市场的需求，能否对企业达成自己的战略目标予以帮助；是否需要进行渠道改进以应对新的竞争形势。

③ 广告改进。面对日趋激烈的竞争，要求企业对广告做出改进，这包括广告内容、广告媒体、广告设计、广告播出的频率和时间等。

④ 人员推销。在某些情况下，企业可以考虑加强人员推销的力度。

⑤ 服务改进。企业服务策略的改进主要包括服务业务人员素质的提升、响应性的加强、服务面的拓宽等内容。

4) 市场衰退期的营销策略

市场衰退期的营销策略主要有：

继续策略是指公司继续在原有的细分市场保持原有的经营、营销水平，采取与过去相似的渠道、价格促销方式，直至产品完全退出市场。

集中策略公司有选择地放弃部分市场，集中资源在最有利的细分市场。

收缩策略是指大幅减少促销水平，降低推销、广告费用与人员，从公司的投资中收获利润，以便快速回收现金。

放弃策略是迅速放弃该业务，转向新的产品。

【同步阅读 5-4】

"无声小狗"便鞋在生命周期各阶段的销售术

一、"无声小狗"便鞋生命周期的划分

"无声小狗"便鞋从 1957—1967 年，各年的销售额、利润及计算的各年销售额增长率，如表 5-3 所示。

表 5-3 "无声小狗"各年销售额、利润及计算的各年销售额增长率表

年 份	销售额(万美元)	环比增长率(%)	利润(万美元)
1957	1092.5		12.5
1958	1137.6	4.0	34.1
1959	1526.4	34.2	59.1
1960	1792.9	17.5	65.8
1961	2399.2	33.9	121.8
1962	3323.3	38.4	194.5
1963	3902.1	17.4	252.7
1964	4908.3	25.8	414.8
1965	5535.7	12.8	479.7
1966	5581.3	0.83	379.6
1967	5483.9	-1.75	285.7

从表 5-3 所示的三项指标情况,特别是年销售额的环比增长率看,"无声小狗"便鞋构成了一个完整的生命周期,导入期是 1957—1958 年,成长期是 1959—1962 年,成熟期是 1963—1965 年,1966—1967 年是销售增长率剧减时期(以后年份可能还会跌下去)。

二、"无声小狗"便鞋的诞生

1957 年,美国澳尔·费林环球股份有限公司(以下简称费林公司)生产出男式猪皮便鞋,向农村和小镇试销,非常成功。到 1958 年,他们给鞋子起名为"无声小狗",意指此鞋穿上去十分轻便,走起路来没有任何声响。

三、投入期的促销策略

1957 年"无声小狗"卖出了 3 万双,到了 1958 年,公司面临知名度不高、市场占有率和销售增长率都很低的困难,同时,还面临着目标市场和渠道转变的困难,因为该公司原来的产品主要是卖给农民的马皮鞋,鞋子的特点是结实、抗酸,现在"无声小狗"则强调舒适,消费对象是城市和郊区农民。因而原有的销售点、销售网及推销员都不能适应。

针对上述两大困难,费林公司首先加强了广告宣传。主要刊登在发往 35 个城市的《本周》杂志上,并通知销售经理,如果在 6 周内能在 35 个城市设立 600 个新零售点,公司即批准拿出销售额的 17%用作其广告预算。其次,1958 年 8 月,该公司调回分散在各地的推销人员,集训 1 个多月后,再将他们派往 35 个城市,集中力量掀起了"无声小狗"的推销高潮。所有推销人员都忘我地工作,每人都带着 11 种不同颜色的样品鞋,向潜在顾客表演猪皮鞋如何防酸、防雨和防污,一时各推销人员成了人们关注的中心人物,销路终于打开了。

四、成长期的促销策略

1959 年,该公司进一步扩大了广告的范围,他们利用《旅行》杂志做广告,开拓了 50 多个市场。这一时期的广告预算占销售额的 7%,是过去制鞋业平均广告费的 4 倍。又在《家庭周刊》的星期日副刊以及其他报纸杂志上刊登广告。与此同时,该公司又不断开发新款式男便鞋,销售额成倍地增长,广告费用也继续增加,到 1961 年,"无声小狗"便鞋在美国已成为知名名牌。

由于严重供不应求,费林公司将价格由每双的 7.95 美元提高到了 9.95 美元,同时确定了重点经销商,发展了新款式。到 1962 年底,款式不但有女式便鞋,而且还开发了 5 岁以上儿童的各式猪皮便鞋,销售量猛增。

五、成熟期的促销策略

1963 年,销售额的增长率趋缓,产品开始跨入成熟期。通过调查,他们发现有 61%的成年人知晓"无声小狗"便鞋,但只有 10%的成年人买过一双。买主的平均收入较高,也有较高的文化水平,他们当中大多数是专业人员或技术工人,购买的主要原因是由于"无声小狗"穿起来舒服、轻便和耐穿。

于是,公司采取了以下策略:首先,继续扩大广告范围。从 1964 年起,开始采用电视广告,同时还增加了 13 种杂志广告,将影响进一步扩大到新的目标市场。其次,强调"无声小狗"鞋的特点是舒适的广告口号。再次,继续拓展销售渠道,发展新的零售点。零售

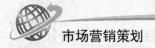

点主要是鞋店和百货公司，同时还使一些实力非常强大的竞争对手也成了费林公司的最大买主，"无声小狗"便鞋通过他们的零售店出售。

在这一阶段后期，由于成本提高，使产品价格涨到了 11.95 美元，但由于鞋子的质量好，比竞争对手的成本低，总销售量仍然上升，利润在 1965 年也达到了顶峰。

六、销售增长率剧减时期的促销策略

从 1966 年开始，"无声小狗"便鞋年销售增长率出现了急剧下降的势头，1966 年比 1965 年下降了 12 个百分点。利润额也下降了 21%，到了 1968 年，形势更加严峻。除了竞争更加激烈，原料成本上涨等因素外，更主要的是消费者很少重新购买，原因是穿过一段时间后的顾客不像刚买鞋的新顾客那样喜欢经常穿它，同时，鞋子质量很好，不易穿坏，因而影响再买新鞋。

公司对消费者的调查表明，购买"无声小狗"鞋的原因，有 60%的人认为舒适，而不愿购买的原因有 47%的人是由于不喜欢它的款式。

该公司的经理们为销量的下降伤透了脑筋，但有一点是肯定的，即产品款式一定要更新。

(资料来源：朱华. 市场营销案例精选精析. 3 版. 北京：中国社会科学出版社，2006)

5.2 品 牌 策 划

5.2.1 品牌概念

品牌是识别产品或企业某种特定的标志，通常由名称、名词、符号或设计，或是以上因素组合形成的集合体，用以识别一个企业的产品或服务，并与竞争对手的产品和服务区别开来。品牌是一种精神象征，是一种可以给拥有者带来增值的无形资产。

品牌包括品牌名称和品牌标志。品牌名称是指品牌中可以用语言称呼的部分。例如"联想""格力""海尔"等都是我国著名的品牌名称。品牌标志是品牌中可以被辨认出，但不能用语言称呼的部分，如公司 LOGO。

5.2.2 品牌策略

品牌策划主要包括品牌化策略、品牌归属策略、品牌家族策略、品牌延伸策略四大方面。

1. 品牌化策略

品牌化策划是指企业是否给产品取名、设计标识等使用品牌的策略行为。品牌化策划可分为无品牌策划和有品牌策划。

(1) 无品牌策划。无品牌策划即产品不使用品牌。一般来说，有三类产品使用品牌的情况比较少：一是某些垄断性公共产品，如自来水、电等；二是技术标准较低、品种繁多的日用小商品；三是初级产品，如矿砂、蔬菜等。企业采用无品牌策略，可以节省包装、广告宣传等费用，降低产品价格，从而扩大销售。

(2) 有品牌策划。一般来讲，现代企业都会建立自己的品牌和商标。虽然这会使企业增加成本费用，品牌化使企业得到的好处有：有利于企业细分市场；有利于树立产品和企业形象；利于管理订货，并处理相关问题；有利于吸引品牌忠诚客户；注册商标可使产品独特特性得到法律保护，防止竞争者模仿。

2. 品牌归属策略

品牌归属是指产品使用谁的品牌。一般有以下几种：

(1) 生产者品牌(制造商品牌)。生产者品牌是指生产者使用本企业品牌，如海尔、格力等。

(2) 销售者品牌(中间商品牌)。销售者品牌（中间商品牌）是中间商购买生产商的产品，但是在产品上使用自己的品牌，如沃尔玛超市的"惠宜牌"。

(3) 双重品牌。双重品牌是指生产者生产的产品同时使用生产者品牌和销售者品牌，如格兰仕。用谁的品牌谁的收益就高，但同时承担更多的责任和风险。

3. 品牌家族策略

品牌家族策略分为以下五种。

(1) 统一品牌策划。统一品牌策略是指企业的所有产品都采用统一品牌进行对外宣传与推广。如日本索尼公司的所有产品都使用"SONY"这个品牌，韩国三星电子公司生产的电视机等都使用"三星"等。

(2) 分类品牌策划。分类品牌策划是指各大类产品分别单独使用不同的品牌名称。

企业生产或销售许多不同类型的产品，如果都统一使用一个品牌名称，这些不同类型的产品就容易互相混淆。例如，斯维夫特公司同时生产火腿和化肥，这是两种截然不同的产品，需要使用不同的品牌名称，以示区别。

(3) 复合品牌策划。复合品牌策划是指企业名称与个别品牌名称并用。即企业决定其各种不同的产品分别使用不同的品牌名称，而且各种产品的品牌名称前面还冠以企业名称。例如，美国凯洛格公司就采取这种决策，推出"凯洛格米饼""凯洛格葡萄干"。企业采取这种决策的主要好处是可以使新产品合法化，能够享受企业的信誉，而各种不同的新产品分别使用不同的品牌名称，又可以使各种不同的新产品具有不同的特色。

(4) 本土化品牌策略。本土化品牌策略是指企业开拓新的区域市场或国际市场时，迫于当地环境压力(如商标被抢注，现有品牌不适合当地文化和信仰等)不得以改品牌以适应本地文化和信仰的行为。如国药第一品牌"同仁堂"在很多国家被抢注，所以"同仁堂"药业要想进军海外市场，必须得另起新名。可口可乐公司要进入中国市场，为了适应中国文化和信仰也起了一个非常中国化的名字"可口可乐"和原英文商标同时使用，业界认为，"可口可乐"这一中文译名音、形、义俱佳，为"可口可乐"开拓中国市场立下了汗马功劳。

(5) 贴牌策划。贴牌策划是指某厂商委托其他厂家生产产品，冠以自己企业的品牌进行销售。贴牌策略有利于资源整合，优势互补，实现双赢。如体育用品业的超级品牌"耐克"，所有产品均为贴牌产品，耐克公司只负责营销。

贴牌策划的最大优势是贴牌企业(采购方)省去了生产、制造和技术研发的成本，被贴牌企业(被采购方)则省去了营销、传播、运输、仓储成本，应是双赢的结果。

贴牌策略的劣势是贴牌的双方一般是竞争对手，如果同一产品在同一渠道出现，双方就不可避免地会产生竞争。

因此，贴牌策略的双方，最好避免在同一渠道出现，同时，双方的品牌定位应避免是同一消费层次，这样一来，双方就可以减少直接冲突的可能。

4. 品牌延伸策略

品牌延伸决策是指企业利用其成功品牌名称的声誉来推出改良产品或新产品，包括品种、产品、行业延伸，推出新的包装规格、式样等。此外，还有一种品牌扩展，即制造商在其耐用品类的低档品中增加一种式样更加简单的产品，以宣传其品牌中各种产品的基价很低。例如，西尔斯·罗巴克公司大肆宣传其经营的各种空调器最低价格仅 120 美元；通用汽车公司大肆宣传其新雪佛莱汽车售价仅 3400 美元。这些公司可以利用这些"促销品"来招揽顾客，吸引顾客前来购买式样较好的高档产品。制造商采取的这种决策，可以节省宣传介绍新产品的费用，使新产品能迅速地、顺利地打入市场。

5. 品牌重新定位策略

某一个品牌在市场上的最初定位即使很好，但是随着时间推移也必须重新定位。这主要是因为以下情况发生了变化：

竞争者推出一个品牌，把它定位于本企业的品牌旁边，侵占了本企业品牌的一部分市场定位，使本企业的品牌的市场占有率下降，这种情况要求企业进行品牌重新定位。

有些消费者的偏好发生了变化，他们原来喜欢本企业的品牌，现在喜欢其他企业的品牌，因而市场对本企业品牌的需求减少，这种市场情况变化也要求企业进行品牌重新定位。

5.2.3 品牌设计

企业一旦决定使用自己的品牌，就要对品牌进行命名和设计。产品在进行品牌命名与设计时要遵循以下原则：

1. 简短、易记

品牌名称要易于听说读，要力求文字简洁、精悍。一个读音响亮、顺口、听起来顺耳的品牌，容易得到传播。

2. 独特新颖、寓意深刻

好的品牌要有独特的风格，独特的品牌便于记忆和识别，随大流、无个性的品牌容易被市场上众多的品牌所淹没，或让人误解为大路货。例如，"老板"这个品牌的前身是"红星"，因为"红星"实在是太普通了，不能吸引消费者注意。

3. 具有特色，易于联想

品牌最主要的作用是产品区分与识别，而特色有利于辨认。有特色的品牌容易引起兴趣和记忆。所以特殊的设计和刺激力是品牌的共同要求。

品牌名称应对产品具有提示作用，好的品牌名称需要与产品本身有某种联系，能暗示有关产品的某些优点或易使人产生某种联想。例如，"雪碧"联想到清凉爽洁。

4. 遵守法律，尊重习俗

品牌作为一种语意符号，往往隐藏着许多鲜为人知的秘密，选择不慎，便可能触犯目标市场所在国家或地区的法律，违反当地社会道德标准或风俗习惯，使企业蒙受不必要的损失。例如，我国上海生产的"芳芳"幼儿香粉在美国遭到冷遇，原因就在于"fang fang"在当地是狼牙的意思。

5.3 包装策划

5.3.1 包装内涵

1. 包装的概念

产品包装是企业对产品的容器或包装物的设计和制造活动。产品包装既具有承载产品、有助于产品的储存与运输的作用，还具有现场引起消费者注意，促进产品销售的作用。

2. 包装构成要素

在进行产品包装策划之前，应了解产品包装的构成要素。

(1) 包装的形状与结构。主要是从产品的运输、储存、陈列、销售等角度来考虑，在对包装的形状与结构进行策划时，要求做到结构合理、运输方便、节省包装材料和仓储费用。

(2) 包装的图案。在包装策划中，包装的图案设计一般包括摄影图案、绘画图案和抽象图案三种。在对包装的图案进行策划时，要求突出产品的特色，正确表达包装的主题。

(3) 包装的文字。文字是产品包装画面的重要组成部分之一，它不仅在画面中起着装饰作用，更重要的是达到宣传产品、介绍产品的目的。在对包装的文字进行策划时，要求做到精练、鲜明、易于识别、便于记忆。

(4) 包装的色彩。色彩是装潢中一种先声夺人的艺术语言，色彩运用得当，能起到宣传产品、美化产品的作用，从而增强包装作为"无声推销员"的魅力。所以，在对产品的色彩进行策划时，既要考虑习惯色，又要有所创新，注意色彩的搭配，以奇取胜。

(5) 包装标签。包装标签是指附着在包装上的文字、图形、雕刻及印刷说明，用以标明生产者或销售者的名称、地址、产品成分、品质特点、包装内数量、使用说明、生产日期、有限期限、产品编号等内容。企业在对其进行策划时，力求真实、详尽、完整，以增进消费者对产品的信任。

5.3.2 包装策划

产品包装策划是从包装对促销的角度进行的策划。包装策划主要有包装设计策划、包装策略策划等内容。

1. 包装设计策划

产品包装设计与商品的价值相适应；包装应显示商品的特点与风格；包装应具有一定

的美观性；包装应考虑销售、使用、保管和携带的方便；包装应考虑消费者的心理与风俗习惯。产品包装设计主要有以下选择。

(1) 产品识别包装设计。它主要是为了让顾客在购买和消费过程中易于识别产品。可以选择等级化包装、系列化包装等。等级化包装设计是根据产品的价格、质量及特点等分高、中、低等档次和级别分别包装产品；系列化包装设计是把企业生产的系列产品采用完全一致或基调相近、相似的包装。

(2) 产品方便包装设计。它是为了方便顾客购买和消费而设计的包装。根据顾客购买和消费需求的多样化，可以采用不同数量、规格的包装，方便顾客购买；还可以把用途相似或配套的不同产品包装在一起，方便顾客消费。

(3) 产品差异化包装设计。它是指根据不同顾客设计不同的包装。如针对少年儿童，设计形象生动活泼、色彩鲜艳、富于趣味性的包装；针对青年人，设计款式新颖、美观漂亮、线条明快、富于浪漫和流行色彩又具有时代气息的包装。

(4) 礼品化包装设计。它是根据顾客购买送礼需要和名贵产品的特点设计的产品包装，如对珠宝、首饰等设计高贵又具有较高艺术欣赏价值的产品包装。

(5) 产品节约型包装设计。它是指根据讲求经济型顾客需求而设计的产品包装，如进行低廉简单的产品包装。

2. 包装策略策划

确定了包装设计后，还要考虑如何选择包装策略的问题。这一问题主要是针对企业有多种产品时应如何进行包装而言的。企业可采取的包装策略主要有以下七种。

(1) 类似包装策略。类似包装策略是指企业对其生产产品采用类似的图案、颜色、标记来包装，从而体现企业统一形象。这种策略可以节约包装设计的成本，也有利于新产品的推销。

(2) 差异包装策略。差异包装策略是指企业对不同的产品采用不同的设计风格、包装材料和包装结构。这种策略的优点是各类产品的营销业绩、市场印象不会相互影响。

(3) 等级包装策略。等级包装策略是指对不同质量和档次的产品进行不同的包装。

(4) 再使用包装策略。再使用包装策略是指产品的包装物还可以有其他用途，这样一来，顾客购买产品后也顺便获得了包装所带来的附加利益，如某些食品的包装还可以用来作水杯。

(5) 配套包装策略。配套包装策略是指把多种产品相关或不同规格的同种商品配套包装在同一包装物内，便于购买、使用和携带，如化妆品、茶具等的成套包装。张小泉剪刀将厨房剪、家用剪、指甲剪包装成三件组合套装销售，包装后美观、实惠，带动产品销售量。

(6) 附赠品包装策略。附赠品包装策略是指包装物内或外面还附带有赠品、图片、奖券等，以吸引消费者。如高露洁萌萌动物儿童牙刷在包装内附有微型汽车、高露洁魔法男孩儿童牙刷在包装内附有亮洁勇士飞机立体拼图、高露洁魔法女孩儿童牙刷在包装内附有小美牙仙马车立体拼图，儿童对此非常喜欢，从而增加了销售。

(7) 改变包装策略。改变包装策略是指在不改变产品质量的前提下，通过改变包装、装饰来促进产品销售的策略。

5.4 新产品开发

5.4.1 新产品开发概念

1. 新产品概念

一般意义上的新产品是指全新出现的产品，或在功能、结构、材质等方面出现明显改进的产品。市场营销学中的"新产品"在内涵上比一般意义上的"新产品"要宽泛。市场营销学上的"新产品"是指在功能、式样等方面的改变，能给消费者带来新的利益或新的满足，或者企业提供过去未提供的产品都可以称为新产品。换句话说，产品整体概念中的某一部分进行有意义变革或创新都可以称为新产品。新产品策划是使企业开发的新产品与消费者的需求进行动态适应的市场开发过程。

2. 新产品种类

根据创新程度、开发过程、市场和企业等考虑因素，可以把新产品划分为以下六类。

(1) 全新产品。全新产品是指新发明的前所未有的产品，即采用新技术、新材料等生产出来的具有全新功能的产品。例如电脑、汽车、电视机等第一次进入市场时都是全新产品。

(2) 换代型产品。换代型产品是指在原有产品基础上，采用新技术、新材料或新结构而生产出的具有新用途、满足新需求的产品，如黑白电视机发展为彩色电视机。

(3) 改进型新产品。改进型新产品是指在原有产品基础上进行改进，使产品性能、质量、功能、外观改进的产品，如新功能的手机，新的药物牙膏等。

(4) 仿制型新产品。仿制型新产品是指本企业仿造国内外市场中已有产品而生产出来的产品，从而成为本企业的新产品，仿制在企业发展过程中不可避免。如统一推出冰糖雪梨饮料后，康师傅、娃哈哈也推出自己的冰糖雪梨饮料。

(5) 降低成本型新产品。降低成本型新产品是指企业通过多种方法，削减原产品的成本，但保持原有功能不变的新产品。

(6) 重新定位型新产品。重新定位型新产品是指企业的老产品进入新的市场而被该市场称为新产品。

5.4.2 新产品开发策略

企业的新产品开发策略主要有以下几种。

1. 领先策略

领先策略是指先于竞争者，将新产品开发出来并投入到市场，领先策略使企业处于领先地位，但风险较大。采用领先策略的企业，必须要有较强的研发能力和试制能力以及较强的人力、物力和财力。

2. 跟随策略

跟随策略是指企业发现市场上的畅销产品，进行仿制生产。跟随策略有利于减少风险，但品牌效应较弱。跟随策略要求企业对市场信息进行收集、处理能力强。大多数中小型企业都可以采取这一策略。

3. 引进策略

引进策略是指直接购买专利、技术，组织力量消化、吸收和创新，并迅速转变为生产力。引进策略可采取三种手段：购买整个企业或控股；购买技术；引进掌握专利技术和关键技术的人才。引进策略有利于企业产品快速升级换代，但要求有较强的资金和人才实力，有时候也难以获得关键技术。

4. 延伸策略

延伸策略是指针对消费者使用某项产品时产生的相关需求，推出有针对性的配套产品或系列产品。如统一在茶饮料中开发出绿茶产品后，又开发出冰红茶、茉莉清茶等新产品，丰富了产品线，满足了消费者的多口味需求。

5.4.3 新产品开发程序

企业的一个新产品从构思到投放市场成功，其过程主要经历七个阶段，即产品创意、创意筛选、概念确定和测试、可行性分析、产品开发、市场试销和商业化。

1. 产品创意

新产品创意是指提出新产品的构思和创意。构思或创意是新产品成功的关键。构思或创意的基础是要进行市场分析，要根据自身的条件，了解消费者需求和竞争对手情况。新产品的创意来源有很多，主要可以分为内部和外部渠道，内部来源有内部员工、管理者等，外部来源有顾客、供应商、竞争者、销售商、科研机构、咨询公司等。

2. 创意筛选

创意筛选是指采用适当的评价系统和评价方法对各种创意进行比较分析，选出可行性较高的创意。筛选的主要依据有三个方面：一是外部环境，即市场竞争激烈程度和消费者需求前景，是否具有市场空间；二是企业内部因素，企业的发展目标及人、财、物等资源能力，是否具有开发能力；三是经济指标是否可行，获得利润如何。

3. 概念确定和测试

概念确定是指新产品概念具体化，即企业通过文字、图案、模型等进行详尽的描述产品创意，详细描述出产品的用途、性能、式样、价格、卖点等。

新产品概念确定以后，需要进一步了解顾客的意见，进行产品概念测试。通过测试消费者反应，进一步完善产品概念，以确定最佳的产品概念。

4. 可行性分析

对新产品从技术和经济上做出评价分析。技术可行性分析要看新产品质量、工艺是否能够满足。经济可行性分析是指对新产品销售量、成本和利润等财务情况进行经济效益分析，判断是否满足企业目标。常见经济分析方法有盈亏平衡分析、投资回收期分析、销售利润率分析、资本利润率分析等。

5. 产品开发

产品开发是指开发和技术部门试制成实体产品和样品。它包括对新产品的设计、试制和鉴定等来完成。

6. 市场试销

市场试销是指将产品投放到有代表性的一定范围市场上进行试销，收集市场情况，决定是否大批量生产。并非所有的新产品都要经过试销，是否进行市场测试，需要考虑新产品上市的成本、失败的风险。如果新产品成本很高，而且成功的可能性又难以确定，那么就应该进行试销。

7. 商业化

若新产品试销成功，就可以批量生产，全面推向市场。企业在此阶段应该明确新产品销售的区域、时机、目标市场、市场计划、上市方案等。

【知识结构图】

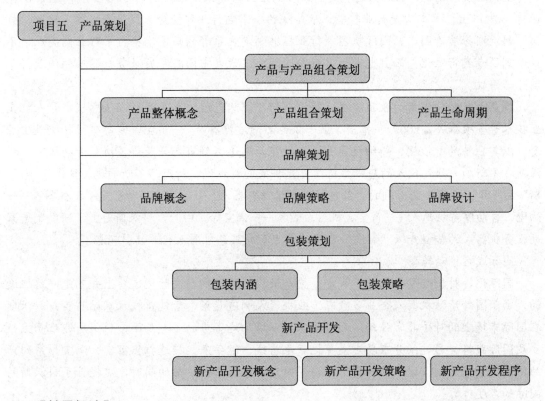

【扩展阅读】

科沃斯的转型"智造"之路

2015年年初，在美国拉斯维加斯举办的全球消费电子盛会——国际消费电子展会(CES)

上，我国科沃斯机器人有限公司(以下简称科沃斯)推出的全系列新品精彩亮相，为观众带来了一场清洁科技盛宴，其中一款"神秘"机器人——商用清洁机器人锐宝，采用太阳能作为动力来源，既节能又环保，在展会上首次亮相即引来众多宾客纷纷驻足。最终，该产品凭借其与生俱来的生态设计理念，一举夺得2015年度CES创新大奖，科沃斯再次在国际舞台上崭露头角，在国际化道路上又迈出了坚实的一步。

科技创新引领转型

位于江苏省苏州的科沃斯创建于1998年3月，专业从事智能家庭服务机器人的研发、设计、制造和提供销售一体化服务，其产品远销50个国家和地区。在成立之初的前10年，科沃斯主要从事OEM/ODM吸尘器贴牌生产，传统吸尘器制造行业劳动密集程度高、产品附加值低。随着我国劳动力成本的不断上升，加之吸尘器企业大多采用贴牌代加工模式，定价权不在自己手中，因此，企业在国际贸易中始终处于被动局面。压力之下怎样找到出路？唯有创新——科沃斯在实践中找到了答案。

自2006年起，科沃斯坚持以市场为导向，每年投入科技创新经费超过5000万元人民币，成功完成了两次转型。第一次是商业模式转型，从以OEM/ODM为主的出口代加工模式转型到以技术创新、品牌渠道构建为核心的企业，科沃斯品牌国内市场占有率连续6年保持60%以上；第二次是行业转型，从传统的小家电行业转型为家庭服务机器人行业。目前，科沃斯扮演着国内、国际机器人行业标准制定主导者的角色，抢占了行业制高点，不仅做到了专利标准化，而且也做到了标准国际化，代表中国在家庭服务机器人领域获得了国际话语权。

得益于对科技创新的孜孜以求，科沃斯研发团队先后攻克了机器人传感技术和人机交互技术等多项难关，2009年推出了第一款地面清洁机器人——地宝，它打破了传统吸尘理念，以其独特的智能化、精细化地面清扫功能，迅速占领市场并获得了消费者的认可。科沃斯在不断加大研发投入的基础上持续迈开科技创新步伐，新产品不断涌现。目前，"科沃斯"品牌旗下拥有发明专利的产品包括地面清洁机器人——地宝、移动空气净化机器人——沁宝、自动擦窗机器人——窗宝、机器人管家——亲宝等。由此，科沃斯走上了研发制造家庭服务机器人的转型升级"智造"之路，成为家庭服务机器人行业的引领者。

国际战略推动转型

国际化，对制造型企业既是肯定，更是挑战。科沃斯在国际化道路上并不是一路坦途的，由于国外清洁机器人企业多数有工业机器人制造背景，智能化技术基础坚实，科沃斯在国际市场上的对手非常强劲。面对技术、市场均处劣势的不利局面，科沃斯迎难而上，立足国际战略，通过细分市场走差异化竞争路线，近年来，接连推出窗宝、沁宝等系列产品，均为全球首创。这样的研发节奏在国内市场赢得广泛赞誉的同时，更提升了科沃斯的国际知名度。

科沃斯宽广的国际视野同样体现在旗下产品所获得的众多殊荣。科沃斯"地宝"D76在波兰PH&I博览会上荣获"最佳技术创新"及"最佳设计"两项大奖，这是欧洲消费者对科沃斯创新能力的充分肯定。科沃斯"窗宝"表现同样出色，2013年和2014年连续两年在美国芝加哥展会上荣获最佳创新金奖，并荣获美国2013年度和2015年度家庭服务机器人

项目五 产品策划

创新大奖。在全球顶尖的展会上屡次获奖,随之而来的是科沃斯品牌国际市场占有率的不断提升。

为将"科沃斯"打造成国际一流品牌,目前公司正紧锣密鼓地进行第三次跨越式转型——向品牌直达用户的互联网化与国际化转型。2014年,集品牌中心、用户中心、商品中心三大功能为一体的科沃斯官网商城投入运营,实现了直达消费者的互联网生态圈。2014年,网购"双十一"当天,"科沃斯"品牌销售额达1.52亿元,位居电子商务生活电器类首位。

检企合作助力转型

回眸科沃斯的发展历程,从1998年企业初创到产品首次进入国际市场,从第一台机器人"地宝"下线到如今的生态绿色机器人"锐宝"斩获国际大奖,苏州检验检疫局在实验室检测技术支持、质量体系建立与完善、国际标准的制定等方面都给予了全方位的支持。2013年,该公司获得了苏州"市长质量奖",这更是科沃斯与苏州局长期以来保持良好合作机制的结晶。

在经济进入新常态的时代,苏州局主动深化改革,紧紧围绕出口工业产品质量安全示范区建设这一目标,启动"一企一策"帮扶措施,找准企业所需,积极推进简政放权和管检分离,一方面,主动采信第三方检测结果,减少企业检测负担,加快产品通关速度;另一方面,对科沃斯申报生态原产地产品保护工作进行专题培训与指导,帮助企业逐步实现由"中国制造"向具有生态型特征、高科技含量和自主知识产权的"中国智造"转型升级。相信在不久的将来,更多享誉国内外"中国智造"的企业会脱颖而出,带动当地乃至整个中国制造产业迈向更高端的水平。

(资料来源:《中国国门时报》)

思考题:
1. 科沃斯机器人有限公司产品策略主要有哪些?
2. 科沃斯机器人有限公司为什么能够取得成功?

【同步测试】

一、单项选择题

1. 下面不属于营销学上的产品五个层次的是( )。
   A. 形式产品   B. 核心产品   C. 期望产品   D. 方便产品
2. 某蛋糕店四种规格和两种口味的蛋糕,该蛋糕店产品的深度就是( )。
   A. 4   B. 6   C. 8   D. 9
3. 佳能公司生产的照相机、传真机、复印机等产品都统一使用"佳能"这个品牌,这属于( )。
   A. 分类品牌策略   B. 统一品牌策略   C. 复合品牌策略   D. 贴牌策略
4. 某玩具厂把儿童水枪、游泳护镜两种商品巧妙搭配,组合包装,成套销售,这属于( )。

A. 类似包装策略　　　　　　　　B. 配套包装策略
C. 差异包装策略　　　　　　　　D. 附赠品包装策略

5. 以下（　　）不属于品牌设计时要遵循的原则。
A. 简单易记　B. 独特新颖　C. 惊世骇俗　D. 易于联想

二、多项选择题

1. 下面属于产品的市场导入期特点的有（　　）。
   A. 市场完全接受新产品　　　　B. 销量较小
   C. 利润很低或根本不存在　　　D. 消费者对产品和品牌缺乏足够的认知
2. 产品组合策略包括（　　）。
   A. 产品线延伸　B. 产品组合扩大　C. 产品线现代化　D. 产品线特色化
3. 市场导入期价格促销策略主要有（　　）。
   A. 快速撇脂策略　B. 缓慢撇脂策略　C. 快速渗透策略　D. 缓慢渗透策略
4. 品牌策划主要包括（　　）四大策略。
   A. 品牌化策略　B. 品牌归属策略　C. 品牌家族策略　D. 品牌包装策略
5. 以下属于包装策略的有（　　）。
   A. 差异包装策略　　　　　　　B. 等级包装策略
   C. 配套包装策略　　　　　　　D. 附赠品包装策略

三、简答题

1. 简述产品组合策划。
2. 简述产品生命周期各阶段营销策略。
3. 简述品牌策划内容。
4. 简述包装策略。
5. 简述企业的新产品开发程序。

四、案例分析

宝洁急速"瘦身"：失灵的多品牌战略

在知名跨国企业中，宝洁一直以多品牌战略著称。回顾宝洁的发展历史可以发现，早在半个世纪以前，宝洁就开启了多品牌和多元化的战略之路：从早期的象牙肥皂到汰渍洗衣粉，从"专业去屑"品牌海飞丝到"防龋牙膏"佳洁士，然后到消费日用纸、婴儿纸尿片……正是通过一系列成功的品牌并购，宝洁才得以成为全球最大的跨国公司之一。

"可以说，品牌收购一直伴随着宝洁的成长过程，凭借着多品牌战略和合理的品牌定位，宝洁才能够占领不同的细分市场，最终奠定其全球日化巨头的根基。"一名熟悉宝洁的日化行业人士对记者表示。

然而，随着近年来日化行业的市场竞争日趋激烈，宝洁的多品牌战略遇到了前所未有的挑战：过长的产品线消耗了宝洁大量的精力；不断上升的人力成本，高投入低产出的"鸡肋"品牌的淤积，一步步吞噬着宝洁有限的盈利。

以宝洁的美容和个人护理部门为例，2000年至2007年，宝洁投入了大量的精力，以至

7年时间里该部门所属的品牌由7个增加至20多个，尽管在此期间该部门的盈利增长也超过了3倍，但是这些盈利几乎都是由PAN TENE(潘婷)、Head&Shoulders(海飞丝)、Olay(玉兰油)和SK-II等核心品牌贡献，许多新品牌仍处于微利甚至亏损状态。

而新品牌的推出耗费了宝洁大量的营销资源，却并未取得合理的回报。以其2013年年初在化妆品专营店渠道推出护肤品"海肌源"为例，在该产品上市之初，宝洁进行了大量的营销推广，但上市还不到一年时间，该产品就因销售不畅在屈臣氏遭遇末位淘汰。

"我们认为多品牌战略并不能驱动业绩的增长，更不能驱动价值的创新。"在经过大量的数据分析后，宝洁CEO雷富礼得出结论：必须专注于为宝洁带来90%盈利的那些核心品牌，才能在激烈的竞争下保证宝洁的现金流并持续盈利。

矫枉过正的隐忧

雷富礼的策略是否有效，或许不久就会反映在财报里。股东们期望看到像宝洁辉煌时代一样好看的报表。但是宝洁可持续发展的策略是什么？雷富礼仅仅凭借给宝洁瘦身恐怕难以实现。

在宝洁看来，在将小品牌剥离之后，依靠剩下的核心品牌，公司经营将会变得更加灵活，至少能够在短期内抑制营收下滑的趋势。但事实上，在不少日化行业人士看来，砍掉目前盈利能力欠佳的新品牌，同时也意味着宝洁有可能失去未来市场的潜在机会。

"宝洁当前进行'瘦身活动'虽然符合'扶持强势品牌，枪毙弱势品牌'营销法则，但考虑到产品的更新换代，宝洁应该从长远考虑，扶植一些有增长潜力的小品牌，以推动产品的持续创新。"智研堂合伙人、品牌专家吴春芳认为，宝洁目前"全盘剥离"的做法过于"保守"。

资料显示，宝洁拟剥离的大部分小品牌虽然在过去三年时间里年销售额基本都在1亿美元以下，但大多数品牌并未陷入到亏损境地。如果全盘放弃，对于宝洁而言无疑放弃了培育潜在核心品牌的机会——未必小品牌在若干年后就不会成为盈利"新秀"。

事实上，随着宝洁盈利能力的下滑，近年来宝洁的策略在市场上开始引发不同的声音，其中备受指责的一条就是其创新乏力。以中国市场为例，有资料显示，最近五年来，宝洁在中国市场上先后推出的新品只有6种，即使在其最为擅长的洗涤剂领域，宝洁在中国市场的培育足足落后蓝月亮这样的企业有4年的时间。

"由于决策机制的问题，有时候大公司本身就不擅长培育创新的种子，宝洁或许在某些方面有创新能力，但是在品牌开发上给人的感觉总是不踏实。"日化行业知名观察人士刘李军认为，如果宝洁放弃培育新的具有潜力的品牌，那么宝洁也可以考虑收购市场上相对成熟的品牌以保证其品牌更新换代的需求。

但对于目前急于瘦身减负的宝洁而言，"品牌缺失"的可能性则似乎被有意无意地忽略了，不过一旦核心品牌市场退化，营收难以为继，宝洁难道又要重蹈多品牌战略的覆辙？这或许不是雷富礼愿意看到的事实。

(资料来源：《中国经营报》2014年总第2072期)

思考题：
1. 宝洁品牌家族为什么要进行瘦身？
2. 宝洁的品牌策略是什么？

项 目 实 训

实训项目：产品策划

【实训目的】

1. 掌握产品整体概念；培养解决实际企业产品组合问题的能力。
2. 加深对新品开发的有关知识的理解；提高实际工作能力和专业技能。

【实训内容】

1. 人员分组，选择某种商品进行实地考察。
2. 分析产品线。
3. 制作新产品开发方案，提出开发建议。
4. 实训结束后，以小组为单位完成对实训的总结。

【实训要求】

训练项目	训练要求	备 注
步骤一：实地考察	(1) 调查房地产项目； (2) 调查不同消费者需求	掌握正确调查方法
步骤二：分析产品线	(1) 项目资料整理分析； (2) 了解项目产品线	掌握产品线分析方法
步骤三：设计产品组合	产品组合设计顺序：分析产品线→分析消费者→确定产品组合	掌握产品整体概念，掌握产品组合策划方法
步骤四：制作新产品开发方案	根据上述分析制作产品方案	产品开发方案得到贯彻执行

项目六 价格策划

【知识目标】

- 了解价格策划的含义、重要性及价格策划的基本要求。
- 掌握价格制定的影响因素、策划程序。
- 掌握价格修订、价格变动的策略。

【能力目标】

- 培养策划人应有的价格策划相关专业知识。
- 提高价格策划实践能力。

【引导案例】

休布雷公司：巧定酒价

休布雷公司是美国一家专门生产和经营伏特加酒的公司，由于该公司生产的史密诺夫酒品质优良、价格适中，因而在美国伏特加酒市场上的占有率一直高达20%以上。20世纪60年代，另一家伏特加酒公司为击败休布雷公司，便瞄准休布雷公司的主导产品史密诺夫酒，专门生产一种新型的伏特加酒与之竞争。这种酒质量与史密诺夫酒不相上下，但价格每瓶低于史密诺夫酒1美元。显然，这个定价策略对史密诺夫酒乃至整个休布雷公司都是巨大威胁。

按照惯例，休布雷公司的面前有三种对策可用：

(1) 降价1美元，以保证市场占有率；

(2) 维持原价，通过增加广告和推销支出来与竞争对手争夺市场；

(3) 维持原价，听任其市场占有率降低。

由此可以看出，不论休布雷公司采取上述哪种价格策略，似乎都输定了。然而该公司的高层人员经过深思熟虑后却策划了对方意想不到的第四种价格策略，就是将史密诺夫酒的价格再提高1美元，同时推出一种与竞争对手新伏特加酒价格一样的瑞色加酒和另一种价格低一些的波波酒。

这一价格策划使该公司扭转了不利局面：一方面，提高了史密诺夫酒的地位，同时使竞争对手的新产品成为一种普通的品牌；另一方面，休布雷公司不仅顺利地渡过了难关，甚至比过去显得更强大，公司盈利情况不仅没有下降，反而大大增加。

[资料来源：程云喜.休布雷巧定酒价.销售与市场：管理版，1995(1)]

思考：

面对竞争对手的价格优势，休布雷公司采取了怎样的定价策划？

市场营销策划

6.1 价格策划概述

6.1.1 价格策划的含义

价格策划是指企业通过对顾客需求的估量和成本分析,选择一种能吸引顾客、实现市场营销组合的价格策略的谋划过程。在市场经济条件下,价格是实现再生产过程的重要因素之一,是唯一直接产生收入的因素,也是市场营销组合策略中最富有弹性的因素。任何商品的交易都不能没有价格,因此,企业必须进行价格策划来决策价格。

6.1.2 价格策划的重要性

在复杂的市场环境中,企业应以怎样的价格向市场推出自己的产品和服务?以怎样的价格条件获取生产经营所必需的生产或经营要素?价格,始终是一个萦绕在经营者心头的重要问题。其作用体现在以下几个方面。

(1) 在营销组合中,价格是运用最便捷、作用最直接、效用最快速的策略,其他营销策略的运用速度和执行效果都要比价格缓慢。

(2) 价格决定企业经营活动的市场效果。企业市场占有率的高低,市场接受产品速度的快慢,企业及产品在市场上的形象都与价格有密切的关系。即使企业的产品内在质量很好,外形设计也先进,但如果缺乏价格与产品策略的协调,竞争的结果仍可能是灾难性的。科学的价格策划是企业其他经营方法取得成功的重要条件。

(3) 企业在经营中面临巨大的价格压力。尽管由于科技的发展、产品和服务的多样化已经走出了只能使用价格的单一竞争手段,但在大多数的行业和市场上,价格仍然是一个必须密切关注并感受到巨大压力的问题。

6.1.3 价格策划的基本要求

企业进行价格策划时须遵循的基本要求如下。

1. 以市场和整个企业为背景,把握策划的整体性和系统性

以市场为背景就要联系市场状况,在对竞争者和潜在竞争者,及竞争者对本企业行为可能产生的反应进行全面分析的基础上;以整个企业为背景,就要考虑企业资源限制和资源优势,企业价格行为与其他工作的衔接;不同产品价格的协调,同一产品价格的协调,具体价格制定与整体企业价格政策的协调。这是进行价格策划的基本前提。

2. 以企业营销目标为基础

在制定产品价格前,必须回顾企业的营销战略目标和营销策略目标,然后再考虑定价策略。营销战略目标对于营销决策具有普遍意义。营销策略目标是针对具体的营销策略而设立的,并且有实现目标的时间期限。

3. 要有动态观念

营销活动中,从来不存在一种适合于任何企业、任何市场、任何时间的战略和策略。成功的价格策划是那些与市场动态与企业经营总体目标相一致的构思和举措。而且,企业要能够根据不断变化的内外部环境与条件,对原有的战略及策略进行适时、适当的修正调整。这是保证价格策划有效性的基本条件。

4. 要具备现实和未来双重意义

价格策划的优劣不仅取决于它是否适应于现实状况,而且还取决于其是否具有未来意义。尽管价格的调整比其他营销策略的调整更方便,但仍需要注重对未来的分析,包括对竞争者的未来状况、消费者的未来状况、企业未来可以使用的资源状况等的分析。这既是保证价格策划具有强大生命力的关键,也是保证企业可持续发展的重要条件之一。

6.2 价格制定的策划

6.2.1 价格制定的影响因素

影响价格制定的因素有很多,有企业内部因素,也有企业外部因素;有主观因素,也有客观因素。概括起来,大体上可以有产品成本、市场需求、竞争因素和其他因素4个方面。

1. 产品成本

马克思主义理论告诉人们,商品的价值是构成价格的基础。商品的价值由 $C+V+M$ 构成。$C+V$ 是在生产过程中物化劳动转移的价值和劳动者为自己创造的价值。M 是劳动者为社会创造的价值。显然,对企业的定价来说,成本是一个关键因素。企业产品定价以成本为最低界限,产品价格只有高于成本,企业才能补偿生产上的耗费,从而获得一定盈利。但这并不排斥在一段时期在个别产品上,价格低于成本。

在实际工作中,产品的价格是按成本、利润和税金三部分来制定的。成本又可分解为固定成本和变动成本。产品的价格有时是由总成本决定的,有时又仅由变动成本决定。成本有时又分为社会平均成本和企业个别成本。就社会同类产品市场价格而言,最主要的是受社会平均成本影响。在竞争很充分的情况下,企业个别成本高于或低于社会平均成本,对产品价格的影响不大。

根据统计资料显示,目前工业产品的成本在产品出厂价格中平均占70%。也就是说,一般来讲,成本是构成价格的主要因素,这只是就价格数量比例而言的。如果就制定价格时要考虑的重要性而言,成本无疑也是最重要的因素之一。因为价格如果过分高于成本会有失社会公平,价格过分低于成本,则不可能长久维持。

企业定价时,不应将成本孤立地对待,而应同产量、销量、资金周转等因素综合起来考虑。成本因素还要与影响价格的其他因素结合起来考虑。

2. 市场需求

产品价格除受成本影响外，还受市场需求的影响。即受商品供给与需求的相互关系的影响。当商品的市场需求大于供给时，价格应高一些；当商品的市场需求小于供给时，价格应低一些。反过来，价格变动影响市场需求总量，从而影响销售量，进而影响企业目标的实现。因此，企业制定价格就必须了解价格变动对市场需求的影响程度。反映这种影响程度的一个指标就是商品的价格需求弹性系数。

所谓价格需求弹性系数，是指由于价格的相对变动，而引起的需求相对变动的程度。通常可用下式表示：

需求弹性系数=需求量变动百分比÷价格变动百分比

如果我们将成本因素和需求因素综合起来考虑，并做出适当的假设，可形成下面的关于定价的理论模式。

例：某商品根据市场调查可获得需求函数为：

$Q=1000-4P$

式中，Q 表示总需求量，P 表示单价。

又该企业此产品的成本函数为：$C=1200+50Q$

式中，C 为总成本。

如果该企业的目标是利润最大化，那么价格应定为多少？

解：根据已知条件，可得销售收入为：

$S=PQ$

利润：

$Z=S-C$

将条件代入可得：

$Z=-4P^2+1200P-51\,200$

解得当 $P=150$(元)时，利润有极大值，其为 $Z_{max}=38\,800$(元)。

3. 竞争因素

市场竞争也是影响价格制定的重要因素。根据竞争的程度不同，企业定价策略会有所不同。按照市场竞争程度，可以分为完全竞争、不完全竞争与完全垄断 3 种情况。

(1) 完全竞争。所谓完全竞争也称为自由竞争，它是一种理想化了的极端情况。在完全竞争条件下，买者和卖者都大量存在，产品都是同质的，不存在质量与功能上的差异，企业自由地选择产品生产，买卖双方能充分地获得市场情报。在这种情况下，无论是买方还是卖方都不能对产品价格进行影响，只能在市场既定价格下从事生产和交易。

(2) 不完全竞争。不完全竞争介于完全竞争与完全垄断之间，是现实中存在的典型的市场竞争状况。不完全竞争条件下，最少有两个以上的买者或卖者，少数买者或卖者对价格和交易数量起着较大的影响作用，买卖各方获得的市场信息是不充分的，它们的活动受到一定的限制，而且它们提供的同类商品有所差异，因此，它们之间存在一定程度的竞争。

在不完全竞争情况下，企业的定价策略有比较大的回旋余地，它既要考虑竞争对象的价格策略，也要考虑本企业定价策略对竞争态势的影响。

(3) 完全垄断。它是完全竞争的反面，是指一种商品的供应完全由独家控制，形成独占市场。在完全垄断竞争情况下，交易的数量与价格由垄断者单方面决定。完全垄断在现实中也很少见。

企业的价格策略要受到竞争状况的影响。完全竞争与完全垄断是竞争的两个极端，中间状况是不完全竞争。在不完全竞争条件下，竞争的强度对企业的价格策略有重要影响。所以，企业首先要了解竞争的强度。竞争的强度主要取决于产品制作技术的难易，是否有专利保护，供求形势以及具体的竞争格局。其次，要了解竞争对手的价格策略，以及竞争对手的实力。最后，还要了解、分析本企业在竞争中的地位。

4. 其他因素

企业的定价策略除了受成本、需求以及竞争状况的影响外，还受到其他多种因素的影响。这些因素包括政府或行业组织的干预、消费者习惯和心理、企业或产品的形象等。

(1) 政府或行业组织干预。政府为了维护经济秩序，或为了其他目的，可能通过立法或者其他途径对企业的价格策略进行干预。政府的干预包括规定毛利率，规定最高、最低限价，限制价格的浮动幅度或者规定价格变动的审批手续，实行价格补贴等。例如，美国某些州政府通过租金控制法将房租控制在较低的水平上，将牛奶价格控制在较高的水平上；法国政府将宝石的价格控制在低水平，将面包价格控制在高水平；我国某些地方为反暴利对商业毛利率的限制等。一些贸易协会或行业性垄断组织也会对企业的价格策略进行影响。

(2) 消费者心理和习惯。价格的制定和变动在消费者心理上的反应也是价格策略必须考虑的因素。在现实生活中，很多消费者存在"一分钱一分货"的观念。面对不太熟悉的商品，消费者常常从价格上判断商品的好坏，从经验上把价格同商品的使用价值挂钩。消费者心理和习惯上的反应是很复杂的，某些情况下会出现完全相反的反应。

(3) 企业或产品的形象。有时企业根据企业理念和企业形象设计的要求，需要对产品价格做出限制。例如，企业为了树立热心公益事业的形象，会将某些有关公益事业的产品价格定得较低；为了形成高贵的企业形象，将某些产品价格定得较高等。

6.2.2 价格制定的策划程序

完整的价格制定的策划程序包括以下 6 个方面。

1. 明确定价目标

一个企业通过价格策划，要达到的目标大致如下。

(1) 维持企业生存。当企业遇到生产力过剩、产品积压、竞争激烈或者要改变消费者需求时，特别是面临目前严重的经济危机时，往往把维持企业生存作为它们定价的主要目标。为避免倒闭，企业必须制定一个低的价格，借助于大规模的价格折扣，以保本价格，甚至以低于成本的价格出售产品，以期迅速收回资金，维持营业，争取研制新产品的时间，重求生机。这是企业处于不利环境中的缓兵之计。

(2) 市场份额领先。这是很多企业普遍采用的一种定价目标。较高的市场份额可以保证企业产品的销路，便于企业掌握消费需求变化，易于企业形成控制市场和价格的能力。拥有最大的市场份额后企业将享有最低的成本和最高的长期利润。为争取市场份额领先，企业需要制定一个尽可能低的价格，广开销路。

(3) 产品质量领先。企业必须制定一个高的价格来保证高的产品质量，弥补高额的研究及开发费用。

(4) 当期利润最大化。追求当期利润最大化，并不等于制定最高售价。一般而言，定价越高，需求就会减少；需求量越小，单位产品成本就越高，从而影响利润最大化的实现；定价越低，需求量越大，单位成本就越低，但是由于单位产品利润低，就不一定能使当期利润最大化。所以企业要做的是找到其中的平衡。

(5) 企业形象最佳化。良好的企业形象是企业的无形资产。企业形象好，能得到消费者的长期依赖，获得较好的长期利益，此时制定的价格与企业整体定位要一致，与目标市场顾客的需求相一致，并遵循社会和职业的道德规范，负起相应的社会责任。企业不可能以暴利来制定价格策略。

2. 测定需求弹性

测定需求弹性的一般规律为：价格提高，市场需求减少；反之则增加。需求弹性是测算市场需求对价格变动的反应的一个指标。当市场需求对价格变动反应不大时，需求弹性小；反之则认为大。从需求弹性的大小来考虑企业的定价策略，有3种类型：

(1) 需求弹性等于1。价格的变动会引起需求量等比例的反方向变动。某种产品提价2%，需求量减少2%，企业的总销售收入基本保持不变，价格的变化对销售收入影响不大，利用价格变动来促进销售就没有太多意义。此外，要更多地考虑成本、竞争对手等因素。

(2) 需求弹性大于1。价格的变动会引起需求量较大的反方向变动。某种产品提价2%，需求量降低10%，企业的总销售收入减少很多。应通过低价、薄利多销来达到增加利润的目的。

(3) 需求弹性小于1。价格的变动会引起需求量较小的反方向变动。某种产品提价2%，需求量降低1%，企业的总销售收入有所增加。企业定价时，可以订立较高的价格，以此来达到增加利润的目的。

需求弹性的大小取决于以下几点。

① 商品的需要程度。成反比，需要程度越高，需求弹性越小。

② 商品的替代性。成正比，替代性越高，需求弹性越大。

③ 商品的供求状况。成正比，供大于求，弹性越强。

④ 买主的购买习惯。拥有品牌忠诚市场的商品，需求弹性小。

⑤ 买主的购买心理。如果买主认为产品质量有所提高，或者认为存在通货膨胀，价格提高也能接受，需求弹性就小。

⑥ 购买频率。成正比，购买频率高，则需求弹性大。

3. 估算成本费用

长期而言，某种产品的最终价格必须能够补偿产品生产及市场营销的所有支出，所以企业制定价格必须估算成本。包括以下两种。

(1) 固定成本，在短期内不随产量和销售收入的变化而变化的成本费用，如厂房设备的折旧、租金、利息等。

(2) 可变成本，与固定成本相反，如原材料费、生产工人工资等。高价格取决于市场需求，最低价格取决于成本费用。

4. 分析竞争状况

在最高价格和最低价格之间，企业能把这种产品的价格定得多高取决于竞争对手的同种产品的价格和可能的价格水平有多高。例如，本企业和竞争对手的同种产品如果质量差异不大，那么二者的价格水平应大体一样；如果本企业质量较低，那么价格水平就不能和人家一样；如果质量较高，就可以定价较高。

5. 选择定价方法

价格的高低由成本费用、市场需求和竞争状况 3 个方面因素影响和制约，定价方法可以归纳为：成本导向定价法、需求导向定价法和竞争导向定价法。

1) 成本导向定价法

这种定价方法以产品成本作为定价的基本依据。

(1) 成本加成定价法：成本加上一定百分比的加成来制定产品价格。

优点：计算简单、简便易行，可以使企业获取预期利润。

缺点：忽视了市场需求和竞争状况，缺乏灵活性。

(2) 目标利润定价法：根据损益平衡点的总成本及预期利润和估计的销售数量来制定产品价格的方法，能带来企业所追求的利润。

2) 需求导向定价法

这种定价方法是以买主对产品价值的认知和需求强度作为定价依据。分为：

(1) 认知价值定价法。企业应当搞好产品的市场定位，突出产品的特性，综合运用各种营销手段，提高产品的知名度，使买主感到购买这些产品能够获取更多的相对利益，从而提高他们接受价格的限度。关键在于准确估计买主对产品的认知价值。

(2) 需求强度定价法。利用需求函数根据市场需求强度定价的方法。

3) 竞争导向定价法

这种定价方法是以市场上相互竞争的同类产品价格作为定价基本依据。具体有：

(1) 随行就市定价法。按行业现行平均价格水平来定价。同质产品市场的惯用定价方法。在异质产品市场上，企业有较大的自由来确定其价格，产品的差异化使买主对价格的差异不甚敏感。但企业也相对于竞争者确定自己的适当位置，搞好自己产品的价格定位。

(2) 投标定价法。投标定价法是指卖方在买方的招标期限内，根据对竞争对手报价的估计来制定竞争报价的一种定价方法。

6. 确定最后价格

价格的最终确定是价格策划程序的最后一个环节，合理的定价是恰当价格策划的重要体现。在此步骤，还需要考虑以下因素：政府有关法令、消费者心理、中间商要求、营销人员意见等。

6.3 价格修订的策划

价格制定出来以后，并不是一成不变的，而是一个动态的修订过程。价格修订的策划程序，遵循价格制定的策划程序，但有时价格的修订只是采取不同的价格策略，主要的价格策略有以下几种。

6.3.1 新产品定价策略

新产品定价是企业定价的一个重要方面。新产品定价合理与否，不仅关系到新产品能否顺利地进入市场、占领市场、取得较好的经济效益，而且关系到产品本身的命运和企业的前途。新产品定价策略可采用高价定价策略、低价定价策略和满意定价策略。

1. 高价定价策略

高价定价策略，又称为撇脂定价策略，是指新产品投入市场或投入新的分销渠道或市场区域之初，企业用高价出售该产品，以便在短期内获取尽可能多的利润。这种方法恰似从牛奶中撇取奶油一样，故国外又称之为"撇油价格策略"。

高价定价策略更为适合需求弹性较小的细分市场，其优点为：①新产品上市，顾客对其无理性认识，利用较高价格可以提高身价，适应顾客求新心理，有助于开拓市场；②主动性大，产品进入成熟期后，价格可分阶段逐步下降，有利于吸引新的购买者；③价格高，限制需求量过于迅速增加，使其与生产能力相适应。但这种方法因为高价而不利于开拓市场同时会加剧竞争。因为高价会引来很多竞争对手的加入。所以高价定价策略具有以下使用前提条件：①在市场上，有相当一部分消费者对该种产品具有缺乏弹性的需求。②该产品所使用的新技术尚未公开，属于独家生产。③小批量生产和销售产品的成本和费用不高。④具有较好的推销系统和较高的广告宣传能力，能引起人们的好奇和购买欲望。⑤使人们容易对产品产生高档的印象。

在具备以下条件的情况下，企业应该采取撇脂定价的方法。

第一，市场上存在一批购买力强且对价格不敏感的消费者。

第二，这样的一批消费者的数量足够多，企业有厚利可图。

第三，暂时没有竞争对手推出同样的产品，本企业的产品具有明显的差别化优势。

第四，当有竞争对手加入时，本企业有能力转换定价方法，通过提高性价比来提高竞争力。

第五，本企业的品牌在市场上有传统的影响力。

【案例分析 6-1】

iPod 的成功运用

苹果 iPod 是近几年来最成功的消费类数码产品之一。第一款 iPod 零售价高达 399 元美元，即使对美国人来说，也是属于高价位产品，但是有很多"苹果迷"既有钱又愿意花钱，所以纷纷购买；苹果认为还可以"撇到更多的脂"，于是不到半年又推出了一款容量更大的 iPod，定价 499 元美元，仍然销路很好。苹果的撇脂定价大获成功。

分析：1. 采取高价销售必须把握好消费者的消费需求和消费心理。
2. 品牌往往是撇脂定价的最重要的前提条件，苹果公司撇脂定价很成功。

（资料来源：http://www.kj-cy.cn/article/2015731/91937.htm）

2. 低价定价策略

低价定价策略，又称为渗透定价策略，是指新产品投入市场的初期，或产品投入新的分销渠道或市场区域之初企业用低价出售该产品，借以迅速打开产品销路，扩大市场份额。

低价定价策略可使企业尽快打开销路，缩短新产品的投入期；有效地排斥竞争者的加入能较长时间地占领市场；随着销量的增加、市场份额的扩大、成本的降低，可以增加盈利。

其缺点为：如产品很畅销，不容易提价，否则会减少销量、缩小市场。

使用前提为：①企业生产能力较大，能满足市场需要；②产品的价格需求弹性大；③企业的生产成本和经营费用会随着生产经营经验的增加而下降；④低价不会引起实际和潜在的竞争。

3. 满意定价策略

满意定价策略，又称为平价销售策略，是介于撇脂定价和渗透定价之间的一种定价策略。是指产品销售以稳定价格和预期销售额的稳定增长为目标，力求将价格定在一个适中水平上，所以也称为稳定价格策略。由于撇脂定价策略定价过高，对消费者不利，既容易引起竞争，又可能遇到消费者拒绝，具有一定风险；渗透定价策略定价过低，对消费者有利，对企业最初收入不利，资金的回收期也较长，若企业实力不强，将很难承受。而满意定价策略采取适中价格，基本上能够做到供求双方都获得满意。此种策略主要适用于大量生产、大量销售、市场稳定的日用工业品和部分生产资料产品。

满意定价策略的优点在于既能避免高价策略带来的风险，又能防止采取低价策略给生产经营者带来的麻烦，但实行起来困难较多，缺乏可操作性。其原因是：随着生产技术的不断成熟，生产规模不断扩大，在生产规模达到经济规模效益之前，单位产品成本随时间的推移不断降低，价格也在不断变化。因此，中价水平不易保持长期稳定。同时对于新产品，特别是全新产品，市场上首次出现，价格无相关参照物可比较。

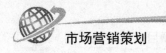

【案例分析 6-2】

通用公司的价格策略

通用汽车公司的雪佛莱汽车(Chevrolet Camaro)的定价水平是相当一部分市场都承受得起的，市场规模远远大于愿意支付高价购买它的"运动型"(SPORTY)外形的细分市场。这种适中的定价策略，甚至当这种汽车的样式十分流行，供不应求时仍数年不变。为什么呢？因为通用汽车跑车生产线上已经有了一种采取撇脂策略定价的产品——Corvetee，再增加一种产品是多余的，会影响原来高价产品的销售。将大量购买者吸引到展示厅尝试驾驶 Camaro 的意义远比高价销售 Camaro 获得的短期利益大得多。

分析：采用满意定价策略，有时是为了保持产品线定价策略的一致性。

(资料来源：http://www.doc88.com/p-781378572239.html)

6.3.2 心理定价策略

心理定价是针对顾客心理而采用的一类定价策略，具体有以下几种定价策略。

1. 尾数定价策略

尾数定价策略，也称为零头定价策略或者缺额定价策略，即给产品定一个零头数结尾的非整数价格。大多数消费者在购买产品时，尤其是购买一般的日用消费品时，均乐于接受尾数价格，比如，一种商品定价 9.98 元，消费者会认为这种价格经过精确计算，购买不会吃亏，从而产生信任感。同时，价格虽离整数仅相差几分或几角钱，都会给人一种低一位数的感觉，更为符合消费者求廉的心理愿望。

2. 整数定价策略

整数定价策略与尾数定价策略正好相反，是指企业有意将产品价格定为整数，以显示产品具有一定质量。整数定价策略多用于价格较贵的耐用品或礼品，以及消费者不太了解的产品。对于价格较贵的高档产品，顾客对质量较为重视，往往把价格高低作为衡量产品质量的标准之一，容易产生"一分价钱一分货"的感觉，从而有利于销售。比如，有的商品不定价为 9.8 元，而定为 10 元，使消费者产生一种错觉，刚好迎合消费者"便宜无好货，好货不便宜"的心理。

3. 声望定价策略

声望定价策略是指企业利用消费者追求名牌商品的某种心理来制定商品的价格，故意把价格定成高价。不少高级名牌产品和稀缺产品，如豪华轿车、高档腕表、名牌时装、名人字画、珠宝古董等，在消费者心目中享有极高的声望价值。购买这些产品的消费者，往往不在于产品价格，而最关心的是产品能否显示其身份和地位，价格越高，购买者心理满足的程度也就越大。

另外,对质量不易鉴别的商品,供应方最适宜采取此法,因为消费者有崇尚名牌的心理,往往以价格判断质量,认为高价代表高质量。

4. 习惯定价策略

有些产品在长期的市场交换过程中已经形成了被消费者所适应的价格,成为习惯价格。习惯定价策略是指企业对产品定价时充分考虑消费者的习惯倾向,采用"习惯成自然"的定价策略。对消费者已经习惯了的价格,不宜轻易变动。降低价格会使消费者怀疑产品质量是否有问题。提高价格则会使消费者产生不满情绪,导致购买的转移。在不得不需要提价时,应采取改换包装或品牌等措施,以减少消费者抵触心理,并引导消费者逐步形成新的习惯价格。

5. 分级定价策略

分级定价策略,又称为分档定价心理策略,是指在制定价格时,把同类产品分成几个等级,不同等级的产品,其价格有所不同。从而使顾客感到产品的货真价实、按质论价。例如,服装厂可以把自己的产品按大、中、小号分级定价,也可以按大众型、折中型、时髦型划分定价。这种明显的等级便于满足不同的消费需要,还能减轻企业的计划、订货、会计、库存、推销等方面的工作。关键是分级要符合目标市场的需要,级差不能过大或过小,否则都起不到应有的效果。

6. 招徕定价策略

招徕定价策略是适应消费者"求廉"的心理,将产品价格定得低于一般市价,个别产品甚至低于该产品成本,以吸引顾客、扩大销售的一种定价策略。采用这种策略,虽然几种低价产品不赚钱,甚至亏本,但从总的经济效益来看,由于低价产品带动了其他产品的销售,企业还是有利可图的。相较于其他产品,该策略更适用于日用消费品。

6.3.3 折扣定价策略

折扣定价策略是指对基本价格做出一定的让步,直接或间接降低价格,以争取顾客,扩大销量。其中,直接折扣的形式有数量折扣、现金折扣、功能折扣、季节折扣,间接折扣的形式有回扣和津贴,大多数企业通常都酌情调整其基本价格,以鼓励顾客及早付清货款、大量购买或增加淡季购买。

1. 数量折扣策略

数量折扣策略是指按消费者购买数量的多少,分别给予不同的折扣,购买数量越多,折扣越大。其目的是鼓励大量购买,或集中向本企业购买。数量折扣包括累计数量折扣和一次性数量折扣两种形式。累计数量折扣规定顾客在一定时间内,购买商品若达到一定数量或金额,则按其总量给予一定折扣鼓励顾客经常向本企业购买,成为可信赖的长期客户。一次性数量折扣规定一次购买某种产品达到一定数量或购买多种产品达到一定金额,则给

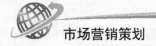

予折扣优惠，这种策略可以鼓励顾客大批量购买，促进产品多销、快销。

数量折扣的促销作用较为明显，企业因单位产品利润减少而产生的损失完全可以从销量的增加中得到补偿。此外，销售速度的加快，使企业资金周转次数增加，流通费用下降，产品成本降低，从而导致企业总盈利水平上升。

运用数量折扣策略的难点是如何确定合适的折扣标准和折扣比例。如果享受折扣的数量标准定得太高，比例太低，只有很少的顾客才能获得优待，绝大多数顾客将感到失望，导致购买数量标准过低，比例不合理，又起不到鼓励顾客购买和促进企业销售的作用。因此，企业应结合产品特点、销售目标、成本水平、企业资金利润率、需求规模、购买频率、竞争者手段以及传统的商业惯例等综合因素来制定科学的折扣标准和比例。

2. 现金折扣策略

现金折扣是对在规定的时间内提前付款或用现金付款者所给予的一种价格折扣，其目的是鼓励顾客尽早付款，同时，加速资金周转，降低销售费用，减少财务风险。采用现金折扣一般考虑 3 个因素：折扣比例、给予折扣的时间限制和付清全部货款的期限。在西方国家，典型的付款期限折扣表示为"3/20，Net60"。其含义是在成交后 20 天内付款，买者可以得到3%的折扣，超过 20 天，在 60 天内付款不予折扣，超过 60 天付款要加付利息。我国某些地区房地产在销售楼盘时也采取现金折扣的方法，比如一次性付清房款9.5折，一年内付清房款 9.8 折。

由于现金折扣的前提条件是商品的销售方式为赊销或分期付款，因此，有些企业采用附加风险费用、治理费用的方式，以避免可能发生的经营风险。同时，为了扩大销售，分期付款条件下买者支付的货款总额不宜高于现款交易价太多，否则就起不到"折扣"促销的效果。

提供现金折扣等于降低价格，因此，企业在运用这种手段时要考虑商品是否有足够的需求弹性，保证通过需求量的增加使企业获得足够利润。此外，由于我国的许多企业和消费者对现金折扣还不熟悉，运用这种手段的企业必须结合宣传手段，使买者更清楚自己将得到的好处。

3. 功能折扣策略

中间商在产品分销过程中所处的环节不同，其所承担的功能、责任和风险也不同，企业据此给予不同的折扣称为功能折扣。对生产性用户的价格折扣也属于一种功能折扣。功能折扣的比例，主要考虑中间商在分销渠道中的地位、对生产企业产品销售的重要性、购买批量、完成的促销功能、承担的风险、服务水平、履行的商业责任以及产品在分销中所经历的层次和在市场上的最终售价等。功能折扣的结果是形成购销差价和批零差价。

实行功能折扣的一个主要目标是鼓励中间商大批量订货，扩大销售，争取顾客，并与生产企业建立长期、稳定、良好的合作关系。功能折扣的另一个目的是对中间商经营的有关产品的成本和费用进行补偿，并让中间商有一定的盈利。

4. 季节折扣策略

有些商品的生产是连续的，但其消费却具有明显的季节性。为了调节供需矛盾，这些商品的生产企业便采用季节折扣的方式，对在淡季购买商品的顾客给予一定的优惠，使企业的生产和销售在一年四季都能保持相对的稳定。例如，啤酒生产厂家对在冬季进货的商业单位给予大幅让利，羽绒服生产企业则为夏季购买其产品的客户提供折扣。

季节折扣比例的确定，应考虑成本、储存费用、基价、资金利息等因素。同时，季节折扣有利于减轻库存，加速商品流通，迅速收回资金，促进企业均衡生产，充分发挥生产和销售潜力，从而避免因季节需求变化所带来的市场风险。

【案例分析 6-3】

沃尔玛的折价销售

沃尔玛能够迅速发展，除了正确的战略定位以外，也得益于其首创的折价销售策略。每家沃尔玛商店都贴有天天廉价的大标语。同一种商品，在沃尔玛要比其他商店便宜。沃尔玛提倡的是低成本、低费用结构、低价格的经营思想，主张把更多的利益让给消费者，为顾客省省每一美元是他们的目标。沃尔玛的利润通常在 30% 左右，而其他零售商如凯马特的利润率都在 45% 左右。公司每星期六早上举行经理人员会议，如果有分店报告某商品在其他商店比沃尔玛低，可立即决定降价。

分析：低廉的价格、可靠的质量是沃尔玛的一大竞争优势，吸引了一批又一批顾客。

(资料来源：http://www.mba163.com/glwk/scyx/200609/74212.html)

5. 回扣和津贴

回扣是间接折扣的一种形式，是指购买者在按价格目录将货款全部付给销售者以后，销售者再按一定比例将货款的一部分返还给购买者。津贴是企业的非凡目的，对非凡顾客以特定形式所给予的各种补贴行为。比如，当中间商为企业产品提供了包括刊登地方性广告、设置样品陈列窗等在内的各种促销活动时，生产企业则给予中间商一定数额的资助或补贴。又如，对于进入成熟期的消费者，开展以旧换新业务，将旧货折算成一定的价格，在新产品的价格中扣除，顾客只支付余额，以刺激消费需求，同时促进产品的更新换代，从而扩大新一代产品的销售。这也是津贴的一种形式。

6.3.4 歧视定价策略

歧视定价策略是一种常见的定价策略，企业为了实现收益最大化，针对不同用户的支付能力，制定了不同的收费价格，从而使各类用户都能购买该商品，这是一种以顾客为核心的定价策略。

企业往往根据不同顾客、不同时间和场所来调整产品价格，实行差别定价，即对同一产品或劳务定出两种或多种价格，但这种差别不反映成本的变化。主要有以下几种形式。

(1) 对不同顾客群定不同的价格。
(2) 不同的花色品种、式样定不同的价格。
(3) 不同的部位定不同的价格。
(4) 不同时间定不同的价格。

但其适用前提条件为:第一,市场能够细分,而且每个子市场必须表现出不同的需求强度。第二,细分后的低价市场上的顾客不可能向高价市场上的顾客转手商品或让渡服务。第三,在高价市场上,不存在竞争者用低价经销手段来争夺顾客。第四,使用该法增加的收入大于细分市场所增加的管理费。第五,要有利于企业树立社会责任感的形象,防止引起顾客的反感。

6.3.5 地理定价策略

地理定价策略是一种根据商品销售地理位置不同而进行差别定价的策略,这种定价策略主要是考虑运输成本的问题。具体形式分以下几种。

1. 生产地定价法

生产地定价法是由卖方制定统一价格,由买方负担全部运费的定价方法。在国际贸易术语中,这种价格称为离岸价格。交货后的产品所有权归买方所有,运输过程中的一切费用和保险费用均由买方承担。生产地定价法对卖方来说较为便利,费用最省,风险最小,但对扩大销售有一定影响。

2. 目的地定价法

目的地定价法是由卖方承担从产地到目的地的运费及保险费的定价方法。在国际贸易术语中,这种价格称为到岸价格。目的地定价法由出厂价格加上产地至目的地的手续费、运输费和保险费等构成,虽然手续较烦琐,卖方承担的费用和风险较大,但有利于扩大产品销售。

3. 统一运送定价法

统一运送定价法也称送货制定价法,即卖方将产品送到买方所在地,不分路途远近,制定统一的价格。这种价格类似于到岸价格,其运费按平均运输成本核算,这样,可减轻较远地区顾客的价格负担,使买方认为运送产品是一项免费的附加服务,从而乐意购买,有利于促进销售,扩大市场占有率。同时,能使企业维持一个全国性的广告价格,易于管理。采用这种定价法,适宜于体积小、重量轻、运费低或运费占成本比例较小的产品。目前,网上销售,比如淘宝、京东普遍采取的就是包邮定价,也就是统一运送定价法。

4. 分区运送定价法

分区运送定价法,也称区域运送定价法,是指卖方将市场划分为几个大的区域,在每一个区域内,实行统一定价的方法。在这种定价方法中运费的计算类似于邮政包裹的收费方法。这种定价介于生产地定价法和统一运送定价法之间。采用这种定价法,处于同一价格区域内的买方,被一视同仁地对待,不会得到来自卖方的价格优惠;而处于两个价格区域交界地的买方之间就得承受不同的价格负担,会使价格高的区域买方觉得不公平。

5. 运费津贴定价法

运费津贴定价法,是指为弥补生产地定价法的不足,减轻买方的运杂费、保险费等负担,由卖方对距离生产地较远的买方,补贴一部分或全部运费的定价方法。该策略有利于减轻边远地区买方的运费负担,鼓励距生产地较远的中间商或用户的购买,从而使企业保持市场占有率,并不断开拓新市场。

【同步阅读】

产品定价策划书的格式要求

产品定价策划方案的书面格式包括以下几个部分。

(1) 封面。封面上要标明:产品定价策划项目的名称、策划日期、策划者的姓名、所属单位。

(2) 目录。定价策划方案内容较多时,为让阅读者在阅读时对定价方案有一个大致的了解,将在目录中按内容的顺序和结构,编写出章节名称。

(3) 正文。这是策划方案的核心部分,也是进行本次实训活动的一个根本任务。这里应介绍,定价策划的背景、目的和要求,定价策划的主要依据,定价方案的具体设计、定价方案的可行性分析,定价方案实施、控制与调整的具体措施。

(4) 附件。定价策划中具体计算方案文件、市场调查资料、定价的依据资料等详细内容,由于占的篇幅较大,为了阅读的方便以及方案的清晰,可以附件形式列入策划方案的最后部分。

6.4 价格变动的策划

企业在产品价格确定后,由于客观环境和市场情况的变化,往往会对价格进行调整,这就涉及对价格变动的策划。主要分为主动价格变动和受竞争者调价影响而进行的价格变动两种情况,对于主动价格变动要注意分析、观察消费者和竞争者的反应。

6.4.1 主动价格变动的策划

随着市场情景的变化及企业实际经营情况的变化,企业往往需要主动调整价格,具体分为主动降价和主动提价两种策划,这两种方法的使用,都要考虑到对消费者和竞争者的影响。

1. 主动降价策划

主动降价策略是指企业为了适应市场环境和内部条件的变化，把原有产品的价格调低。企业在以下情况下需要考虑降价。

(1) 企业生产能力过剩、产量过多，库存积压严重，市场供过于求，企业往往采用降价来刺激市场需求。

(2) 面对竞争者的"削价战"，企业不降价将会失去顾客或减少市场份额。

(3) 生产成本下降，科技进步，劳动生产率不断提高，生产成本逐步下降，其市场价格也应随之下降。

因企业产品所处的地位、环境以及引起降价原因的不同，企业选择降价的方式也会有所不同，具体来说有以下两种。

① 直接降价。即直接降低产品价格，如汽车销售中常采取直接降价。

② 间接降价。即企业保持价格目录表上的价格不变。通过送货上门、免费安装、调试、维修、赠送礼品或者增大各种折扣、回扣，以及为消费者保险等手段，在保持名义价格不变的前提下，降低产品的实际价格。

2. 主动提价策划

提价一般会遭到消费者和经销商的反对，但在许多情况下不得不提高价格：①通货膨胀。物价普遍上涨，企业生产成本必然增加，为保证利润，不得不提价。②产品供不应求。一方面，买方之间展开激烈竞争，争夺货源的同时为企业创造了有利条件；另一方面，也可以抑制需求过快增长，保持供求平衡。

6.4.2 竞争性价格变动的策划

在同质产品市场，如果竞争者降价，企业必随之降价；否则，企业就会失去顾客。如果某一企业提价，其他企业也会随之提价(如果提价对整个行业有利)，但如果一个企业不提价，最先提价的企业和其他企业将会不得不取消提价。

在异质产品市场，购买者不仅会考虑产品价格的高低，同时也会考虑质量、服务、可靠性等因素。因此，购买者对较小价格差额无反应或不敏感，则企业对竞争者价格调整的反应有较多自由。

企业在做出反应时，必须先分析：竞争者调价的目的是什么？调价是暂时的，还是长期的？能否持久？企业面临竞争者应权衡得失：是否应做出反应？如何反应？另外，还必须分析价格的需求弹性，产品成本和销售量之间的关系等复杂问题。

企业要做出迅速反应，最好事先制定反应程序，按程序处理，提高反应的灵活性和有效性。

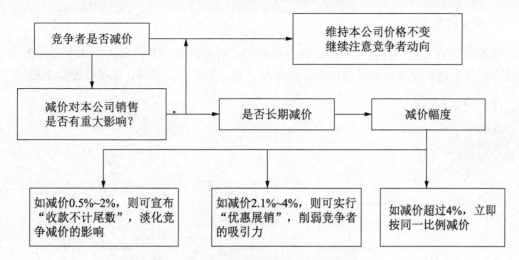

图 6-1 对付竞争者降价的程序

6.4.3 消费者对价格变动的反应

消费者对降价可能有以下看法：①产品样式老了，将被新产品代替；②产品有缺点，销售不畅；③企业财务困难，难以继续经营；④价格还要进一步下跌；⑤产品质量下降了。

消费者对提价的可能反应：①产品很畅销，不赶快买就买不到了；②产品很有价值；③卖主想赚取更多利润。

购买者往往对于价值高、经常购买的产品的价格变动较为敏感，而对于价值低、不经常购买的产品，即使单位价格高，购买者也不太在意。所以购买者对价值不同的产品价格的反应是有所不同，此外，购买者通常更关心取得、使用和维修产品的总费用，因此卖方可以把产品的价格定得比竞争者高，以取得较多利润。

6.4.4 竞争者对价格变动的反应

竞争者对价格变动的反应有以下几种类型。

1. 相向式反应

你提价，他涨价；你降价他也降价。这样一致的行为，对企业影响不太大，也不会导致严重后果。企业坚持合理营销策略，就不会失掉市场和减少市场份额。

2. 逆向式反应

你提价，他降价或维持原价不变；你降价，他提价或维持原价不变。这种相互冲突的行为，则会造成严重影响，竞争者的目的也十分清楚，就是乘机争夺市场。对此，企业要进行调查分析，首先，摸清竞争者的具体目的；其次，估计竞争者的实力；最后，了解市场的竞争格局。

3. 交叉式反应

众多竞争者对企业调价反应不一，有相向的，有逆向的，有不变的，情况错综复杂。企业在不得不进行价格调整时应注意提高产品质量，加强广告宣传，保持分销渠道畅通等。

【知识结构图】

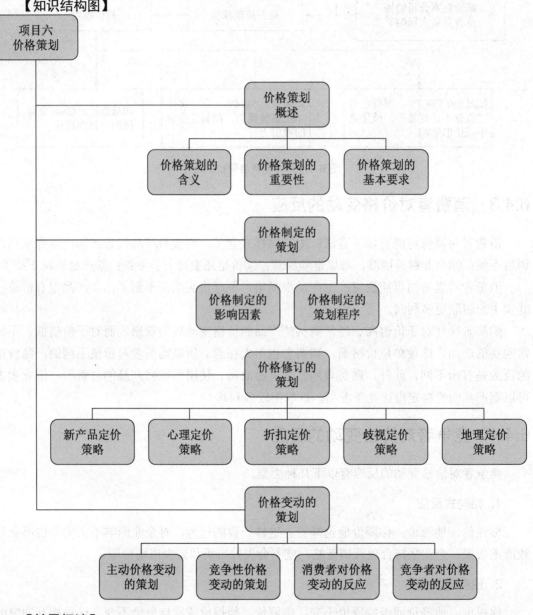

【扩展阅读】

文化产品的定价策略

文化产品同其他商品一样，有价值，但是实现价值的方式会有所不同；一般消费物品通过在市场上交换，用价格来表现价值；由于文化产品的外部性，不可能完全通过市场上的价格表现出来。因而文化产品的定价策略不同于一般产品的定价策略。

一、文化产品的性质

1. 市场性与非市场性

有的文化产品是人们生产出来并用于交换的劳动产品，可以进入市场并盈利，如电影等。但有的文化产品是作为公共物品被提供的，不能进入市场，也不是为了获利，如博物馆等。

2. 价值的非消耗性

文化产品的消费方式更多地表现为欣赏，人们所消耗的是知识、文化、艺术的物质载体，而其文化价值不但不会消耗，反而会在人们的共鸣中变得更加丰富。一篇优秀的文学作品、一部成功的影视作品，可以通过复制、拷贝和再版、再演等形式不断扩大其社会影响，增加其自身价值。

3. 效用和价值难以衡量

由于文化观念的差异，人们对于同一文化产品的评价会相差很大，因而文化产品的效用很难直接衡量。同时，文化产品的价值也难以计量，更没有统一的社会平均必要劳动量作标准。我们通常说一本书、一张报纸卖多少钱，往往是指其经济价值而言的，而不是指它的精神文化价值。

4. 易传播性

光盘、网络等新型载体的出现，使文化产品的传播更加迅速而广泛，也使文化产品的复制和盗版更加容易。

二、影响文化产品定价的主要因素

1. 成本费用

文化产品资本有机构成中不变资本的比重相当低，比如一张光盘的物质成本才几角钱，市场售价却是几十元。歌曲《九月九的酒》物质成本才几角钱，卖给四川一家酒厂却是40万元；麦克·乔丹在美国芝加哥公牛队的年薪是3500万美元，这一数字远不如将自己的形象卖给耐克和哥伦比亚广播公司来得多，买方出天价买来的只是看得见摸不着的"形象"而已，其物质成本趋向于零。

从以上资料我们可以看出有几点颇耐人寻味：第一，与传统产业相比，文化产业的物质成本相当低；第二，正是这一原因，使投资家对新经济产业趋之若鹜；第三，能给投资家带来超级利润乃至垄断利润的，正是资本有机构成中的可变资本。文化要实现价值，它的成本必须具备可计量性，虽然文化本质上无法计量，但可以从文化价值以外寻找合理的判断计量标准。目前文化产品的成本，主要因素往往是硬件的质量，如光盘的清晰度、书籍的装帧质量等，这些都是易于计量的。至于软件方面的计量标准判断，只能依据市场需求这一可变因素来做出，虽然不能很精确地计量，但起码反映了市场对产品质量产品结构的选择，同时给投资家实现利润留下可观的空间，定价基本上还是可规范的。例如，一本书的文化价值计量的高低，除却纸张印刷等硬件成本外，则根据消费者的需求量，由出版社付给作者版费和稿酬，同时也留下相应的利润空间。

2. 市场供求

市场上商品交换价值的实现要受到供求局面的影响。供大于求、竞争激烈会使商品以低于自身交换价值的价格让渡；供小于求商品会以高于自身交换价值的价格让渡。文化产品交换价值在实际交换的过程中的实现也是如此。不过，由于文化产品的社会必要劳动投入不明确，文化产品交换时的价值基础不稳固，因而文化产品的价格更容易受供求局面的影响，价格背离价值的幅度更大。这是文化产品容易出现投机、哄抬、杀价现象的重要原因。

3. 产品质量

质量即我们所说的产品性能的好坏，文化产品可能在这方面体现得不是很明显。但是，现有的很多文化产品研发时，脱离实际，突发奇想，不调查市场需求，不研究消费者心理，创作人员闭门造车，与文化市场需求相距甚远，导致文化产品定价偏低甚至极低。因此，文化产业要求企业家们不仅要熟悉文化产品，也要了解更多的经营管理知识，迅速提升自己的经营管理能力。只有这样，才能将文化产品成功地经营好、管理好，从而生产出更多、更好为广大群众所喜闻乐见的文化产品，把文化产品的价格提高上去。

4. 政府的投资政策及法律

文化产业化不是把所有的文化产品简单地置于市场中，而是需要政府的政策支持，才能使文化产业健康的发展，这是由文化产品自身区别于普通产品的特点决定的。

文化产品具有公共产品的性质。因此，市场机制在调节文化产品的供给和需求时不完全有效。

文化产品具有很强的外部性。如博物馆艺术品的展出和参观，可以促进旅游业等其他产业的发展，增加就业机会。

与前面文化产品的外部性有着紧密联系的是，文化活动能够对其他经济活动产生一种乘数效应。例如，美国纽约市市长宣布市政府将对文化机构进行各种形式的资助，其原因是某一文化支出将有可能导致交通收入增长、旅馆收入增长和饭店收入增长。

文化艺术活动的投入—产出和高科技方面的投入—产出活动一样，是一项具有高风险的投资活动。从普遍性角度来看，文化产品方面的高投入可以带来高产出，但当具体到某一行文化产品的投入—产出活动时，由于存在相当程度的不确定性，私人在这方面的投入往往不是充分的，因此需要政府的支持，才能使文化产品的产出与整个经济发展相适应。

从以上介绍我们看到文化产品定价策略如果单纯依靠市场机制来配置资源，可能会使这方面的投入不足，从而使整个经济的资源配置处于一种非帕累托最优状态，因而政府的介入是必要的，政府的介入可以规范文化市场的运行，解决外部性很强的文化产品的供求矛盾，从而使在较低的定价策略下，企业家能够通过文化产品的外部性，达到更大的利润。

5. 居民收入水平

人们收入水平的高低反映了对各种商品有支付能力的大小，而人们的需求又具有明显的层次性，从需求发展的一般规律来看，人们的需求首先是表现为满足生存需求的生活必需品的需要，在满足了生存需要的基础上，然后逐层递进，形成对满足享受需要和发展需要的各种商品的需求。人们的文化需求是属于享受需要和发展需要的层次，因而对文化产品的需要量也必然伴随着收入水平的变动而变动。

三、文化产品定价策略建议

1. 参考迪斯尼产品的定价策略

在把握文化产品的价格需求方面,迪斯尼致力研究"游客学"(Guestology),审视公司的每一项价格决策是否站在消费者的角度,为了准确把握消费者价格需求的动态,公司内设调查统计部、信访部、营销部、财务部、信息中心等部门,分工合作完成。迪斯尼曾讲道:"把握消费者价格需求动态的积极意义在于:及时掌握消费者对价格的满意度、价值评价要素和及时纠正。"

迪斯尼深深懂得,如果消费者感到他们所付出的价值满足了他们所期望的得到价值,他们会再次光顾。能否吸引消费者重来游玩,恰是娱乐业经营兴旺的奥秘所在。

迪斯尼文化产品之所以能够长期存在下去核心原因是它的市场定位和定价策略,产品本身的大众消费特征。迪斯尼公司在持续的产品延伸、组合的过程中,不断关注客户需求,创造了针对世界各国儿童的促销手段,使其产品的定价策略针对每一个国家、种族制定出普遍消费的大众流行文化产品的价格。

2. "金字塔"形定价方法

这种方法就是从消费者价值方面出发的。从文化需求的角度来看,人们文化需求的形成既取决于他们的物质生活水平,又取决于他们的精神文化素质。人们之间的物质生活水平结构和文化水平结构制约着一个社会的文化需求结构。金字塔形的财富分布结构和文化分布结构必然形成一种金字塔形的文化需求结构。金字塔底层的多数人由于经济水平低、文化水平低、虽然人均文化需求量并不大,但由于人数众多,就会在总体上形成对低层次文化产品的大量需求。

所以,从人们的不同物质生活水平和文化水平,制定一种与各阶层相符合的文化产品的定价策略,进行细化市场细分,低收入阶层需要文化产品的实际功能,对价格非常敏感的,突出其娱乐性和快餐性,因此针对这层人制定的价格策略必须是低价格实用性强文化产品。对应于白领阶层而言,则突出其时尚性和唯美性,并有一定的支付能力,希望代表自己的社会形象,所以对这层人的定价策略可以比低收入者高一些。存在社会上不多的高收入者,则突出其人文性和审美性,他们更青睐于文化产品的品牌、质量、服务。所以应该给他们一种高价格策略。

从金字塔底往上观察,物质财富分布的金字塔和文化分布的金字塔并不完全重合,存在着经济上很富裕但文化水平不高和文化水平很高但经济上并不富裕两种不同的情况。前者虽然经济上有条件满足精神文化上的需求但由于文化水平不高,也就只能产生低层次的文化需求;后者很高的文化水平使他们能够产生较高层次的文化需求,但由于经济上不富裕,他们的文化需求在量上就会受到限制。由此可见,由物质生活水平和文化水平决定的社会文化需求结构中本身包含着文化产品在市场交换中文化价值和交换价值背离的情况。所以文化产品定价策略是一个动态的过程,要与时俱进制定出不同的定价策略。

(资料来源:http://www.njliaohua.com/lhd_2l7vq2a7ai3cwgj88zt4_3.html)

【同步测试】

一、单项选择题

1. 在营销组合中，运用最便捷、作用最直接、效用最快速的策略是(　　)。
   A. 产品策略　　　B. 价格策略　　　C. 促销策略　　　D. 渠道策略
2. 现实中存在的典型的市场竞争状况是(　　)。
   A. 完全竞争　　　B. 完全垄断　　　C. 不完全竞争　　D. 自然垄断
3. 价格的变动会引起需求量等比例的反方向变动时(　　)。
   A. 需求弹性等于1　　　　　　　　B. 需求弹性大于1
   C. 需求弹性小于1　　　　　　　　D. 需求弹性等于0
4. 按行业现行平均价格水平来定价是(　　)。
   A. 随行就市定价法　　　　　　　B. 投标定价法
   C. 认知价值定价法　　　　　　　D. 需求强度定价法
5. 低价定价策略，又称为(　　)。
   A. 满意定价策略　　　　　　　　B. 撇脂定价策略
   C. 渗透定价策略　　　　　　　　D. 习惯定价策略

二、多项选择题

1. 企业进行价格策划，需要遵循的基本要求有(　　)。
   A. 以市场和整个企业为背景，把握策划的整体性和系统性
   B. 以企业营销目标为基础
   C. 要具备现实和未来双重意义
   D. 要有动态观念
2. 影响价格制定的因素有(　　)。
   A. 产品成本　　　　　　　　　　B. 市场需求
   C. 竞争因素　　　　　　　　　　D. 消费者心理和习惯
3. 价格策划的目标有(　　)。
   A. 维持企业生存　　　　　　　　B. 市场份额领先
   C. 产品质量领先　　　　　　　　D. 抢占全国市场
4. 常见的定价方法有(　　)。
   A. 成本导向定价法　　　　　　　B. 分级定价法
   C. 竞争导向定价法　　　　　　　D. 需求导向定价法
5. 新产品定价策略包括(　　)。
   A. 高价定价策略　　　　　　　　B. 撇脂定价策略
   C. 低价定价策略　　　　　　　　D. 满意定价策略

三、简答题

1. 阐述完整的价格制定的策划程序。
2. 企业采取高价定价策略需要具备哪些条件？
3. 心理定价策略包括哪些策略？
4. 简述折扣定价策略。
5. 阐述地理定价策略。

四、案例分析

亚马逊公司的差别定价实验

1994 年，当时在华尔街管理着一家对冲基金的杰夫·贝佐斯(Jeff Bezos)在西雅图创建了亚马逊公司。该公司从 1995 年 7 月开始正式营业，1997 年 5 月股票公开发行上市，从 1996 年夏天开始，亚马逊极其成功地实施了联属网络营销战略。在数十万家联属网站的支持下，亚马逊迅速崛起成为网上销售的第一品牌。到 1999 年 10 月，亚马逊的市值达到了 280 亿美元，超过了西尔斯(Sears Roebuck&Co.)和卡玛特(Kmart)两大零售巨人的市值之和。亚马逊的成功可以用以下数据来说明。

根据 Media Metrix 的统计资料，亚马逊于 2000 年 2 月在访问量最大的网站中排名第 8，共吸引了 1450 万名独立的访问者，亚马逊还是排名进入前 10 名的唯一一个纯粹的电子商务网站。

根据 PC Data Online 的数据，亚马逊是 2000 年 3 月最热门的网上零售目的地，共有 1480 万独立访问者，独立的消费者也达到了 120 万人。亚马逊当月完成的销售额相当于排名第 2 位的 CDNow 和排名第 3 位的 Ticketmaster 完成的销售额的总和。2000 年，亚马逊已经成为互联网上最大的图书、唱片和影视碟片的零售商，亚马逊经营的其他商品类别还包括玩具、电器、家居用品、软件、游戏等，品种达 1800 万种之多，此外，亚马逊还提供在线拍卖业务和免费的电子贺卡服务。

但是，亚马逊的经营也暴露出不小的问题。虽然亚马逊的业务在快速扩张，亏损额也在不断增加，在 2000 年第一季度中，亚马逊完成的销售额为 5.74 亿美元，较前一年同期增长 95%，第二季度的销售额为 5.78 亿美元，较前一年同期增长了 84%。但是，亚马逊第一季度的总亏损达到了 1.22 亿美元，相当于每股亏损 0.35 美元，而前一年同期的总亏损仅为 3600 万美元，相当于每股亏损为 0.12 美元，亚马逊 2000 年第二季度的主营业务亏损仍达 8900 万美元。

亚马逊公司的经营危机也反映在其股票的市场表现上。亚马逊的股票价格自 1999 年 12 月 10 日创下历史高点 106.6875 美元后开始持续下跌，到 2000 年 8 月 10 日，亚马逊的股票价格已经跌至 30.438 美元。在业务扩张方面，亚马逊也开始遭遇到一些老牌门户网站——美国在线、雅虎等的有力竞争。在这一背景下，亚马逊迫切需要实现盈利，而最可靠的赢利项目是它经营最久的图书、音乐唱片和影视碟片。实际上，在 2000 年第二季度亚马逊就已经从这 3 种商品上获得了 1000 万美元的营业利润。作为一个缺少行业背景的新兴的网络零售商，亚马逊不具有巴诺(Barnes & Noble)公司那样卓越的物流能力，也不具备像雅虎等门户网站那样大的访问流量，亚马逊最有价值的资产就是它拥有的 2300 万注册用户，亚马逊必须设法从这些注册用户身上实现尽可能多的利润。因为网上销售并不能增加市场对产品的总的需求量，为提高在主营产品上的盈利，亚马逊在 2000 年 9 月中旬开始了著名的差别定价实验。亚马逊选择了 68 种 DVD 碟片进行动态定价试验，试验中，亚马逊根据潜在客户的人口统计资料、在亚马逊的购物历史、上网行为以及上网使用的软件系统确定对这 68 种碟片的报价水平。例如，名为《泰特斯》(Titus)的碟片对新顾客的报价为 22.74 美元，而对那些对该碟片表现出兴趣的老顾客的报价则为 26.24 美元。通过这一定价策略，部分顾客付出了比其他顾客更高的价格，亚马逊因此提高了销售的毛利率，但是好景不长，这一差别定价策略实施不到 1 个月，就有细心的消费者发现了这一秘密，通过在名为 DVDTalk 的音乐爱好者社区的交流，成百上千的 DVD 消费者知道了此事，那些付出高价的顾客当然怨声载道，纷纷在网上以激烈的言辞对亚马逊的做法进行口诛笔伐，有人甚至公开表示以后绝不会在亚马逊上购买任何东西。更不巧的是，由于亚马逊前不久才公布了它对消费者在网站上的购物习惯和行为进行了跟踪和记录，因此，这次事件曝光后，消费者和媒体开始怀疑亚马逊是否利用其收集的消费者资料作为其价格调整的依据，这样的猜测让亚马逊的价格事件与敏感的网络隐私问题联系在了一起。

为了挽回日益凸显的不利影响，亚马逊的首席执行官贝佐斯只好亲自出马做危机公关，他指出亚马逊的价格调整是随机进行的，与消费者是谁没有关系，价格试验的目的仅仅是为测试消费者对不同折扣的反应，亚马逊"无论是过去、现在或未来，都不会利用消费者的人口资料进行动态定价"。贝佐斯为这次的事件给消费者造成的困扰向消费者公开表示了道歉。不仅如此，亚马逊还试图用实际行动挽回人心，亚马逊答应给所有在价格测试期间购买这 68 部 DVD 的消费者以最大的折扣。据不完全统计，至少有 6896 名没有以最低折扣价购得 DVD 的顾客，已经获得了亚马逊退还的差价。

至此，亚马逊价格试验以完全失败而告终，亚马逊不仅在经济上蒙受了损失，而且声誉也受到了严重损害。

思考题：
1. 评价亚马逊的差别定价实验。
2. 假如你是本次实验的策划者，你会怎么改变现在的状态？

项目实训

实训项目：企业价格策划调查

2011 年 10 月黄金周，联想乐 Pad A1 平板电脑直降 1499 元，仅以 1000 元的价格杀入市场。联想此轮可谓疯狂的价格剧降背后，还有更多与定价策略相关的因素。联想平板电脑此次大幅降价，针对的参考坐标就是苹果 iPad，但并不完全是参照其价格与价值的常规做法，而是参照其价格制定更具有竞争力的价格，回避与其的正面竞争。同时，也充分参照了同级竞争品牌宏基、戴尔、三星等,以及国内二三线品牌,以品牌优势及绝对价格优势淘汰这些本已经生存艰难的品牌,从它们手里进一步抢夺市场份额。在笔记本方面,由于之前收购了 IBM 公司,产品的技术水平大幅提高,同时联想公司采用的金牌服务策略,使联想的产品不再是低端的代表。联想也在此时提高了产品的定价,价格同国际一线厂商包括惠普、戴尔的价格接近,但仍低于索尼、苹果这些高端品牌。

讨论题:

试分析联想的价格策划。

【实训目的】

1. 帮助学生了解和掌握开展产品定价的程序和方法。
2. 训练学生掌握产品定价所需要的市场调查能力、资料整理分析能力、价格方案设计能力、定量分析能力、价格策略的运用能力。
3. 培养学生撰写策划报告的写作能力和技巧。

【实训内容】

1. 参加一个企业某一新产品的定价全过程,学习企业定价的具体操作程序,掌握实际中定价的常用方法。
2. 参与一个企业对老产品的价格调整全过程,学习和掌握价格的策略,学会价格策略用于促销的技巧。
3. 根据对企业产品的定价的学习和实训,编写定价策划方案。

【实训要求】

训练项目	训练要求	备注
市场调查方法的使用	熟悉常用的市场调查方法,要求 6~7 个学生为一小组,每小组采用 3 种及以上的调查方法	熟悉每种市场调查方法的优缺点
定价方法及定价策略	(1) 掌握成本导向、需求导向和竞争导向定价法的概念,能对调查的企业定价方法进行分析; (2) 掌握各种定价策略的概念及适用性,能对调查的企业定价策略进行深入分析	熟悉各种定价策略的适用性
价格变动策划	(1) 熟悉主动价格变动的策划和竞争性价格变动的策划的概念及使用; (2) 掌握消费者对价格变动的反应及竞争者对价格变动的反应	企业要进行分析,价格在什么情况下需要进行修改和变动

项目七 促销策划

【知识目标】

- 熟悉促销策划的各种具体策划方式。
- 掌握广告、公共关系、营业推广和人员推销策划的特点、要素、模式、分类等。
- 熟练掌握各种促销策划的内容和步骤。

【能力目标】

- 培养策划人应有的促销策划相关专业知识。
- 提高促销策划实践能力。

【引导案例】

雅芳：促销战略大转折

"叮咚，雅芳来了"，凭借这已有一百多年历史的简短的促销广告，雅芳的产品已在世界范围内成就了 42 亿美元的美容化妆品业务。公司主要通过妇女挨门挨户地进行推销，这些"雅芳小姐"在她们家里接待朋友和邻居，展示产品，接收订单并发送产品，从而挣得促销的酬劳。通过直销，雅芳避开了在商店货架上为争夺地盘和顾客的注意，而同对手展开的竞争。

雅芳的方案十分奏效。公司多达 50 万人的销售队伍中的大多数都是不想离家的全职的家庭主妇。她们在邻居和朋友中间发展客户。吸收销售人员十分容易，而一名好的推销人员能吸引一群忠实的顾客。

在 20 世纪 70 年代和 80 年代环境发生了变化。更多的女性需要离家工作，这就使"雅芳小姐"经常会吃"闭门羹"(无人在家)。美国人口的流动性使得推销人员很难建立起稳定的顾客群。许多"雅芳小姐"也在寻找全职工作，那些留下来的也被其他直销商网罗走了。最终，由于大量销售人员的流失，当顾客想要见推销人员时却一个也找不到了。

为了解决这些问题，雅芳新的董事长兼总裁詹姆斯·E. 普雷斯顿就必须与 20 世纪 90 年代初期的经济滑坡作顽强的斗争。这一阶段的经济衰退沉重地打击了这种挨门挨户的销售方式。普雷斯顿决定对雅芳的营销战略实行一次彻底革新。他将雅芳产品的价格下调，有的高达 75%，并尝试推行一项新的奖励方案。根据这一方案，销售代理可以以他们吸收的新的销售代理的业绩为依据提取 21%的奖金。然而，这种降价和市场扩展手段，不仅降低了毛利，还使成本增加了很多。1990—1991 年，企业的利润从 1.95 亿美元下滑到 1.35 亿美元。然而，同期的营销、销售和管理费用从 16.82 亿美元上升至 17.46 亿美元。

接着，普雷斯顿又将目光转向了雅芳的促销战略。从 1988 年开始，雅芳就在削减广告支出。这其中的部分原因是面临 3 次威胁性收购活动不得不降低成本。普雷斯顿决定恢复广告预算案，这项费用要通过减少各种促销活动尤其是优惠来挤出资金。

项目七 促销策划

> 革新促销战略的第二步，就是开始通过直接邮寄目标进行销售。雅芳所进行的调查显示，它的顾客中居中间数的多为45岁并且家庭平均收入在3万美元以下的女性。普雷斯顿相信，运用邮寄目录的方法能够吸引到更年轻并且家庭收入更高的顾客。
>
> 根据雅芳公司的计划，推销人员向公司上报那些不活跃顾客的名单。公司会向这些顾客发送多达100万份的目录。他们可以直接从公司订货，也可以向推销人员要求订货。如果他们向公司要求订货，雅芳会付给销售代理20%的佣金，相当于正常佣金的一半。这样一来，订单会直接邮寄给顾客，而不是由销售代理向顾客发送。
>
> 雅芳通过印有"雅芳——都市中最流行的时尚品牌"口号的印刷品宣传广告活动来支持目录行动。广告中说，公司为广大顾客提供免费索取目录的电话，索取者就会被分给就近的销售代理，这些销售代理会由于顾客给公司的订单而收取佣金。当目录数量不断增加的时候，目录内容也在不断扩展。截至1994年，雅芳不仅经营化妆品和香水，其业务还扩展到经销休闲服装和家居服装。
>
> 在革新促销战略的第三个阶段，雅芳于1993年在电视上播放了系列广告，这些行动是1988年以来前所未有过的。这些新广告鼓励女性顾客通过免费电话购买雅芳的产品。雅芳运用印刷媒体的活动来支持广告活动。分析家预计雅芳在1993年将3400万美元花在了广告宣传上，这些资金是通过全公司范围的降低成本以及奖励销售活动中经费的削减挤出来的。雅芳还打算花费7000万美元，用于美国本土以外的广告宣传。与之相比，1992年只花了3500万美元。
>
> 此外，雅芳还在继续进行一项重要的公关活动——杰出女事业家奖。从1987年开始，雅芳就设立奖金奖励那些克服重重困难在事业上取得成功的女性。雅芳会在由1200名企业家、商业界人士和传媒代表参加的庆祝午餐上为5名得奖者颁发奖金。
>
> （资料来源：http://www.wxphp.com/wxd_456ep3p3sx8xzko047mr_3.html）

思考：
雅芳进行了哪些促销策划？

7.1　广告策划

7.1.1　广告策划的含义

所谓广告策划，是指根据广告主的营销计划和广告目标，在市场调查的基础上，制定出与市场情况、产品状态、消费群体相适应的经济有效的广告计划方案，并加以评估、实施和检验，从而为广告主的整体经营提供良好服务的活动。广告策划不是具体的广告业务，而是广告决策的形成过程。

广告策划是现代商品经济的必然产物，是广告活动科学化、规范化的标志之一。美国最早实行广告策划制度，随后许多商品经济发达的国家都建立了以策划为主体、以创意为中心的广告计划管理体制。1986年，中国大陆广告界首次提出"广告策划"的概念。这是自 1979 年恢复广告业之后对广告理论一次观念上的冲击，它迫使人们重新认识广告工作的性质及作用。广告工作开始走上向客户提供全面服务的新阶段。

7.1.2　广告策划的特征与类型

1. 广告策划的特征

广告策划的特征有以下几个方面。

(1) 明确的目的性。广告活动的广告目标、广告媒体、广告作品、广告宣传时间、活动地点等必须明确。

(2) 严谨的科学性。综合运用经济学、美学、新闻学、心理学、市场调查、统计学、文学等学科的研究成果。

(3) 完整的系统性。广告策划从调研开始，根据目标市场的特点确定广告目标，在制定广告活动具体策略时，要以整体广告目标为出发点，各环节相互衔接，密切配合。

2. 广告策划的类型

根据不同的需要和标准，可以将广告策划分为不同的类别。

(1) 以内容和目的为标准对广告进行的分类。广告按照其发起目的，可以分为盈利性广告(商业广告)和非盈利性广告两种类型。

因为广告公司承接的广告策划业务以商业广告策划为主，因而以广告策划的内容和目的为标准，可以将广告策划划分为开拓性广告策划、劝告性广告策划、提醒性广告策划。

(2) 以范围对广告策划进行的分类。一种是单独性的，即为一个或几个单一性的广告活动进行策划，也称为单项广告活动策划；另一种是系统性的，即为企业在某一时期的总体广告活动策划，也称为总体广告活动策划。

7.1.3　广告策划的程序

广告策划是为了用较低的广告费用取得较好的促销效果。广告策划工作包括分析广告机会、确定广告目标、形成广告内容、选择广告媒体、确定广告费用预算以及评估广告效果等内容。

1. 分析广告机会

进行广告促销，首先要通过广告机会分析解决针对哪些消费者做广告以及在什么样的情况下做广告等问题。为此就必须搜集并分析有关方面的情况，如消费者情况、竞争者情况、市场需求发展趋势、环境发展动态等，然后根据企业的营销目标和产品特点，找出广告的最佳切入时机，做好广告的群体定位，为开展有效的广告促销活动奠定基础。

2. 确定广告目标

确定广告目标，就是根据促销的总体目的，依据现实需要，明确广告宣传要解决的具体问题，以指导广告促销活动的实行。广告促销的具体目标，可以使消费者了解企业的新产品、促进购买增进销售或提高产品与企业的知名度以便形成品牌偏好群等。

3. 形成广告内容

广告的具体内容应根据广告目标、媒体的信息可容量来加以确定。一般来说,应包括以下 3 个方面。

(1) 产品信息。主要包括产品名称、技术指标、销售地点、销售价格、销售方式以及国家规定必须说明的情况等。

(2) 企业信息。主要包括企业名称、发展历史、企业声誉、生产经营能力、联系方式等。

(3) 服务信息。主要包括产品保证、技术咨询、结款方式、零配件供应、保修网点分布以及其他服务信息。

企业在安排广告内容时应注意以下问题。

(1) 真实性。即传播的信息必须真实可信,不可有夸大不实之词,更不能用虚假广告欺骗消费者。

(2) 针对性。即传播的信息应该是目标消费者想了解的,做到有的放矢。

(3) 生动性与新颖性。广告具有吸引力、感染力。从根本上来说,取决于其真实性和针对性,但同时也与广告的生动性与新颖性密切相关,因此广告内容应简明易懂、易于记忆,广告形式应生动有趣、富有新意。

4. 选择广告媒体

广告媒体,也称为广告媒介,是广告主与广告接受者之间的连接物质。

1) 广告媒体的种类及其特性

现实生活中使用较多、较频繁的广告媒体有广播、电视、报纸、杂志、邮寄媒体、户外媒体、销售现场媒体等。

(1) 报纸。报纸作为一种广告媒体最早出现在 17 世纪中叶。时至今日,报纸虽然受到广播、电视的挑战,但仍是传播信息的主要工具,是主要的广告传播媒体。报纸覆盖面广,能深入到社会各阶层,读者广泛而稳定,传播信息迅速及时,且可供人们反复阅读、研究。并且传播的信息能长期保存,有案可查,可供广告主反复刊登,以加深人们的印象。与其他媒体相比较,报纸广告制作简单,方便灵活,费用低廉。但报纸广告具有内容繁杂、广告版面小、表现形式单调、易被读者忽视等局限性。而专业性广告适应面窄且利用率极低。同时报纸广告的时效性短,只能当日阅读,过后则往往无人问津。

(2) 杂志。杂志作为广告媒体,其优越性表现为:专业领域分布广泛,涉及政治、经济、文化、军事、体育等多方面文化;每一种杂志都有特定的读者群,因而广告的目标明确,宣传针对性强、效果好;杂志广告制作精良,画面生动鲜艳,能逼真地表现出商品的特性,有极大的吸引力;并能长期保存、阅读率高。但杂志广告读者面较窄,专业杂志只适用于专业性的广告;出版周期长、时效差;其制作比较复杂,费用也相对较高。

(3) 广播。广播是传播信息迅速、覆盖面较广的一种媒体。广播广告通过自然、简洁、生动的语言和音响效果传达商品信息。其优越性表现为:语言和音响效果的传播不受时空限制，可以在最短时间内把信息传送到各地区的千家万户，灵活性极强。传播的对象也很广泛，针对性强。广播广告可以多次重复从而加深人们的印象，具有直接诉诸听觉的强制效果。广播作为广告媒体只能依据声音传送信息，给表现产品和劳务形象带来了障碍。其缺点是声音转瞬即逝，无法查阅研究，很难保存。

(4) 电视。电视是在传播声、形、乐的同时具有视、听、读综合效果的最佳广告媒体，是现代生活不可或缺的信息交流工具，具有覆盖面广、收看人数多、促销作用明显等特点。电视广告声形并茂、画面优美、表现手法丰富、娱乐性强，适合各种文化层次消费者的要求；信息传送不受时空限制，具有强制力，许多产品因为电视广告的传播而家喻户晓、声誉大振。但电视广告同样存在不足之处，主要表现为：制作、播出费用较高，中小型企业难以承受；电视信息不易保留；目标观众不易选择，针对性差；天天、月月、年年播放同一内容的广告，也会令人讨厌，产生逆反心理。

(5) 户外载体。企业在户外的公共场所、空旷地带利用路牌、车船、霓虹灯、招贴、旗帜、广告灯箱等传播广告信息，宣传企业形象。户外载体广告形象生动，并且长期固定在某一场所，反复诉求效果强，这也是利用消费者在户外活动时的空白心理，加深其对产品和企业形象的印象。户外载体同时也具有传播主题鲜明的特点，结合高新技术制作的各种户外广告更能吸引消费者的注意。但户外广告的地点选择有一定的限制，修改难度较大，且户外广告要常保持鲜明整洁的形象实在不易。

(6) 销售现场。利用销售产品所在地的媒体做的广告被称为继电视、广播、报纸、邮寄后的第五大媒体。包括在商场、百货公司、超级市场的室内和室外媒体上做的广告，如广告牌、商店招牌、活人广告、橱窗布置、商店货架陈列、空中悬挂、墙面布置、模特广告，以及灯箱、电子闪示广告，霓虹灯、招贴画、电视屏幕等，因为设计独特、主题鲜明、富有艺术感染力的室外广告能极大地吸引过往行人驻足欣赏，产生购物兴趣。销售现场的媒体广告与优质的服务相配套，既增加购物气氛，美化环境，推销作用也非同小可。这些现场广告具有其他媒体广告无可比拟的优越性，改变顾客购买行为和直接促销的效果。但如果这种广告设计使用不当，则会产生陈旧、单调、拥挤、零乱的感觉，进而有损商品和企业的形象。

(7) 邮寄。通过邮局利用邮寄媒体传送广告宣传品，如商品目录、商品说明书、价目表、明信片、展销会优惠券等。企业可以针对掌握的目标顾客做邮寄广告，不受时间、地点限制，还能通过印刷精良的图册突出产品的款式、性能，详细介绍劳务的特点等，有利于提高产品的知名度，打开产品的销路。但邮寄广告制作费用相对较高，同时过多的印刷品广告也会引起消费者的反感，一旦实际产品与介绍不符，反而会降低产品和企业的信誉。

(8) 互联网。网络广告，是广告业中新兴的一种广告媒体形式。店铺可以通过建立公司自己的网址或向某个网上的出版商购买一个广告空间两种主要方式做广告。随着时代的发展，网络广告的优势越来越明显，主要表现在以下几个方面：①网络广告可以根据更细微的个人差别将顾客进行分类，分别传递不同的广告信息。②网络广告互动性强。网上的消费者有反馈的能力，广大消费者渴望及时得到信息，一旦某一消费者对此失去兴趣，略施小计，便可以使这些对别人非常有用的信息消失得无影无踪。因此，互动式广告要求广告把要说的信息作为与受众"对话"的一部分层层传递,一旦个人开始对起初的信息感兴趣,广告商就转向下一步骤,传递专门针对此人的信息。③网络广告利用最先进的虚拟现实界面设计来达到身临其境的感觉从而给受众带来全新的体验。④网络广告的用户构成是广告商愿意投资的因素。这些用户多是学生和受过良好教育的人,平均收入较高。

2) 广告媒体的选择

影响广告媒体选择的因素主要有以下几个方面。

(1) 产品的性质。服装、食品、儿童用品等日用消费品,用色彩鲜艳、形象逼真的彩印画片和电视广告,易引起消费者的兴趣,可考虑用覆盖面广的大众传媒。新产品和高科技产品可用附有详细说明的邮寄广告和宣传手册,有针对性地传递给目标顾客。

(2) 消费者接触媒体的习惯。广告媒体的选择应迎合目标市场顾客的需要和喜好,考虑到各层次顾客对媒体的接受程度,如文化相对落后地区,比较适合用广播、电视等直观性强的媒体;专业性、技术性强的产品,更适合在专业杂志上、报纸上做广告。

(3) 媒体的传播范围。广告媒体的传播范围应当与市场范围相一致,要考虑到广告媒体如传播范围、接触频率、作用强度以及广告信息本身的要求等特点。因此,广告制作者要更多地了解媒体的发行量、发行地区、订阅者数量、收视率、收听率等。

(4) 媒体的成本。企业应根据自己的经济实力进行广告预算,在分析广告媒体特点的基础上选择使用或综合使用,使之发挥最大的效力。

在具体运用某一种广告媒体时,必须把广告媒体的成本与流通量以及企业的经济负担能力结合起来考虑。有时可选用一种媒体,有时可同时选用多种媒体。据研究,一个信息源多次重复一个信息,其效果远不及多个信息源少次重复同一信息。如在电视台连续做28次广告,其效果远不如在电视、广播、报纸、杂志上各做7次广告,虽然费用总额相差不大,但效果却大不相同。

3) 传递广告信息

制定有效的广告信息是广告信息策略的中心问题。最理想的广告信息应能引起顾客的注意,唤起顾客的兴趣,激起顾客的欲望,从而形成顾客的购买行为。有效的信息是广告成功的关键。

在广告活动中,企业必须了解对预期的沟通对象该说些什么,才能产生预期的认识、情感和行为反应。这就说明广告构思问题,即广告主题。一般来说,广告主题的形式主要有以下几类。

(1) 理性主题。理性主题是直接向目标顾客或公众诉说某种行为的理性利益,或商品能产生的满足顾客需求的功能利益,以促使目标沟通对象做出既定的行为反应。通常,这类广告主题适用于产品资料购买者,或者较理性化的顾客。

【案例分析7-1】

乐百氏,27层净化

经过一轮又一轮的"水战",饮用水市场形成了三足鼎立的格局:娃哈哈、乐百氏、农夫山泉,就连实力强大的康师傅也曾一度被挤出了饮用水市场。纵观各水成败,乐百氏纯净水的成功相当程度上得益于其"27层净化"的营销传播概念。

乐百氏纯净水上市之初，就认识到以理性诉求打头阵来建立深厚的品牌认同的重要性，于是就有了"27层净化"这一理性诉求经典广告的诞生。

当年纯净水刚开始盛行时，所有纯净水品牌的广告都说自己的纯净水纯净，在消费者不知道哪个品牌的水是真的纯净，或者更纯净的时候，乐百氏纯净水在各种媒介推出卖点统一的广告，突出乐百氏纯净水经过27层净化，对其纯净水的纯净提出了一个有力的支持点。此系列广告在众多同类产品的广告中迅速脱颖而出，乐百氏纯净水的纯净给受众留下了深刻印象，"乐百氏纯净水经过27层净化"很快家喻户晓。"27层净化"给消费者一种"很纯净可以信赖"的印象。

分析：27层净化是什么？是其他纯净水厂家达不到的工艺吗？并不是，当时其他纯净水绝大多数都经过了几十道工序以确保品质安全，可能达到甚至超过了这样一个净化标准。但是，乐百氏推出了"乐百氏的每一滴水都经过27层净化，是真正的纯净之水"的特点。27层净化，一种"很纯净可以信赖"的印象，为乐百氏纯净水的纯净提供了一个有力的支持点。这条广告也很快家喻户晓。

(资料来源：http://www.meihua.info/a/54346)

(2) 情感主题。情感主题是试图向目标沟通对象诉说某种否定或肯定的情感因素，以激起人们对某种产品的购买欲望。这类广告主题一般适用于大多数生活用品或感情购买动机较强的顾客。

【案例分析7-2】

广告刊登

一对老夫妇准备卖掉他们的住房，便委托一位房地产经纪商承销。这家房地产经纪商请老夫妇出钱在报纸上刊登了一则广告。广告内容很简短："出售住宅一套，有两个卧室，壁炉、车库、浴室一应俱全，交通十分便利。"但是，广告刊登出1个月后人无人问津。老夫妇俩又刊登了一次广告。这次是营销员亲自拟写的广告："住在这所房子里，我们感到非常幸福。只是由于两个卧室不够用，我们才决定搬家。如果您喜欢在春天呼吸湿润、新鲜的空气；如果您想在夏天庭院绿树成荫；如果您想在秋天一边欣赏音乐，一边透过宽敞的落地窗极目远望；如果您喜欢在冬天的傍晚全家人守着温暖的壁炉喝咖啡——那么请您购买我们这所房子。我们也只想把房子卖给这样的人。"广告登出不到1个星期，他们就顺利地搬了家。

分析：在报纸上刊登广告，表现形式比较单调，但本案例中恰当地使用了情感主题这一广告信息传递，取得了很好的效果，同时也说明，优秀的广告推销语言才能起到刺激购买欲望的作用。

(资料来源：http://blog.sina.com.cn/s/blog_60e0378e0100s2f6.html)

(3) 道德主题。道德主题是为使目标沟通对象从道义上分辨什么是正确的或适宜的，进而规范其行为。这种广告主题通常用于规劝人们支持某种高度一致的社会活动,如"保护环境,造福子孙"等。

5. 确定广告费用预算

企业根据营销和广告目标,经过详细周密的策划,规划出一定时间内(通常为 1 年)开展广告促销活动的费用。广告费用预算常常是企业最难做出的决策。企业确定广告预算的方法通常有以下几种。

(1) 量力而行法。量力而行法是指企业根据其财力情况来决定广告开支。

(2) 销售额比率法。现今的企业大多数采用销售比率法决定广告预算。此方法是以广告预算作为 A,销售额作为 S,广告费与销售额的比率作为 a,以此列出公式,即

$$A=aS$$

(3) 竞争对抗法。竞争对抗法是指把广告费用提高到能对抗竞争对手广告费水平的方法。该法对抗性强,风险性大,极易引发广告大战。

(4) 广告目标法。广告目标法是企业管理中目标管理论盛行时提出来的。这种方法就是先确定销售目标和广告目标,然后决定广告活动的规模和范围,据此估算出广告费用。采用这种方法的前提是必须清楚地知道各种媒介广告所能产生的效果,显然,这是很困难的。

6. 评估广告效果

广告效果评估是广告策略的最后环节,广告效果评估的研究对于企业正确认识广告的作用和效果从而开发成功的广告、提高广告支出的效率,提升产品、品牌形象,拉动销售等具有十分重要的意义。

广告效果分为传播效果、销售效果、品牌效果三大类,广告的传播效果主要考察广告对消费者心理刺激和反应,销售效果主要从结果上反映广告效果,而品牌效果则显示了广告活动发挥作用的渐进过程。这 3 个层面既相互关联,又相互独立,全面客观地反映了广告活动的整体效果。因此,本书阐述的广告效果评估的核心内容包括传播效果评估、销售效果评估和品牌效果评估 3 个方面的内容,如图 7-1 所示。

1) 广告的传播效果评估

广告的传播效果是广告效果评估的关键。这是由于广告的传播效果最先产生、最好量化,而且对大多数广告而言,良好的广告到达或接触效果也是其最直接的广告目的。广告的传播效果也称为广告的接触效果或心理效果,考察广告刊播后对消费者所产生的各种心理效应。

广告活动作用于消费者而引起的一系列心理反应可以概括为:

感知→记忆→理解→评价→行动

那么,对应的评估指标有以下几个方面。

(1) 感知。注目率、阅读率、精读率是评价印刷媒体,如报纸、杂志;显示媒体,如各类广告牌、海报等。平面媒体上的广告具有吸引消费者眼球和引起回忆的能力。视听率、认知率是评价广告在电波媒体上的传播效果,即吸引消费者耳朵能力的指标。

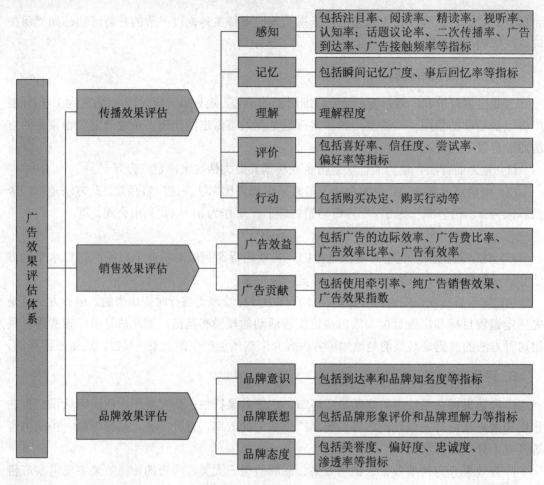

图 7-1 广告效果评估体系

(2) 记忆。记忆包括瞬间记忆广度、事后回忆率等指标，这两个指标是针对广告的记忆度，即消费者对广告印象的深刻程度。

(3) 理解。通过对广告诉求点的理解程度的分析，考察广告诉求设计与用户实际关心的信息点是否最大限度地契合。

(4) 评价。评价即对产品的好感度，包括产品喜好率、产品信任度、产品尝试率、产品偏好率等。

(5) 行动。行动主要包括购买决定、购买行动等；购买决定是测定广告对消费者购买行为的影响，即了解消费者购买商品的行为是随意的还是受广告的影响。此指标还可细化为意外率、强化率、转化率，考察对象为广告期间发生了购买行为的消费者。

2) 广告的销售效果评估

广告的传播效果研究可以帮助广告主评估一个广告的直接传播效应，但无助于揭示其销售影响。广告的销售效果是指由于广告活动而引发的产品销售以及利润的变化，以及由此引发的同类产品的销售、竞争情况的变化、相关市场中经济活动的变化。广告主所期望广告活动达到的销售目标无外乎提高产品的销售量和市场占有率，以及确定广告活动对销售量的增长和市场占有率提高所做的贡献。销售效果评估的关键是选择可测度的评估指标。

广告的销售效果一般要在广告活动结束之后才进行评估。

(1) 广告效益指标。销售额的边际增长部分为边际销售额，广告支出的边际增长部分为边际广告费，衡量这两者的关系对决定和衡量广告费支出的效益非常重要。

(2) 广告贡献指标。广告与销售增长并不是直接的因果关系。见过或听到广告并购买的消费者中，有的是受到广告的刺激而购买，有的不受广告刺激而购买。要精确地衡量广告对销售增长所做的贡献，就要排除见过或听过广告的消费者中非因广告的刺激而购买者。我们认为，如果在没见过或听过广告的消费者中有×%购买了该广告商品，则可以假定见过或听过该广告的消费者中也有×%不是因为广告的原因而购买。根据广告销售效果的四分割表(见表7-1)，我们可以确定出不同的广告贡献指标。

表7-1 广告销售效果的四分割表

		广告认知		合计人数
		有	无	
购买	有	A 人	B 人	A+B 人
	无	C 人	D 人	C+D 人
合计人数		A+C 人	B+D 人	N 人

广告效果指数，AEI(Ad Effectiveness Index)

$$= \frac{1}{N}\left[A-(A+C)\frac{B}{B+D}\right]$$

3) 广告的品牌效果评估

随着品牌权益意识日益深入人心，对广告的品牌效果评估也成为一个广告主关心的重要问题。但不是所有的广告都能产生明显的品牌效果，品牌广告的品牌效果必然高于一般促销广告的品牌效果。而且，并不是所有广告的品牌效果都是积极的，一个拙劣的广告也会对产品的品牌产生负面的效果。

消费者接触广告形成了不同的感觉、情绪和判断。这些感觉、情绪和判断会影响消费者对广告或产品的理解进而形成了对品牌的意识、联想或态度。所谓品牌意识，是指消费者通过接触到广告或产品而加深的品牌印象。而品牌的根本价值常在于其联想的集合，即对消费者的利益和价值，联想常常代表着消费者决定购买的基础。这里形成的品牌联想是指再次强化了这种差异化的利益和价值，如提到海尔就会自然联想到海尔兄弟、星级服务、品质、真诚等。消费者是否因为这种差异化的利益和价值而产生或增加了品牌忠诚和偏好即为品牌态度。单纯的促销广告，由于其主要目的在于传播有关产品的促销信息，从而鼓励和刺激消费者立即采取购买行为，其品牌效果一般止于品牌意识，即加深消费者对该品牌的印象，而不会形成品牌联想和品牌态度。因此，品牌效果主要从这3个方面来评估。品牌意识方面，主要包括到达率和品牌知名度、品牌识别率等指标。品牌联想方面，主要包括品牌形象评价和品牌理解力等指标。品牌态度方面，主要包括美誉度、偏好度、忠诚度、渗透率等指标。这些指标一般具有动态分析和静态分析两个方面的内容。动态分析是通过与广告刊播前的情况进行比较从而判断出广告的品牌效果。

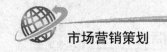

7.2 公共关系策划

7.2.1 公共关系策划的含义

所谓公共关系策划，是指策划人员为了达到组织目标，在充分进行调查研究的基础上，对总体公共关系战略、专门公共关系活动和具体公共关系操作进行谋略计划和设计的工作。

7.2.2 公共关系策划的基本要素

进行公共关系策划活动，首先要了解构成公关策划的基本要素。目前，国内研究学者对公共关系策划的要素主要有以下 3 种观点：①"三要素论"，即策划者、策划对象和策划方案；②"四要素论"，即策划目标、策划者、策划对象和策划方案；③"五要素论"，即策划者、策划依据、策划方法、策划对象、策划效果测定和评估。由此归纳，公共关系策划的基本要素是策划者、策划对象和策划方案。

1. 策划者

策划者是成功策划的核心。策划者是策划活动的创意者和组织者，对整个公关策划的成败起着决定性作用。策划者以整个社会作为自己活动的舞台，公共关系策划人员所需具备的基本素质和基本技能是多方面的。如果一名公共关系策划者不具备全面的素质和能力，则很难胜任公关策划工作。一般来说，一名优秀的策划者必须具备以下条件：第一，高尚的品德。品德是一定社会道德原则和道德规范在个人思想和行为中的体现，公关策划者是代表一个组织与公众打交道的，因此，高尚的品德就显得特别重要。作为一名合格的策划人员应遵守诚实、守信、正直、廉洁、守法的行为准则。第二，公共关系策划者只有具备宽广的知识面和深厚的人文积淀才能在复杂多变的社会面前运筹帷幄、应付自如，宽广的知识面要求策划者掌握广博的知识，这样才能在策划过程中视野开阔、游刃有余。与此同时，策划者还必须具有相当的人文素养，这样做出的公关策划才能含义隽永，意味深远。第三，公共关系策划者应具备基本的专业技能，包括组织能力、交际能力、口语能力、写作能力和创新能力。

2. 策划对象

策划对象是成功策划的重要保证。公共关系活动不可能面对所有的公众，应该有所选择，这就与公共关系的目标紧密相关。每个组织都有自己特定范围的公众，但不是每一次公关活动都针对组织的所有公众。一个组织在不同时期会面临不同的公众，因此，进行公共关系策划首先应对组织此时期所面临的公众加以区分和明确，才能使策划出来的公共关系活动有的放矢地进行。另外，公众的类型也很多，必须根据不同公众的特点来开展不同的筹划，只有明确具体的受众才能有针对性地设计活动，从而有效地实现公关活动目标。混淆公众的类型会产生很多不利的后果，如力量和资金不加区分地分散在过多的公众中、不加区分地发表信息忽略其对不同人群的适用性，最终使目标难以实现。

3. 策划方案

策划方案是策划过程的书面体现，也是策划最终的表现形式。一个好的策划方案能够吸引客户或领导。策划方案的灵魂是创意，应该尽可能简洁，减少文字叙述而较多地采用图表、照片以及音频、视频等媒体的形式使得方案看起来更加直观、生动。一个完整的策划方案应包括以下几个部分。

(1) 设计活动主题。一次公关活动往往是由多个项目组成的，所有项目必须突出一个中心主题，并且使所有行动围绕这一主题，形成整体合力，避免各个行动中心不一、作用分散以致互相抵触。

(2) 设计具体活动项目。公关项目一般是指单个的具体形式的活动。设计具体活动项目是策划中最本质、最灵活也最富技巧的关键行动，其主要确定 5 个问题：开展什么形式的活动?有多少项目?如何开展?项目之间如何衔接?如何使活动有新意、有特色、与众不同?

(3) 选择行动时机。任何活动都是在一定时空的范围内展开的，时空里的诸多因素都会对活动产生积极或消极影响。公关策划必须考虑时机，以求充分利用一切有利因素，实现最佳效果。时机利用得好，便事半功倍；反之，则会导致失败。选择时机要避开不利时机，捕捉有利时机。

(4) 确定大众传媒。公关宣传离不开大众传媒，选择大众传媒应当要考虑公关目标、受众特点、传播内容、媒介特点、自身经济条件等因素，合理利用大众传媒以扩大影响。

7.2.3 公共关系策划的步骤

公共关系策划是一项系统工程，包含多层次的内容与步骤，主要有以下内容。

1. 综合分析、寻求理由

公共关系策划人员被称为"开方专家"。如同医生拿到一系列病患者的检查化验报告，医生要想开出一个理想的治疗方案，首先必须对这些资料进行再一次的综合分析，确定问题所在，然后对症下药一样。公关人员进行公关策划的第一步工作，就是综合分析在公关调查中收集的信息资料，对组织进行诊断，认识问题。

2. 确定目标、制订计划

1) 确定目标

确定目标是公共关系策划中重要的一步，目标一错，便一错百错。所谓公共关系目标，是公共关系策划所追求和渴望达到的结果。目标规定公关活动要做什么，做到什么地步，要取得什么样的效果。公共关系目标是公共关系全部活动的核心，是公共关系策划的依据，是公共关系工作的指南，是评价公共关系效果的标准，是提高公共关系工作效率的保障，也是公关人员努力的方向。

2) 制订公关计划

目标系统一旦确定公关目标,便可制订具体的公关计划。一个完整的公共关系策划方案应包括以下几个方面的内容。

(1) 目标系统。公共关系目标不是一个单项的指标,而应有一个目标体系。总目标下有很多分目标、项目目标和操作目标。长期目标要分成短期目标;总目标要分成项目目标、操作目标;宏观目标要分解成微观目标;整体形象目标要分解成产品形象目标、职工形象目标、环境形象目标。

(2) 公众对象。任何一个组织都有其特定的公众对象,确定与组织有关的公众对象是公关策划的首要任务之一。只有确立了公众,才能选定需要的公众人才、公关媒介及公关模式,才能将有限的资金和资源科学地分配使用,减少不必要的浪费,取得最大的效益。

(3) 选择公共关系活动模式。公共关系活动模式多种多样,不同的问题、不同的公众对象、不同的组织都有相应的公关活动模式,没有哪一种公关活动模式可以解决所有问题。究竟选择哪一种公开活动模式,都要根据公关的目标、任务、公关的对象分布、权利要求,具体确定。常见的公关模式有以下几种。

① 交际型公关模式。这种模式主要以面对面的人际传播为手段,通过人与人直接交往,广结朋友,建立广泛的联系。这种活动模式富有人情味,主要适用于旅游服务等第三产业部门。

② 宣传型公关活动模式。这种活动模式重点是采用各种媒介向外传播信息。当组织要提高自己的知名度时,一般采用此种模式。发新闻稿、开记者招待会、新产品展览、广告、演讲、板报等都属于这种模式。

③ 征询型公关活动模式。这是以民意测验、舆论调查、收集信息为活动模式。目的是为组织决策咨询收集信息。如有奖征文、有奖测验、问卷调查、信访制度、举报中心、专线电话等都属于征询型公关活动。这种活动有助于增强公众的参与感,提高组织的社会形象。

④ 社会型公关活动模式。这种模式是通过开展各种社会福利活动来提高组织的知名度和美誉度。如赞助各种文化体育活动,公益性和福利慈善性事业等都属于这种类型。社会型公关活动模式不局限于眼前的利益,而是进行长远利益的投资,一般是实力雄厚的组织可以开展此类活动。

⑤ 服务型公关活动模式。这种活动模式主要以提供各种服务来提高组织的知名度和美誉度,如消费指导、售后服务、咨询培训等。

⑥ 进攻型公关活动模式。这是在组织与外界环境发生激烈冲突、处于生死存亡的关键时刻采用的以攻为守、主动出击的一种公关活动模式。

⑦ 防御型公关活动模式。公关部门不仅要处理好已出现的公关纠纷,还要预测、预防可能出现的公关纠纷。如及时向决策部门反映外界的批评意见,主动改进工作方式、争取主动,就是防御型的公关活动模式。

【案例分析7-3】

肯德基餐厅顾客投诉风波

2000年8月，江西第一家肯德基餐厅落户南昌，开张数周，一直人如蜂拥，非常火爆。不想一个月未到，即有顾客因争座被殴打而向报社投诉肯德基，造成一场不小的风波。

事件经过大致如下：一位女顾客用所携带物品占座位后去排队购买套餐时，座位被一位男顾客坐住而发生争执。先是两位顾客因争座发生口角，尽管已引起其他顾客的注意，但都未太在意，此时餐厅的员工未能及时平息两人的争端。接着两人的争吵上升到大声争吵，店内所有顾客则都开始关注此事态，邻座的顾客则停止用餐，离座回避，带小孩的家长担心事态危险和小孩受到粗话影响，开始领着小孩离店。最后二人的争吵上升到斗殴，男顾客大打出手，殴伤女顾客后离店，其他顾客也纷纷离座外逃和远远地看热闹。女顾客非常气愤，当即要求肯德基餐厅对此事负责，并加以赔偿。此时，其影响面还局限于人际范围，如果餐厅经理能满足顾客的要求，女顾客就不至于向报社投诉。但餐厅经理表示"这是顾客之间的事情，肯德基不应该负责"，拒绝了女顾客的要求。女顾客马上打电话向《南昌晚报》和《江西都市报》两报投诉。两报立即派出记者到场采访。女顾客陈述了事件的经过并坚持自己的要求，而餐厅经理在接受采访时对女顾客被殴表示同情和遗憾，但是认为餐厅没有责任，不能做出道歉和赔偿。两报很快对此事做了报道，结果引起众多市民的议论和有关法律专家的关注。事后，根据《消费者权益保护法》，肯德基被认为对此事负有部分责任，向女顾客公开道歉，并赔偿了部分医药费，两报对此也都做了后续报道。

分析：从公共关系的角度来看，肯德基对顾客争座应该管，而且管得越早越好。南昌肯德基因未及时处理好该事件而使舆论影响不断升级，形象损失越来越大。从整个过程来看，肯德基事件的处理态度实为公关大忌，餐厅经理为维护一时的权益，不仅失去了一个消费者，而且造成了众多消费者的心理阴影。而在这一事件中，即使从自身形象出发，肯德基也应主动及早处理，使消费者免伤和气，心情愉快地消费。

(资料来源：http://www.wangxiao.cn/sws/19143562044.html)

⑧ 建设型公关活动模式。在组织创建初期，为了给公众以良好的"第一印象"，提高组织在社会上的知名度和美誉度而采用的一种模式。如举办开业庆典、奠基仪式、免费参观等一类的活动，都主要着眼于组织的知名度的提高。

⑨ 维系型公关活动模式。维系型公关活动模式的主要目的是通过不间断的宣传和工作，维持组织在社会公众心目中的良好形象。这种模式一方面开展各种优惠服务吸引公众再次合作；另一方面，通过传播活动把组织的各种信息持续不断地传递给各类公众，使组织的良好形象始终保留在公众的记忆中，一旦有需要，公众就可能首先想到自己，接受自己。

⑩ 矫正型公关活动模式。这是一种当组织遇到风险或组织的公共关系严重失调，使组织形象发生严重损害时所采用的一种公关活动的模式。这种模式的特点是及时发现问题，及时纠正错误，及时改善不良形象。

(4) 确定公关传播的媒介。媒介的种类很多，有个体传媒、群体传媒和大众传媒之分。大众传媒又可分为电子类传媒和印刷类传媒。各种传媒各有所长，亦各有所短，只有选择恰当的传媒，才能取得良好的效果。

(5) 确定时间。即制订一个科学的、详尽的公关计划时间表。公关计划时间表的确定，应和既定的目标系统相配合，按照目标管理的办法，从最终的总目标、项目目标、每一级目标所需的总时间、起止时间都应列表，形成一个系统的时间表。

对活动的起始时间，公关人员要独具匠心，抓住最有利时机，以取得事半功倍的效果。

(6) 确定地点。即安排好每一次活动的地点。每次公关活动要用多大的场地，用什么样的场地，都要根据公众对象的人数多少、公关项目的具体内容以及组织的财力预先确定好。

(7) 制定公关预算。为了少花钱多办事，在有限的投入内，获取最大的社会效益和经济效益，就要进行科学的公共关系预算。编制公关预算，首先要清楚地知道组织的承受能力，做到量体裁衣，还可以监督经费的开支情况，评价公关活动的成效。公共关系活动的开支构成大体如下。

① 行政开支，其中包括劳动力成本、管理费用以及设施材料费。

② 项目支出，即每一个具体的项目所需的费用，如场地费、广告费、赞助费、邀请费、咨询费、调研费等。

③ 其他各种意想不到的可能支出，如突发性事件。

3. 分析评估、优化方案

经过认真地分析信息情报，公关人员确定了公关目标，制定了公关行动的方案。但这些方案是否切实可行、是否尽善尽美，有赖于对方案的分析评估和优化组合。对公关方案评估的标准只有两条：一是看方案是否切实可行；二是看方案能否保证策划目标的实现。如果方案实施成功的可能性大，又能保证策划目标的实现，方案便可认可；否则，方案便要加以修正优化。

方案的优化过程，是提高方案合理性的过程。方案的优化可以从三个方面去考虑：提高方案的可行、增强方案的目的性和降低经费开支。如果方案的目的性强，可行性高，只是费用太多，那么只是可行性较差，以提高可行性为重点即可。

常见的方案优化法是综合法，即将决策出的各种方案加以全面评估，分析其优缺点，然后将各方案的优点移植到被选上的方案中，使被选上的方案好上加好，达到优化的目的。

4. 审定方案、准备实施

公关策划经过分析评估、优化组合，最终形成书面报告，交给组织的领导决策层，以最终审定决断，准备实施。任何公关策划方案都必须经过本组织的审核和批准，使公关目标和组织的总目标一致，以便使组织的公关活动和其他部门的工作相协调，从而得到决策层和全体员工的积极配合支持。

策划报告能否得到决策层的认可，并最终组织实施，取决于 3 个因素：一是策划方案本身的质量，这是根本；二是策划报告的文字说明水准；三是决策者本身的决断水平。

决策者在进行决断时，一要尊重公关人员的意见，但不要受其左右；二要运用科学的思维方法，对策划方案和背景材料进行系统的科学分析；三要依靠自己的直觉，抛弃一切表象的纠缠，这种直觉在应急对策时尤其重要。

策划方案一经审定通过，即可组织实施。

7.3 营业推广策划

7.3.1 营业推广策划的含义

营业推广策划是指企业运用各种短期诱因鼓励消费者和中间商购买、经销或代理企业产品或服务的促销活动设计和安排。

7.3.2 营业推广策划的内容

营业推广策划一般包括以下3方面的内容。

(1) 促销形式。为实现促销目标，采取何种促销方式。

(2) 促销范围。促销范围包括产品范围(对于哪种规格、哪一型号的产品进行促销)和市场范围(促销活动进行的地理区域)。

(3) 促销策略。促销策略包括3个方面内容：何时进行，何时宣布，持续多长时间；折扣形式(直接或间接)；销售条款的确定。

7.3.3 营业推广策划的流程

营业推广策划的流程包括以下几个步骤。

(1) 确定营业推广的目标。营业推广的目标是围绕着与产品有关的3个主体展开的。针对消费者，其目标是刺激购买；针对中间商，其目标是取得他们的合作，为企业经销产品，并使他们对企业及企业产品忠诚；针对推销人员，其目标是鼓励他们多推销产品，刺激其寻找更多的顾客。

(2) 选择营业推广的方式。营业推广的方式有很多，企业在选择时应考虑企业营销目标、市场竞争状况、推销方式的成本与效益、推销时间等。

(3) 制定营业推广的方案。制定营业推广的方案时要考虑促销的规模、促销的途径、持续时间、促销时机、促销经费预算等。

(4) 测试方案的促销效果。在执行方案前要进行促销效果测试来确定促销规模是否最佳、促销形式是否合适、途径是否有效。试点成功后再组织实施全面的营业推广方案。在执行过程中，要进行有效的控制，及时反馈信息、发现问题，并采取必要措施，调整和修改原方案。

(5) 评估营业推广的效果。最常用的方法是比较促销前、促销中和促销后的销售额数据，以评估其效果大小，总结经验教训，不断提高营业推广的促销效果。

7.3.4 营业推广策划的方式

营业推广策划的方式多种多样，每个企业全部使用是不可能的。这就需要企业根据各种方式的特点、促销目标、目标市场的类型、市场环境等因素策划适合本企业的营业推广方式。

1. 针对消费者推广的方式

向消费者推广，是为了鼓励老顾客继续购买、使用本企业产品，激发新顾客购买欲望。其手段主要有以下几种。

(1) 赠送样品。向消费者免费赠送样品，可以鼓励消费者认购，也可以获取消费者对产品的反应。费用较高，对高值商品不宜采用。例如，一些公司推出新的洗发水时，向消费者赠送装有本产品的小包装(50ml)送给消费者作为样品免费使用。

(2) 赠送代价券。代金券也是免付一部分价款的证明，持有者在购买本企业产品时免付一部分货款。有利于刺激消费者使用老产品，也可以鼓励消费者认购新产品。例如，一些酒店在顾客初次消费后按消费金额给予一定数额的代价券(如消费50元送面值10元的代价券)，下次再来消费时持本券可免付等额的现金。

【案例分析7-4】

兰州华联超市的促销活动

兰州华联将大力度的促销作为经营的手段之一，广泛的促销活动是其提升业绩争取顾客、积极参与同业竞争的有效手段。华联特别注意在"元旦""春节""五一""国庆"等黄金周上做足做好促销文章。2001年国庆期间，兰州华联进行了一次大规模的商品促销战役——购物满100元送40元购物券活动，活动取得了较好的效果，10月1日当天，红星店销售318万元，西宁店销售211万元，西固店销售113万元，三店均创造了各自开业以来的销售新纪录。兰州华联靠低价实现了集客目标，靠巨大的销量从厂家获得可观的返利，同时通过足够低的毛利将一部分找厂家进货的客户吸引过来，从而带来更大的销量，形成良性循环，做出了超市低价的概念。

分析：购物返券相当于在原商品价格基础上打了一个折扣进行销售，扩大了商品的销售额。

(资料来源: http://blog.163.com/hongping_li/blog/static/23581639200810278293 7149/)

(3) 包装兑现。采用商品包装来兑换现金。体现了企业的绿色营销观念，有利于树立良好的企业形象。例如，一些啤酒厂回收啤酒瓶，一个2角钱，用空啤酒瓶兑换现金。

(4) 提供赠品。对购买价格较高的商品的顾客赠送相关商品有利于刺激高价商品的销售，是有效的营业推广方式。例如，某家具企业对购买沙发的顾客赠送一套精美茶具。

(5) 商品展销。商品展销可以集中消费者的注意力和购买力。在展销期间，质量精良、价格优惠、提供周到服务的商品备受青睐，参展是难得的营业推广机会和有效的促销方式，如大型的服装展销会。

(6) 免费试用。对于一些价值较高或技术含量高的新产品，消费者对其不了解，也不会轻易购买，厂商可以让消费者免费试用，如果满意了再进行购买。

(7) 有奖销售。消费者购买产品时，给他们提供中奖的机会，获得一些奖品。例如，一些超市在一个时段内随机抽取一个数字，在这个时段内消费者购买的金额中有一个此数字的，奖一个小礼品，包含该数字越多，奖品价值越大。

(8) 降价销售。让消费者在某个时段购买产品时，所付的金额比平时的价格低。常用于换季产品的销售。例如，商家往往将冬季未卖完的羽绒服在春季以较低的价格出售以盘活资金。

2. 针对中间商推广的方式

向中间商推广，其目的是促使中间商积极经销本企业产品。其推广方式主要有以下几种。

(1) 折扣。为刺激、鼓励购买并大量地购买本企业产品，对中间商第一次购买和购买数量较多的中间商给予一定的折扣优待。折扣可以直接支付，也可以从付款金额中扣出，还可以赠送商品作为折扣。例如，在销售旺季来临之前，为刺激中间商大量拿货，一般都进行折扣来面对中间商。有的空调制造企业给其中间商赠送一定数量的空调作为折扣。

(2) 资助。生产者为中间商提供陈列商品、支付部分广告费用和部分运费等补贴或津贴。例如，中间商陈列本企业产品，企业可免费或低价提供陈列商品；中间商为本企业产品做广告，生产者可资助一定比例的广告费；对于企业产品，还可给予一定比例的运费补贴来刺激较远的产品销售。

(3) 经销奖励。以经销本企业产品有突出成绩的中间商给予奖励，能刺激经销业绩突出者加倍努力，也有利于诱使其他中间商为多经销本企业产品而努力，从而促进产品销售。例如，某计算机公司每年年终评出本年度销售业绩最高的中间商，奖励10万元。

3. 针对推销人员推广的方式

通过激励推销人员的营业推广方式包括以下4种：

(1) 销售红利。为了鼓励推销人员积极推销，企业可以规定按销售额提成；或按所获利润不同提成，以鼓励推销人员多推销产品。

(2) 推销竞赛。为了刺激和鼓励推销人员努力推销商品，企业可以制定一些奖励的办法，对成绩优异者给予奖励。奖励可以是现金，也可以是物品或者旅游等。

(3) 推销回扣。回扣是从推销额中提取出来作为推销人员推销产品的奖励或报酬。利用回扣的方式把推销额与报酬结合起来，有利于推销人员积极工作，努力推销。

(4) 职位提拔。对业务做得出色的推销人员进行职位提拔，鼓励其将好的经验传授给一般推销人员，有利于培养优秀的推销人员。

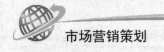

【案例分析 7-5】

一元销售术

美国人卡尔开了家小店，开始时生意萧条，后来他经过精心计算做出决定，只要顾客拿出 1 美元，便可以购买店里的任意一件商品。于是招来了大批顾客，销售量超过了附近几家大的百货公司。后来他改行经营绸布店，又在经营方式上推陈出新，决定凡在该店购买 10 美元商品，即可获赠白券 1 张，积 5 张白券可兑换蓝券 1 张，积 5 张蓝券可兑换红券 1 张，1 张红券可以任意挑选店中的 1 件商品。这种"卡尔销售术"，使他成为百万富翁。

分析：经营方式要不断出新才能吸引更多的消费者。

(资料来源：http://blog.sina.com.cn/s/blog_7143afb50102vbkh.html)

7.4 人员推销策划

7.4.1 人员推销策划的含义

人员推销策划是企业根据外部环境变化和内部资源条件设计和管理销售队伍的过程。

7.4.2 人员推销的形式

一般来说，人员推销有以下 3 种基本形式。

1. 上门推销

上门推销是最常见的人员推销形式。它是由推销人员携带产品的样品、说明书、订单等走访顾客，推销产品。这种推销形式，可以针对顾客的需要提供有效的服务，方便顾客，故为顾客所广泛认可和接受。此种形式是一种积极主动的、名副其实的"正宗"推销形式。

【案例分析 7-6】

与众不同的推销语言

有个人 10 年来始终开着一辆车，未曾换过。有许多汽车推销员跟他接触过，劝他换辆新车。甲推销员说："你这种老爷车很容易发生车祸。"乙推销员说："像这种老爷车，修理费相当可观。"这些话触怒了他，他固执地拒绝了。有一天，有个中年推销员到他家拜访，对他说："我看您那辆车子还可以用半年；现在若要换辆新的，真有点可惜！"事实上，他心中早就想换辆新车，经推销员这么一说，遂决定实现这个心愿，次日他就向这位与众不同的推销员购买了一辆崭新的汽车。

分析：产品要推销出去，是推销人员必须面临的考验。虽然生产商家的形象、知名度、

项目七 促销策划

美誉度会影响销售，但推销人员本身素质的提高对增加销售也起到促进性的作用，在良好信用的前提下也应懂些心理学与谈判策略。

(资料来源：http://wenda.haosou.com/q/1371461855068768)

2. 柜台推销

柜台推销又称为门市推销，是指企业在适当地点设置固定的门市，由营业员接待进入门市的顾客，推销产品。门市的营业员是广义的推销人员。柜台推销与上门推销正好相反，它是等客上门式的推销方式。

3. 会议推销

会议推销是指利用各种会议向广大群众宣传和介绍产品，开展推销活动。例如，各种会议中企业赠送的各种赠品、宣传册等。

【案例分析7-7】

出奇制胜的推销

美国雷顿公司总裁金姆曾当过推销员。在一次订货会上，规定每人有10分钟登台推销的时间。金姆先将一只小猴装在用布蒙住的笼子里带进会场，轮到他上台时，他将小猴带上讲台，让它坐在自己肩膀上，任其跳蹿，一时间场内轰乱。不一会儿，他收起小猴，场内恢复平静，金姆只说了一句话："我是来推销'白索登'牙膏的，谢谢。"说完便飘然离去，结果他的产品风靡全美。

分析：在会议上推销自己，比推销产品还重要。

(资料来源：http://wenda.haosou.com/q/1371461855068768)

7.4.3 人员推销策划的内容

人员推销策划主要包括销售队伍建设和销售人员的管理。

1. 销售队伍建设

企业拥有一支能力较强的销售队伍很关键，销售队伍建设主要包括销售职位设置、销售人员的规模、销售人力结构、销售队伍策略。

1) 销售职位设置

(1) 按人员推销的任务划分，可以分为接单员、送货员、宣传员、技术员、外销员和顾客服务代表。

① 接单员。接单员是接受订单和争取得到订单的人，他们需要一些推销技巧促使交易完成。分为室内接单员(如商店柜台里接受订单的推销员)和外勤接单员(如访问超市市场经理的推销员)。

② 送货员。送货员即负责将商品交付顾客的公司职员，他们的主要工作是发送商品。

他们无须花费多少时间去交流或劝导顾客，他们面对的是已经确定的顾客。

③ 宣传员。宣传员是指负责宣传产品、引导顾客购买的公司职员，他们不一定要得到订单，只是宣传公司产品，为公司建设增加商誉或招来现有的顾客或潜在顾客。

④ 技术员。技术员是在顾客采购产品之前、之中和之后向其提供技术资料。如工程推销员或以卓越的技术知识为基础进行推销的人员，他们通过良好的咨询服务来实现推销，重点放在技术知识服务上，随身配备销售工具、规格说明书、促销手册等。

⑤ 外销员。外销员是指到用户所在地向终极顾客销售大型产品的推销员。他们必须具有很强的说服力，而且通常需要在几个回合内完成推销任务。

⑥ 顾客服务代表。顾客服务代表向顾客提供安装、维修和其他服务。

(2) 按人员推销性质划分，包括专职的推销人员和兼职人员以及内业推销人员和现场推销员。合约性的推销人员包括生产商代表、销售代理商或经纪人，他们按其销售量的多少收取佣金。

2) 销售人员的规模

因为人员推销具有成本较高、成功率大、利润可观的特点，销售规模过大，必然会增加大量成本；销售人员太少，又会减少企业利润。因此，销售人员的规模设定很重要。确定推销人员队伍规模的方法有以下三种。

(1) 工作量法。这是根据推销人员需要完成的工作量大小来确定推销人员数量的方法。这种方法的运用分为5个步骤。

① 按年销售量的大小将顾客分类。

② 确定每类顾客所需要的访问次数。

③ 每类顾客的数量乘以各自所需的访问次数就是整个地区的访问工作量。

④ 确定一个销售代表每年可进行的平均访问数。

⑤ 将总的年访问次数除以每个销售代表的平均年访问数即得出销售人员规模。

(2) 下分法。这种方法首先决定预测的销售额，然后估计每位销售员每年的销售额，销售人员规模可将预测的销售额除以销售员的销售额而得。

(3) 边际利润法。边际利润法是根据推销人员创造的边际利润决定推销人员数量的一种方法。使用这种方法决定推销人员的数量时，只要增加推销人员后增加的利润大于零，就应该增加推销人员的数量。这种方法的应用过程如下。

① 建立推销人员的数量变化与销售额变化之间的关系。

② 建立推销人员的数量变化与成本变化之间的关系。

③ 计算有不同数量推销人员时的边际利润额(销售额增加额-成本增加额)。

这样一来，大于零的最小的一个边际利润额所对应的推销人员的数量即为最佳推销人员数量。

3) 销售人力结构

企业组织人员销售可根据推销范围、产品状况、顾客类别的不同采取不同的销售队伍结构形式。具体的结构形式有以下几种。

(1) 地区型。地区型是指指派每名销售代表负责一个地区，作为该地区经销企业全部产品线的唯一代表。地区型的优点在于可以明确推销人员的职责；其职责促使推销人员积极与当前客户联系，有利于促进高效推销；费用开支少。企业在规划地理区域时，区域的大小可按同等销售潜力或相等的工作量设计。

(2) 产品型。即推销人员的组织结构是根据企业产品线来划分的。它适用于企业产品数量多，零星分散且复杂的情况。

(3) 顾客型。即企业按顾客的类别结构来组织推销人员队伍。根据这一方法，企业针对不同行业安排不同的销售队伍。

(4) 复合型。顾客—地区，产品—地区，产品—顾客，顾客—产品—地区

4) 销售队伍策略

企业要从顾客那里得到订单，在竞争过程中，必须在策略上部署其销售队伍，使推销人员在适当的时候以适当的方式访问适当的顾客。销售队伍策略包括以下几种方式。

(1) 一对一策略。这种策略是推销员通过面对面的方式或电话方式与潜在顾客或现有的顾客进行交谈。

(2) 一对一组策略。这种策略是单个推销员与购买群体洽谈，向购买群体做销售介绍。

(3) 一组对一组策略。这种策略是组成销售小组与购买群体接触。销售小组由1位公司高级职员、1位推销员和1位推销工程师组成，向购买群体做销售介绍。

(4) 会议推销策略。这种策略是推销员同公司的专业人员一起去会见一个或者更多的购买者，以便讨论有关问题或提供相互介绍的机会。一般有以下两种会议。

① 产品推销会议。产品推销会议是指由推销人员组织一些对产品有兴趣的顾客开会，或者某地客户与有关人员开会，向他们介绍产品性能，通过放映幻灯片或者操作示范，争取说服他们购买。

② 产品技术研讨会。公司派一名推销员到客户公司为它们的技术小组成员举办教育性研讨会，讲解并介绍有关技术的最新发展情况。

2. 销售人员的管理

企业要开拓或经营的市场区域可能很大，因而需要大量销售人员为企业进行推销。企业应根据目标和协调需要，建立出色的组织管理体制，管理好销售人员，增强这支队伍的力量。

1) 销售人员的招聘

任何一种成功的销售中最重要的是招聘好的推销员，平庸和优秀的推销员在推销工作方面的差距是巨大的。

(1) 销售人员应具备的条件。

① 有成功的内在驱动力。所有优秀推销员的共同特点都是有成为杰出人士的无尽动力。竞争型、成就型、自我实现型或关系型4种类型的推销员都是优秀的推销员。

② 严密计划和勤奋工作。优秀的推销员能坚持制订详细、周密的计划，然后坚决执行，

他们依靠勤奋工作而不是碰运气。

③ 完成推销的能力。优秀推销员对自己和推销产品深信不疑，非常自信，在法律和道德允许的范围内采取各种方法成交。

④ 建立关系的能力。在如今的关系营销环境中，推销员要成为解决客户问题的能手和与客户建立关系的行家，能本能地了解客户的需求。平时能以客户的眼光看问题，与客户交谈时，全神贯注、有耐心、够周到、反应迅速、能听进话、十分真诚。

(2) 销售人员招聘的途径。

① 从企业内部选拔。即把企业内品行端正、业务能力较强的人员选拔到销售部工作。这种方法的优点是由于被选取人员已经具备企业产品的技术知识，对企业的政策及经营计划比较清楚，可以减少培训时间，能迅速扩大销售力量；缺点是选择范围小，内部可选择的合格的推销员不多。

② 对外公开招聘。企业根据选择推销人员的条件，对前来报名应聘的人员严格考试，择优录用。这种方法可以使社会人才为企业所用，但成本较高。

(3) 销售人员甄选的程序。

公开招聘会吸引许多申请者，公司必须从这些申请者中选择符合企业基本要求、具备基本素质的人作为销售人员的培训对象。执行这项工作通常是很严格的，应制定详尽的规则和初步测试的方法。一般可以分为以下几步来完成：

申请→面谈→测试→调查→身体检查→委派工作或训练

① 面谈。通过面谈评定报考人员的语言能力、仪表风度、知识深度和广度。

② 心理测试。评定报考人员的归纳能力、理解能力、语言运用和解决问题的能力。

③ 特殊资历测验。评定报考人员的知觉能力、反应灵敏度、控制能力、艺术能力。

④ 个性测验和成就测验。评定报考人员的态度、对工作环境变化的意见与承受能力、偏好与兴趣、个性倾向、工作中所知问题的多少、每项工作的技巧、企业知识。

⑤ 身体健康。强壮的体魄和良好的身体素质都是销售人员必备的条件。

⑥ 安排工作。由企业将拟招聘人员分到各个岗位锻炼或培训。

2) 销售人员的培训

"学习可以创造利润"，对销售人员来说，学习则可以创造销售额。为适应竞争的需要，企业必须借助于销售人员培训的方式，让销售人员掌握多方面的知识和技能，使销售人员的整体素质得到全面提高。

(1) 培训的目的。

① 增长知识。这是培训的主要目的，因为销售人员肩负与顾客沟通产品信息、收集市场情报等任务，因此必须具备一定的知识层次。

② 提高技能。技能是销售人员运用知识进行实际操作的本领。

③ 强化态度。态度是企业长期以来形成的经营理念、价值观念和文化环境对销售人员的影响。通过培训使企业的文化观念渗透到销售人员的思想意识中，使销售人员热爱企业、

热爱推销工作，始终保持高涨的工作热情。

(2) 培训的内容。

① 企业情况。让销售人员熟悉公司的概况，包括历史、目标、任务、流程等。尽快消除新招聘的销售人员的陌生感，提高其销售信心。

② 产品知识。包括产品的全面知识，如结构、性能、品质的比较优势和劣势、产品用途、使用、保养和维修方法，以便在推销时向顾客说明比较。

③ 推销技巧。如产品介绍、演示、洽谈、成交等方面的技巧，包括开拓新顾客的能力、说服顾客的能力、消除顾客异议的能力、诱导顾客成交的能力、重复交易的能力、向顾客提供市场情报及销售指导的能力。

④ 市场情况。一是市场规则，包括市场管理规则、法律、税收的要求；二是市场调查与分析；三是竞争者介绍，如竞争者的历史、现状及发展分析。

⑤ 推销制度。公司的广告政策、赊销规定、最低订货规定、交货政策、运输方式、客户退货、折扣、奖励、货款回收等。

(3) 培训的方式。

① 课堂教学。主要由推销专家或有丰富经验的推销人员采用讲授的形式传授知识，是一种"集合教育"的培训方式。适用于为增长知识和强化态度两个培训目标而采用。这种方式的优点是培训内容系统、受训对象易接受和方便集中教育；缺点是受训者缺乏主动性，也容易脱离实际。可采用增加视听手段、加强对话参与的方式来解决。

② 模拟实验。由受训人员亲自参与具有一定真实感的实验，模拟实际销售过程的培训方式。可采用实例训练、比赛训练等方式，使受训者有身临其境之感，给其留下深刻的印象；容易发现学员的缺点和毛病；能发挥学员的主观能动性，激发学习兴趣；也有利于培养推销人员从客户的立场处理问题的观念和态度。

③ 案例分析。向推销人员提供具体推销实例，通过对实例的分析、思考、比较来培训推销人员的方式。

④ 会议讨论。通过开会讨论的方式对推销人员进行培训。具体可以选择自由讨论或小组讨论的方式，最后做出总结。这种方式使被培训人有参与感，有思考的机会，可以自由提出想法，对培养人际关系和说话技巧及语言表达能力都有益。

⑤ 现场训练。即在实际工作岗位上进行培训。在经过前面的训练后，可安排推销人员在工作岗位上训练，由有经验的人员带上一段时间，然后逐渐放手，使其独立工作。

3) 销售人员的激励

销售人员激励是企业激励机制的一个重要组成部分，在商业竞争日益激烈的今天，将公司的销售人员紧紧团结在公司的销售目标周围是公司成败的关键。提高销售人员的积极性，就要从影响销售人员工作积极性的主要因素即精神满足、目标实现、业绩评价、情感关注、薪酬等方面进行激励，根据实际情况，科学设计和综合运用激励机制，建立起适应企业特色、时代特点和销售人员需求的开放的激励体系。一个比较完善的激励体系包括以

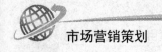

下内容。

(1) 有效的薪酬制度。薪酬是指发给销售人员的薪水,是给销售人员的物质报酬。在必要支持的因素中,薪酬是稳定销售人员最核心的因素。如果销售人员的薪酬不合理,销售人员的工作热情就不会很高;相反,合理的薪酬就可以调动销售人员的工作积极性,激发员工的工作热情。

(2) 良好的发展空间。需求能否满足,影响着销售代表的忠诚度。公司给予销售人员的不应仅仅是他们对于物质上的渴望,更应给予他们事业和精神上的追求。而国内的有些公司给予销售人员的,除了赤裸裸的物欲外就没有什么新鲜的了。而对优秀的销售人员,他们的生存需求和关系需求已经基本得到满足,他们更看重成长的机会。如果企业不能很好地给销售人员一个成长发展的空间,那么优秀的销售人员就有可能离开,通过跳槽来实现晋升。有的甚至去比其原来的薪水还要低的但有很大潜力和发展的好企业,因为优秀的销售人才非常重视个人成长的价值和发展机会。有些中小企业的销售主管、销售经理却往往跳槽到国际大公司去做实习生,薪水比原来少很多,这就是他们看重大公司的成长机会。

(3) 高效的销售团队。团队合作氛围对于销售人员的工作积极性有很大的影响。个人和团队的荣誉感对销售人员也有很大的激励作用,尤其是在以效率为导向的销售团队里,这种激励方式的作用更大。团队建设的本质是激励与沟通,尤其是对销售团队中的核心成员,销售经理要与他们沟通,了解他们的思想,关心他们的困难。目的是帮助团队成员和整个团队提升绩效,通常有销售竞赛、销售晨会和销售沟通 3 种基本形式。此外,公司还要因势利导地辅以增进感情的社交活动、商品奖励、旅游奖励、象征性奖励,以及放假等非货币性团队建设工具,改变销售人员的行为。并将成功的团队建设经验文档化,做成模板,以利于其他团队复制。

(4) 鲜明的企业文化。从心理学和行为学的角度来看,任何附有激励性质的举措都存在一定的生命周期,其给目标受众带来的愉悦刺激及随之产生的行为冲动,会因时间的推移而呈现出递减效应。真正的解决之"道"是改变单纯依赖利益驱动、致使销售人员工具化的既有思路,依靠企业文化的力量将与销售相关的员工、团队及各类合作伙伴"整合"起来,进而提升其尊严感及归属感。只有奠定了坚实的文化基础,再辅以指向明确、操作简单的激励措施,才有可能收到事半功倍的效果。

实际上,像 IBM、惠普、联想等公司已通过组织商学院、开办高层管理培训等方式,将企业文化的因子不断向公司内部销售人员及渠道合作伙伴渗透,其带来的不仅是销售业绩的持续增长,身处前线的销售人员和渠道队伍也是品牌传播的重要载体。所以,企业应该意识到企业文化对销售激励机制的催化作用,不只是单纯地依赖加薪和升职,更通过公司独有的凝聚力及人文气息感染他们,让他们觉得公司不再是为了薪金和职位而拼杀的战场,更是关怀他们成长的"家庭"。

项目七　促销策划

【知识结构图】

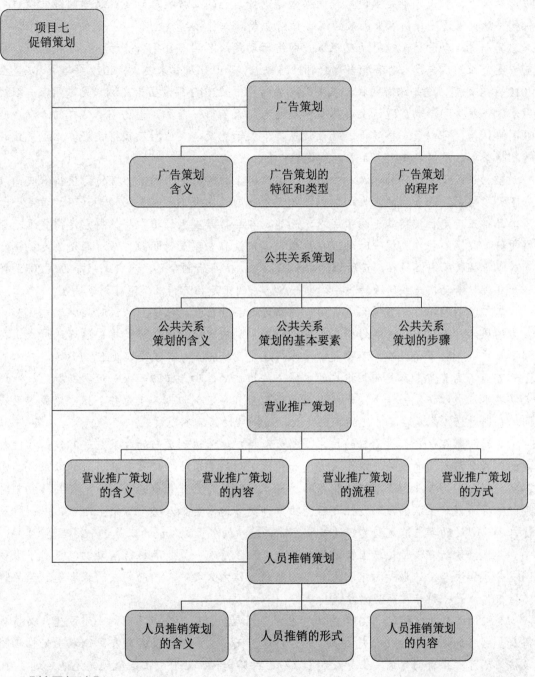

【扩展阅读】

农夫山泉的网络广告策划

"问渠那得清如许，为有源头活水来"，这句话用在农夫山泉的品牌宣传策略上再合适不过了。农夫山泉，正是坚持着以品牌换效应的"步调"走过了10个年头，10年的陪伴换来始终如一的品质，这使得整个品牌理念在消费群体中扎下了根。那么，在网络发挥巨大作用的今天，农夫山泉是如何依赖网络营销走好自己的品牌之路的呢？怒蛙网络营销推广机构将为大家逐一分析农夫山泉的网络营销方式。

其一，活动营销，吸引网友眼球。网络活动是知名品牌每年必选的推广方式之一，目前中国企业的广告投入都有相当部分朝网络投入，而且比例越来越大。2012年5月14日至2012年8月底，途牛旅游网联合农夫山泉共同推出"2012年亲历千岛湖，见证国家一级饮用水源保护区"活动，邀请上海热心网友共游"天下第一秀水"千岛湖。这样的活动，怒蛙网络认为，可以说一举多得，既让景点美景展示无疑，又让网友获得良好体验，更让品牌相得益彰，更显农夫山泉品质天然优越。

当初正是凭着纯净的水源、甘冽的味道，加上品牌特色上的恰当宣传，使得农夫山泉一下火了起来。而如今的农夫山泉已不是凭着一句"农夫山泉有点甜"走天下的黄毛小子了，品牌正确定位使得其走向了成功，而随之在品牌效应上的推广将使得它走得更远，走得更好。在网络推广火极一时的现在，农夫山泉没有在字里行间做文章，而是剑走偏锋直接着眼于品牌的内涵所在。正所谓"饮水思源"，10年后的今天，农夫山泉举办"2012寻源千岛湖"活动，此系列活动一年举办一次，寻的正是品牌的根，不可谓不高明。

其二，新闻推广。凭借品牌实力，不断进行品牌信息的宣传，通过对品牌软文化和软实力的展示，获得消费者的好感。时下，将推广的内容还给消费者是推广最好的形式。在网络推广形式繁多的现在，不管是微博推广还是论坛推广，又或是其他什么形式，在本质上都万变不离其宗，都要回归推广的本体，将推广的落脚点回归于每一位网友身上。所谓点滴之水汇成江河，一传十，十传百……千及万，再万剑归一，于是整个推广变成了网友间的普通对话，融入在了彼此的字里行间，显得亲切，又不失效果。

有的人都在说什么是最好的推广，怎么做推广才能达到更好的效果。这时候，往往都是加大资金与人力的投入，以为在力度和广度上达到要求了，必然会取得好的效果，其实不然。怒蛙网络专业人士分析：推广的"资本战"只是产业竞争的第一步，在品牌初创时期，不可不说是主流的做法。但之后的推广却更多地需要融入整个日常生活中，以一种平稳却不乏力度的姿态以达到更好的效果，常言道"细水长流"说的正是这个道理。

其三，论坛宣传。论坛上会看到"农夫山泉，清凉一夏"的旅行活动帖，吸引了很多网友分享和参与。这也是时下图文并茂的热门宣传方式之一。借助网友的眼和笔，为品牌宣传接力，是一种非常高明的方式。

怒蛙网络分析：相信"2012寻源千岛湖"活动，借着千岛湖美丽的山水风光，必将赢得众多网友的认可，为"农夫山泉"加分不少。而一些参与活动的网友，论坛上晒帖晒图又将必不可少。我们看到，正是做到了准确的品牌定位，让农夫山泉风风光光地走过了10年；而之后在品牌效应上的推广，必将引领着农夫山泉以崭新的姿态走过下一个10年。

其四，网络硬广和体育营销。知名品牌每年的硬广投入比例在发生很大变化，尤其是近年来网络投入越来越大。各门户网成为宣传品牌的必争之地。体育营销也成为饮料行业的热门宣传阵营。

怒蛙网络认为，本次奥运会，众多饮料都积极参与赞助，打响体育营销的争夺战，农夫山泉也参与其中，证明了品牌实力雄厚的企业，参与宣传的途径其实大同小异。

其五，微博宣传。农夫山泉的新浪官方微博，粉丝人气一般，才1000多人。显然是想重视但是未得到完全重视的阶段，只是一个初步的阶段。由此证明，其实农夫山泉的网络宣传之路才刚刚开始，处于起步和试探阶段。

其六，怒蛙网络通过网上农夫山泉网络信息分析，显然农夫山泉的品牌整体信息还是未得到很好的优化宣传，有大量企业不利信息和消费者质疑，品牌的网络维护方面还有大量漏洞，也未及时处理好网友质疑。品牌的网上效果还未得到充分展示，还有一段很长的路要走。统一的企业形象和品牌形象是需要长期维护的，时间一长，消费者的天平就会出现明显倾向。我们拭目以待，未来农夫山泉在网上宣传将如何进取。

(资料来源：http://www.angryfrog.cn/case/314/149)

【同步测试】

一、单项选择题

1. 最早实行广告策划制度的是(　　)。
   A. 中国　　　　　B. 美国　　　　　C. 日本　　　　　D. 英国
2. 成功策划的核心是(　　)。
   A. 策划者　　　　B. 策划对象　　　C. 消费者　　　　D. 策划方案
3. 从推销额中提取出来作为推销人员推销产品的奖励或报酬是(　　)。
   A. 销售红利　　　B. 奖金　　　　　C. 提成　　　　　D. 推销回扣
4. 公共关系的基础是(　　)。
   A. 利益关系　　　B. 人际关系　　　C. 政治关系　　　D. 企业关系
5. 最常见的人员推销形式是(　　)。
   A. 会议推销　　　B. 柜台推销　　　C. 上门推销　　　D. 电话推销

二、多项选择题

1. 广告策划的特征包括(　　)。
   A. 明确的目的性　　　　　　　　　B. 完整的系统性
   C. 严谨的科学性　　　　　　　　　D. 显著的效果性
2. 影响广告媒体选择的因素有(　　)。
   A. 产品的性质　　　　　　　　　　B. 消费者接触媒体的习惯
   C. 媒体的传播范围　　　　　　　　D. 媒体的成本
3. 公共关系策划的基本要素是(　　)。
   A. 策划者　　　　B. 策划对象　　　C. 消费者　　　　D. 策划方案
4. 向推销员提供具体推销实例，通过对实例的分析、思考、比较来培训推销人员的方式是(　　)。
   A. 课堂教学　　　B. 模拟实验　　　C. 会议讨论　　　D. 案例分析

5. 一个比较完善的激励体系包括(　　)。
   A. 有效的薪酬制度　　　　　　　B. 高效的销售团队
   C. 鲜明的企业文化　　　　　　　D. 良好的发展空间

三、简答题

1. 简述广告策划的程序。
2. 一个完整的公共关系策划方案包括哪些内容？
3. 简述公共关系策划的步骤。
4. 简述营业推广策划的流程。
5. 试述销售队伍策略。

四、案例分析

"霞飞"化妆品的促销策划

上海霞飞化妆品厂针对促销对象，设计了两种类型的促销组合：①以最终消费者为对象的促销组合。基本策略是：以塑造产品形象为目标的广告宣传活动，并辅之以一定的零售点销售促进活动。②以中间商为对象的促销组合。其基本策略是：以人员促销为主导要素，配合以交易折扣和耗资巨大的年度订货会为主要特征的营业推广活动。

霞飞厂在制定两种促销组合策略的基础上，对促销组合的几个方面都做了十分广泛而深入的工作。在广告方面，广告策划历年由厂长亲自决策。①广告费投入十分庞大，1991年为2400万元，占当年产值的6%。②广告内容的制作，除聘请著名影星参与外，还把强化企业整体形象作为重点，播映一部以"旭日东升"为主题的电视广告片，同时利用中国驰名商标的优势，强调"国货精品""中华美容之娇"的品质。③在广告媒体的选择方面，因其目标市场是国内广大中低收入水平的消费者，电视在他们日常生活中占有重要地位，因而把70%的费用用于电视广告，20%的费用用于制作各种形式的城市商业广告和霓虹灯、广告牌，其余10%的费用用于其他形式的广告媒体。

在人员推销方面，全厂产品的销售任务由销售科全面负责，该科建制占全厂总人数的1/10。推销人员实行合同制，每年同厂方签订为期1年的合同。推销人员若不能完成销售指标，第二年即不续签。推销人员的报酬实行包干制，无固定月薪收入，按销售实到货款提取0.5%的费用。推销人员工作实行地区负责制，每一省区配1~3名推销人员。此外，还要派出营业员进驻全国各大百货商店的联销专柜，提高推销主动性。

在公共关系方面，每年大约投入120万~150万元，主要公关活动有：①召开新闻发布会。例如，1990年在北京人民大会堂召开"霞飞走向世界"新闻发布会，会议地点本身就产生不小的新闻效应。②举办和支持社会公益活动。如赞助"全国出租车优质服务竞争"、上海"夜间应急电话网络"，特别是针对女性对文艺活动的偏好等特点，赞助华东地区越剧大奖赛。

在营业推广方面，霞飞厂对零售环节采取一些常规性的推广活动，创新不大，对批发环节则集中了主要精力，主要包括两类手段：①经常性手段，如交易折扣、促销津贴等。②即时性手段，每年都举办隆重的订货会，既显示企业强大的实力，同时又进行感情投资，融洽工商关系。

思考题：

1. 试分析"霞飞"化妆品促销组合策略的成功之处。
2. 本案例给我们哪些方面的启示？

项 目 实 训

实训项目：促销策划

海尔一直以主人翁的精神积极参与到奥运的各项活动中，其与央视联合推出"北京欢迎您"的公益广告，启动了"扬帆奥运""科技奥运""人文奥运"，贡献自己的一份力量。从雅典，到北京，再到伦敦，海尔中央空调一直与奥运一起赛跑。

讨论题：

海尔采取了怎样的促销策划？

【实训目的】

通过实训，使学生掌握促销的各种方式，学会设计促销方案。

【实训内容】

1. 要求学生联系特定企业的实际情况，理解并掌握促销的各种方式及内容。
2. 试着对特定企业进行促销方案的设计。

【实训步骤】

1. 教师明确促销目的和必要性，提出项目要求，布置项目实施安排。
2. 学生分组进行市场状况分析和促销效果调查。
3. 设计促销目标。
4. 促销组合策划。
5. 制定行动方案和具体活动安排。
6. 撰写促销策划方案。
7. 教师批阅并公开讨论。要注意几点：促销目的是否明确，市场调查是否到位，目标设定是否科学，促销策划方案是否可行。

【实训要求】

训练项目	训练要求	备注
广告策划	(1) 理解广告策划的含义。 (2) 了解广告策划的特征和类型。 (3) 掌握广告策划的程序	掌握广告媒体的选择
公共关系策划	(1) 理解公共关系策划的含义、基本要素。 (2) 掌握公共关系策划的步骤	掌握公共关系策划方案包括的内容

续表

训练项目	训练要求	备注
营业推广策划	(1) 理解营业推广策划的含义； (2) 掌握营业推广策划的内容； (3) 掌握营业推广策划的流程； (4) 掌握营业推广策划的方式	针对不同的对象采取不同的推销方式
人员推销策划	(1) 理解人员推销策划的含义； (2) 掌握人员推销策划的内容； (3) 掌握人员推销的方式	掌握销售队伍建设的内容

项目八　分销渠道策划

【知识目标】

- 了解分销渠道的含义、功能及类型。
- 熟悉分销渠道成员组成及分销渠道的模式。
- 熟练掌握分销渠道策划的方法及分销渠道的管理。

【能力目标】

- 培养策划人应有的渠道策划相关专业知识。
- 提高分销渠道策划的实践能力。

【引导案例】

在亮齿中药牙膏进入市场之前，国内牙膏市场有两个主要特征：一是竞争非常激烈，由于进入门槛较低，不断有新企业或新品牌诞生；二是高端产品完全被国外或合资品牌垄断，国内市场上的牙膏价格一般在3~8元，12元以上的牙膏就已属于高端产品，而高端产品中没有国内品牌。在这种背景下，任何一家国内的新企业或者新品牌，要想在国内牙膏市场占据一席之地非常困难。

亮齿中药牙膏进入中国市场后推出了20元的高档牙膏，一度被认为是不可能完成的任务，但亮齿中药牙膏决心从渠道策略入手，完成这个"不可能完成的任务"。

为了彰显重要牙膏的独特功效，亮齿通过药店进行销售。一般而言，能够进入药店的产品都有一定的疗效，此举进一步强化了中药牙膏具有独特的高端形象。年初，亮齿中药牙膏开始通过药店渠道在部分地区进行销售，在没有进行大量宣传推广的情况下，第一季度的销售额便突破200万元。初战告捷后，亮齿牙膏通过药店渠道迅速向全国铺开，全年的销售额达到8000万元。

通过药店销售渠道获得成功之后，亮齿中药牙膏开始丰富渠道类型，大到各类商场、超市，小到社区零售店，都成为亮齿的销售渠道，使消费者很方便地购买到该产品。

此外，为了提升在生产制造领域的竞争能力，亮齿中药牙膏采取"订单制"生产，降低生产和销售风险，并使生产制造中心在质量保障、成本、服务和快速反应等方面更具竞争优势。

(资料来源：http://blog.sina.com.cn/s/blog_54b2b1f10101921v.html)

思考：

结合案例分析亮齿中药牙膏的渠道策略。

8.1 分销渠道策划概述

8.1.1 分销渠道的含义

分销渠道是指产品从生产者转移给消费者或者用户所经过的有企业和个人连接起来形成的渠道。分销渠道的起点是生产者,分销渠道的终点是消费者或用户,中间环节为中间商,包括批发商、零售商、代理商。他们都是分销渠道的成员,共同构筑起分销渠道。分销渠道,不仅是指商品实物形态的运动路线,还包括完成商品运动的交换结构和形态。具体来讲,分销渠道包括四层含义。

第一,分销渠道的起点是生产者,终点是消费者和用户。它所组织的是从生产者到消费者之间完整的商品流通过程,而不是商品流通过程中的某一个阶段。

第二,分销渠道的积极参与者,是商品流通过程中各种类型的中间商。在商品从生产领域向消费者领域转移的过程中,发生多次交易,而每次交易都是企业(包括个人)的买卖行为。批发商和零售商组织收购、销售、运输、储存等活动,环环相接,把产品源源不断地由生产者送往消费者和用户手中。

第三,在分销渠道中,生产者向消费者或用户转移产品或劳务,应以商品所有权的转移为前提。商品流通过程首先反映的是商品价值形态变换的经济过程,只有通过商品货币关系导致商品所有权随之转移的买卖过程,才能构成分销渠道。

第四,分销渠道是指某种特定产品从生产者到消费者或用户所经历的流程。分销渠道不仅反映商品价值形态变化的经济过程,也反映商品实体运动的空间路线。

8.1.2 分销渠道的功能

从经济系统的观点来看,分销渠道的基本功能在于把自然界提供的不同原料根据人类的需要转换为有意义的货物搭配。渠道对产品从生产者转移到消费者所必须完成的工作加以组织,其目的在于消除产品或服务与使用者之间的差距。随着社会分工与生产的复杂化,在生产和消费之间,在产品、服务和使用者之间,会出现时间、数量、地点和持有权的缺口。分销渠道将承担起去除、调整经济上不一致的现象和弥补各种缺口的重要职能。

从传统的观点来看,分销渠道具有集中商品、平衡供求、扩散商品三大功能。

(1) 集中商品的功能。流通部门可以根据市场预测或国家计划,收购和采购大量生产者制造出来的产品,把其集中起来,充分发挥其蓄水池的作用。

(2) 平衡供求的功能。通过分销渠道,可以随时按市场的需要,从品种、数量、质量和时间上调节市场供应,以利于按质、按量、按品种、按时间成套齐备地组织供应,以满足市场需求,达到供需平衡。

(3) 扩散商品的功能。利用分销渠道,可以把产品扩散到各地方、各部分和各商店中去,并可以用优良的服务工作,满足用户需要或便于用户购买。

从现在营销观点来看，分销渠道在克服产品、服务与使用者之间在时间、地点和所有权方面的关键性差距上，具有以下功能。

(1) 研究。分销渠道构成成员的中间商或者直接接触市场的消费者，或者距其更近，最能了解市场的动向和消费者实际状况。这些信息都是企业产品开发、促销等创造需求和经营全盘必不可缺的。在信息化社会，由渠道系统承担的这一职能越来越重要，尤其是对信息能力收集较弱的生产企业来说，流通业者提供的信息便成为经营决策的有力依据。

(2) 促销。市场营销的本质在于创造需求。分销渠道系统通过其分销行为和各种促销活动来创造需求，扩展市场。分销渠道所采用的促销手段与制造商是相同的，主要包括人员推销、广告、企业推广、公共关系等。分销渠道协助、配合制造商或者独自开展促销活动。

(3) 调整。为使所供应的货物符合购买者需要，分销渠道所进行的调整活动主要包括集中、选择、标准、规格化、编配分装、备齐产品等。这些职能可以调整生产者和消费者之间的各种利害关系，使产品得以顺利流通。

(4) 物流。物流又称为实体分配，使产品从生产者转移到消费者或用户需要储存和运输，承担这种职能的便是物流。

(5) 谈判。应包括双向洽谈：一是前向性洽谈，寻找可能的购买者并与其进行沟通；二是后向性洽谈，即渠道成员向生产者进行反向沟通并订购产品。

(6) 承担风险。在产品分销过程中承担有关风险。

(7) 融资。为补偿渠道工作的成本费用而对资金的取得与支用。

8.1.3 分销渠道的类型

分销渠道可以按不同的标准进行划分。

1. 直接渠道和间接渠道

生产者在与消费者联系的过程中，按是否有中间商参加，可将分销渠道分为直接渠道和间接渠道。

直接渠道是指制造商直接把商品销售给消费者，而不通过任何中间环节的销售渠道，直接渠道的形式主要有定制、销售人员上门推销、通过设立门市部销售等。

直接渠道的优点有以下几方面。

(1) 了解市场。生产者通过与用户直接接触，能及时、具体、全面地了解消费者的需求和市场变化情况，从而能及时地调整生产经营决策。

(2) 减少费用。销售环节少，从而缩短了商品流通时间；减少了流通费用，提高了经济效益。

(3) 加强推销。技术含量较高的产品，生产者可以对推销员进行训练，有利于扩大销售。较之中间商，消费者往往更信赖生产者直销的商品。

(4) 控制价格。一般情况下，分销渠道越长，生产者对产品价格控制的能力越差；分销渠道越短，对其价格控制能力越强。

(5) 提供服务，生产者能够直接给用户提供良好的服务，增强企业竞争力，促进产品销售。

直接渠道的缺点有以下几方面。

(1) 生产者增设销售机构、销售设施和销售人员，相应地增加了销售费用，同时也分散了生产者的精力。

(2) 由于生产者自有的销售机构是有限的，致使产品市场覆盖面过窄，易失去部分市场。

(3) 由于生产者要自备一定的商品库存，这就相应地减缓了资金的周转速度，从而减少了对生产资金的投入。

(4) 商品全部集中在生产者手中，一旦市场发生变化，生产者要承担全部损失。

间接渠道是生产者通过中间商来销售商品，绝大部分生活消费品和部分生产资料都是采取这种分销渠道的。

间接渠道的优点有以下几方面。

(1) 中间商具有庞大的销售网络，利用这样的网络使产品具有最大的市场覆盖面。

(2) 充分利用中间商的仓储、运输、保管作用，减少了资金占用和消耗，并可以利用中间商的销售经验，进一步扩大产品销售。

(3) 对生产者来说，减少了花费和销售的精力、人力、物力、财力。

间接渠道的缺点有以下几方面。

(1) 流通环节多，销售费用增多，也增加了流通的时间。

(2) 生产者获得市场信息不及时、不直接。

(3) 中间商对消费者提供的售前售后服务，往往由于没有掌握技术等原因而不能使消费者满意。

2. 长渠道和短渠道

按生产者的商品通过多少环节销售出去，可将分销渠道分为长渠道和短渠道。

长渠道是指生产者在产品销售过程中利用两个或两个以上的中间商分销商品。长渠道的优点是：渠道长、分布密、触角多，能有效地覆盖市场，扩大商品的销售，能充分利用中间商的职能作用，市场风险小。缺点是：使生产者市场信息迟滞；生产者、中间商、消费者之间关系复杂，难以协调；商品价格一般较高，不利于市场竞争。

短渠道是指生产者仅利用一个中间商或自己销售产品。短渠道能减少流通环节，流通时间短，省费用，产品最终价格较低，能增加市场竞争力；信息传播和反馈速度快，由于环节少，生产者和中间商较易建立起直接的、密切的合作关系。但短渠道迫使生产者承担更多的职能，不利于集中精力搞好生产。

3. 宽渠道和窄渠道

当企业将产品销向一个目标市场时，按使用中间商的多少，可将分销渠道分为宽渠道和窄渠道。分销渠道的宽度是指分销渠道的每个环节或层次中，使用相对类型的中间商的数量，同一层次或环节使用的中间商越多，渠道就越宽；反之，渠道越窄。根据分销渠道宽窄的不同选择，可以形成密集分销、独家分销、选择分销三个策略(见后面分销渠道策划的策略)。

【案例分析 8-1】

高露洁持续发展之道

高露洁公司的发迹与其有效的行销策略有关。高露洁公司十分重视销路的选定,它确定销路时,首先分析各种因素,依据客观允许的条件及自己经营的产品性质等,选择最佳的销路。它确立销路的主要依据有以下几个方面:

(1) 产品特性。特性包括时尚性、技术性、共用性或通用性,产品的体积、重量、包装、价格和保存条件等根据这些特性区别选定行销道路,比如该公司经营的科学器材属时尚性强、技术性高和专用性突出的产品,就直接卖给用户。价格较低的产品,如牙膏,选定的行销道路就长些。

(2) 市场特性。一般来说,市场需求潜力越大,顾客的购买频率越高且数量不少,就需要选择较长销路,利用中间商,如牙膏;如果市场潜量少,顾客又集中一次性大批购买,就可不用中间商,直接进行销售。另外,消费的心理、传统购买习惯或消费方式,消费兴趣的转移,都应成为选定销路的考虑因素。

(3) 竞争情况。竞争情况对选择销路影响较大,特别是同类产品竞争,竞争对手选用何种销路,是值得研究的。有时候可采用与竞争对手同样的销路,这样比较容易进入市场和占领市场,因为消费者已习惯于这种购买行为。有时候就需要换一种销路开展竞争,以新奇的销路产生不同的效果。

(4) 企业实力。企业的财力、规模、信誉、管理经验、销售、财务的能力等,都对销路的选择产生重大影响。一般来说,企业实力强,可以在国内外市场设立广泛的销售网点或连锁点,这比交给中间商销售效果要好。即使选择中间商进行销售,也要有较大的优势对中间商实行控制。

(5) 社会环境。一些国家对某些产品实行配额许可证管理,这些配额许可证不是任何企业都可以领取的。还有些国家或地区流行超级市场销售方式,而有些国家或地区则不适用这种方法等。如何根据这些情况及其他变化作出销路的选择,对企业经营是一项严峻考验,善者胜,不善者败。

高露洁公司的决策者认为,企业的行销渠道的选择依据确定后,还必须进一步根据经验把渠道明细化,即明确行销渠道的宽度。具体来说,必须从以下几种形式中选择渠道和分销。

(1) 广泛的分销渠道。又称为密集型分销渠道,基核心是尽可能多地使用中间商销售其产品,让自己的产品随处可以见到,以便市场上现有的消费者和潜在消费者到处有机会购买其产品。

(2) 有选择的分销渠道。是指在目标市场中选用少数符合自己产品特性以及经营目标的中间商销售其产品。有些商品专用这种渠道。因为这些产品的消费者对产品用途有特殊需求或对牌子有偏爱,而广泛分销渠道则不一定能推销这些产品,或起码效果不那么好。

(3) 独家分销渠道。是指在特定的市场区域选择一家中间商经销其产品。这种渠道有利于维持市场的稳定性,有利于提高产品身价,有利于提高销售效率。

市场营销策划

高露洁公司由于在决定市场需要的渠道、选择行销渠道的形式及管理各级渠道上，有战略化的思想和措施，所以其产品，特别是牙膏，畅销于美国乃至全球，迅速发展成为大型跨国企业。

评点：

商品流通渠道策略是企业面临的重要问题之一。社会生产力的发展水平是商品流通渠道和中间商形成和发展的基础。不同商品的自然属性、消费结构、消费方式等特点，形成了功能各异的代销、经销、批发、零售等销售渠道的组织形式。

随着市场范围和规模的扩大，市场竞争激烈，企业又为了追求最佳的市场交易形式，因而，它们总是选择最佳的渠道组织形式，实现企业市场的经营目标。

高露洁战略性地细分了其分销渠道，最大限度地占领了市场，达到了公司和分销商的双赢局面。这一点值得借鉴和学习。

（资料来源：http://doc.mbalib.com/view/d59f9eea82b8b2b6f758360738b45895.html）

8.1.4 分销渠道成员组成

通过制造商、批发商、零售商和其他对成功的分销起重要作用的专业企业的合作而形成的渠道可以看作一个关系系统，在这个系统中，根据各个企业在整个分销过程中的作用，可以把渠道成员分成两组，即基本渠道成员和特殊渠道成员，前者是指拥有货物的所有风险的企业以及作为分销热点的消费者，后者是指为整个分销过程提供重要服务但不承担货物所有者风险的企业。

由于基本渠道成员对整体销售所起的作用更为关键，因此成为渠道管理的主要关注对象，基本渠道成员主要包括制造商、批发商、零售商和消费者。

制造商是指制造产品的企业。作为品牌产品的制造者，制造商广为人知并不认为是去打打源头和中心。像通用电气、通用汽车、索尼、飞利浦这样成功的制造商在各自的分销渠道中占有举足轻重的位置。但许多服务与工业领域的制造商并不广为人知，并不是所有的制造商在各自的销售渠道中都占据着主导地位。

批发商在分销渠道中的作用并不像制造商和零售商那样显而易见。批发商通过设计和发展渠道将许多零售商和制造商之间的纵向一体化，批发商的作用似乎在减弱，但实际上，批发商远没有被排除在分销渠道之外，许多著名的批发商仍主导着其各自的分销渠道。

零售商是分销渠道中最靠近消费者的一环。零售商利用各种购物环境把不同制造商的产品提供给消费者。在许多渠道中零售商是主导力量，如沃尔玛等，他们决定了如何组织和运作整个分销过程。实际上，信息技术的高速发展已经使得零售商在分销渠道中的作用越来越重要。

消费者是整个分销渠道的终点。制造商、批发商、零售商的诸多努力都是为了满足消费者的需要，实现商品的销售，从而最终实现各自的利益。因此，消费者的类型，购买行为，购买特征都是它们关注的焦点。

8.1.5 分销渠道的模式

由于工业品市场与消费品市场具有不同的特性,所以他们的分销途径也有所不同。

工业品分销渠道,一般不设零售机构,由生产者直接向用户供货或者经代理商、批发商供应给用户。具体有四种分销形式(或者二级分销渠道),如图8-1所示。

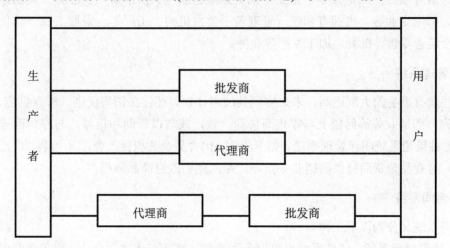

图 8-1 工业品分销渠道模式

消费品分销渠道模式有五种分销形式(或称三级分销渠道),如图8-2所示。

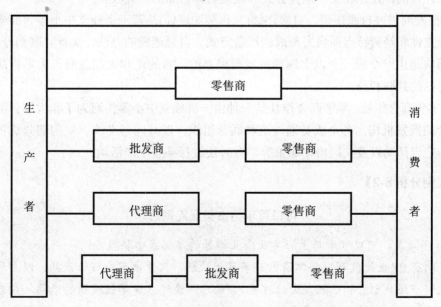

图 8-2 消费品分销渠道模式

以上是分销渠道的基本模式,也称为传统渠道。随着商业趋于集中与垄断,特别是全球市场一体化的逐步深入,传统分销渠道有了新的发展,主要集中于以下三个方面。

1. 企业系统

企业系统是指一家企业拥有和统一管理若干个工厂、批发机构、零售业务，这种渠道系统又分为两种形式：一种是大工业企业拥有和统一管理若干生产单位和商业机构，采取工商一体化经营模式。如美国胜家企业在美国各地设有缝纫机商店，自产自销，并经销教授缝纫等服务项目；二是大零售企业，如美国零售业巨头西尔斯·罗巴克。大西洋和太平洋茶叶、彭尼企业等。也拥有和统一管理若干批发机构、工厂等。采取工商一体化经营方式、综合经营零售、批发、加工生产等业务。

2. 管理系统

有些素有盛誉的大制造商，未来实现其战略计划。往往在销售促进、库存供应、定价、商品陈列。购销业务等问题上与零售商协商一致，或与以帮助和指导，与零售商建立协作关系，这种渠道系统叫作管理系统。如卡夫(Kraft)食品企业积极改善产品包装，广泛开展销售促进，对食品杂货商提供购销业务指导，帮助他们改进商品陈列。

3. 合同系统

合同系统又分为以下三种。

(1) 特许经营系统。这种系统也可以分为两种：制造商或饮食企业、服务企业倡办的零售商特许经营系统和制造商倡办的批发商特许经营系统。后者如每个可口可乐企业与某些批发商签订合同，授予在某一地区分装和发运可口可乐的特许权。

(2) 批发商倡办自愿连锁。自愿连锁(又称契约连锁)是若干个独立中小零售商未来保持自己的独立性和经营特点而自发形成的经营方式。自愿连锁的办法，实行"联购分销"。自愿连锁通常是由一个或一个以上地理批发商倡办的，目的是和大制造商、大零售商竞争，以维护自己的共同利益。

(3) 零售商合作社。零售商合作社是一种由一群独立中小零售商为了和大零售商竞争而联合经营的批发机构，各个成员通过这种联营组织，以共同名义统一采购部分货物，统一进行宣传广告活动以及共同培训职工等，有时还进行某些生产活动。

【案例分析 8-2】

可口可乐抢占美亚连锁店

2004年4月，可口可乐与上海美亚企业签署的终端战略联盟协议(一年合约)开始实施，美亚旗下所有21世纪便利店集体清出百事可乐饮料，只售出可口可乐产品，以"两乐"为先锋的饮料市场再创营销热点，由此可见，"两乐"最终从竞争性较强的产品、广告和体育赛事的竞争转移到最终的终端竞争。

美亚企业集团拥有600家21世纪便利店，还包括200家音响店，规模相当庞大，是快速消费品尤其是饮料实施深度分销的良好渠道载体，对于"两乐"的中国市场而言都具有很强的战略示范作用，而且美亚还具有较强的和生产企业的合作意识，美亚集团曾经与蒙牛集体签署战略协议，拥有一定的企业联盟经验。

可口可乐曾与上海喜士多便利店建立战略联盟关系，此次和上海美亚联系无疑就是一种成功经验的快速复制，也是终端垄断战略的推广，而且可口可乐在上海的营销一直不如百事得力，这次战略联盟也是狙击竞争对手的一招撒手锏。但是我们也已看出，可口携手美亚只是一个短期策略，毕竟和美亚只是一年的合约，与百事的竞争还不能说胜负已定。

百事可乐并不是没有意识到这种终端抢占的战略意义，只是顾虑太多而导致行动迟缓，诚如美亚所言：百事不够爽快，所以选择可口。百事的这种顾虑也不是没有根据，和美亚联盟必须在很大程度上做出让步，而且美亚也并不是上海唯一的连锁终端销售商，这种让步可能会给整个企业的市场政策带来不必要的影响。但这种顾虑影响了百事的敏感性，在终端争夺战之中输给了可口可乐一步棋。

上海美亚在"两乐"之间是选择可口可乐还是百事可乐，事实上都是为了争取更大的利润空间，不过美亚也有风险。他所放弃的合作者是否与他的强劲竞争对手合作？百事可乐是否会给后来的合作者提供更大的利润空间？

当然，美亚既然介入到饮料行业国际巨头的竞争之中，就要拥有"借力打力"的能力，借以保持"渠道载体"本色。运用这种策略，美亚就能从原有的"1+1=2"的合作模式创新出"1+1>2"的营销合作模式，在单品上升的基础上降低运营成本，也给消费者带来一定的实惠。

分析：可口可乐进驻美亚连锁店，对于双方是一种双赢互惠的渠道关系。

(资料来源：http://blog.sina.com.cn/s/blog_54b2b1f10101921v.html)

8.2 分销渠道策划的方法

8.2.1 分销渠道策划的步骤

一般来说，分销渠道策划可以分为七个步骤。

第一步：分析最终用户需求。

分析企业产品的最终用户需求，即企业的产品到底是卖给哪些人的，这些人在什么情况下使用。

第二步：定位目标市场。

企业分析最终用户需求时，往往会发现很多市场机会点，但不同企业的经营目标与经营能力不同，产品对于目标市场的选择性与适应性就有很大的差别。

第三步：设定渠道结构。

企业的渠道结构可以比喻为企业的渠道蓝图，理论应该是企业 1~3 年的渠道规划，包括渠道的结构、层次、每个渠道层次的业务目标，代理商区域划分等。

第四步：选择品类组合。

这里的"品类组合"是指具有相同属性与相同目标市场的产品组合。对于渠道采取产品组合(产品差异化)最主要的目的有三个：一是防止经销商之间的过度竞争，保障经销商间的合理利润；二是不同市场层级的消费者物性差异化；三是创造比竞争对手更强的竞争优势。

第五步:制定渠道驱动政策。

企业对经销商的吸引与控制条件,是决定渠道好坏的重要因素与关键因素。我们且称之为渠道驱动因素。常见的渠道驱动因素有:产品核心竞争力、市场管理能力、价格政策、渠道返利政策、市场推广政策等。

第六步:渠道运营。

渠道运营本质上体现一个企业的管理能力与执行能力。渠道是企业的竞争优势之一。有渠道优势的企业,具有极高的渠道运营质量,有一大批兼具忠诚度与实力的核心经销商。维系与这些核心经销商的关系,以厂商联盟或合作伙伴的角度不断提升渠道的运营能力,自然会打造出企业渠道运营上的核心竞争力。

第七步:渠道评估。

企业渠道经营的过程中,不可能每个经销商都成为忠诚的或者合作的伙伴。实际上,根据"二八"定律,企业 20%的核心客户往往占有企业 80%的销售额与利润来源。因此,企业淘汰经销商,或经销商放弃企业的产品均是最常见的事情。

8.2.2 分销渠道策划的策略

随着分销体系的不断完善,分销环节也在逐步增多,为了满足市场的需要,分销业务具有极高的弹性和严谨的管理。同时,为保障销售系统的顺畅,物流的实时信息相当重要,而这仅仅依靠手工操作是难以实现的。在现今竞争激烈的市场上,常用的分销策略可以分为以下三种:

1. 密集分销策略

在密集分销中,凡是符合生产商的最低信用标准的渠道成员都可以参与其产品或服务的分销。密集式分销最适用于便利品。它通过最大限度地便利消费者而推动销售的提升。采用这种策略有利于广泛占领市场,便利购买,及时销售产品。其不足之处在于,在密集分销中能够提供服务的经销商数目总是有限的。生产商有时需要对经销商的培训、分销支持系统、交易沟通网络等进行评价以便及时发现其中的障碍。

2. 选择分销策略

生产企业在特定的市场选择一部分中间商来推销本企业的产品。采用这种策略,生产企业不必花太多的精力联系为数众多的中间商,而且便于与中间商建立良好的合作关系,还可以使生产企业获得适当的市场覆盖面。与密集分销策略相比,采用这种策略具有较强的控制力,成本也较低。选择分销中的常见问题是如何确定经销商区域重叠的程度。在选择分销中重叠的量决定着在某一给定区域内选择分销和密集分销所接近的程度。

3. 独家分销策略

生产企业在一定地区、一定时间只选择一家中间商销售自己的产品。独家分销的特点是竞争程度低。一般情况下,只有当公司想要与中间商建立长久且密切的关系时才会使用独家分销。因为它比其他任何形式的分销更需要企业与经销商之间更多的联合与合作，其成功是相互依存的。它比较适用于服务要求较高的专业产品。

总而言之，分销商要根据自身的实际情况选择适合的分销策略，盲目跟随并非良策。与此同时，建立高效的分销管理系统也是必需的。

8.2.3 分销渠道策划的技巧

1. 渠道网店设计

对于企业分销渠道设计来说，网点主要有关键点(优势区位)和切入点两种。关键点是指客观上形成的对企业经营产品销售起重要作用的市场区域或销售集中区域。要求企业具有很强的竞争实力，如果企业实力不足，就要寻找现有市场竞争格局中的薄弱环节，即市场切入点，先打入市场保证生存，再寻找机会发展，即避免与实力强大的竞争对手正面碰撞，而采取避实击虚的策略建立生存空间。这一策略常常为中小企业所采用。

2. 渠道线路设计

营销渠道中实际存在实物流、所有权流、付款流、信息流以及促销流等多种流程，这些流程有的运行是相一致的，有的则要经过不同的线路、不同的途径传递，其中某些线路担负多种流程功能，需要从多种角度看待这一线路的效率，以及线路中渠道成员承担各种流程功能的能力。营销环境的变化对渠道线路的效率的影响极大，特别是交通运输发展、信息基础设施建设常常能提供更快、更好的渠道。地区经济的发展、自然条件的改善也使得某些渠道线路的改进成为必要。因此，企业必须不断审视环境的变化，考虑渠道线路改进的可能性。

3. 渠道地域渗透

地域渗透主要是指运用多种营销、宣传、公关手段，使消费者对产品进行了解、产生印象并试用，这时要综合考虑消费者购买心理和各种影响因素。地域覆盖主要是指建立消费者消费的偏好、对本企业产品的消费的习惯以及定式，建立牢固的销售根据点，并且对消费产品竞争对手进行认真分析，建立区域市场的进入壁垒，阻止进入对手的进入。

企业在实际进行渠道布局时，除了依据上述步骤，还要综合考虑多种现实因素的影响，权衡利弊，慎重抉择，同时兼顾短期利益和长远效果。

8.3 分销渠道管理

分销渠道的管理工作主要是对中间商的激励、评估和调整。

8.3.1 激励渠道成员

激励渠道成员使其有良好的表现，必须从了解个别中间商的需要及其心理入手，激励方法大致有促销支持、资金支助、提供信息等(见表8-1)。

1. 开展促销活动。生产者利用广告宣传推广产品，一般很受中间商欢迎，广告宣传费用可由生产者负担，亦可要求中间商合理分担。生产者还应经常派人前往一些主要的中间商，协助安排商品陈列，举办产品展览和操作表演，训练推销人员，或根据中间商推销业绩给予相应奖励。

2. 资金支助。中间商一般期望生产企业给予他们资金支助，这可促使他们放手进货，积极推销产品，一般可采取售后付款或先付部分货款，待产品出售后再全部付清的方式，以解决中间商资金不足的困难。

3. 协助中间商搞好经营管理，提高营销效果。

4. 提供情报。市场情报是开展市场营销活动的重要依据。企业应将所获得的市场信息及时传递给中间商，使他们心中有数。为此，企业有必要定期或不定期地邀请中间商座谈，共同研究市场动向，制订扩大销售的措施；企业还可将自己的街道状况及街道计划告诉中间商，为中间商合理安排销售提供依据。

5. 与中间商结成长期的合作伙伴关系。

表 8-1 对经销商的激励方法一览表

相互交流方面的激励	工作、计划、关系方面的激励	扶助方面的激励
(1) 向经销商提供最新产品	(1) 对经销商困难表示理解	(1) 提供销售人员以加强销售队伍
(2) 定期的私人接触	(2) 经常交换意见	(2) 提供广告和促销方面的支持
(3) 定期的信息交流	(3) 一起进行计划工作	(3) 培训其推销人员
(4) 经营磋商	(4) 承担长期责任	(4) 提供市场调研信息
	(5) 安排经销商会议	(5) 融资支持

【案例分析 8-3】

河南某酒厂激励经销商

河南某酒厂 1998 年抢滩山西市场时，共选择了 98 家中间商，分布在山西全省各地，为调动中间商的积极性，该酒厂规定，完成 300 吨销售任务者奖励带有广告宣传厢体的送货车一部，另外厂家还赞助中间商 2.5 万元的促销费用，从而大大调动了中间商的积极性，使这一名不见经传的小酒厂在名酒云集的山西市场占有一席之地。

(资料来源：https://wenku.baidu.com/view/2611cqd43186bceb19e8bbd3.html?from=search)

【案例分析 8-4】

除草剂公司的渠道激励

野老牌稻田除草剂的生产厂家浙江天丰化学有限公司在进军湖北市场时，向基层几千

项目八 分销渠道策划

家中间商发布消息:1999年将评选野老除草剂十大中间商。具体办法是:在每箱产品(一箱200小包)中放置一张抽奖券和一张调查问卷。中间商填好抽奖券和调查问卷后寄回公司,公司根据中间商寄来的抽奖券数量的多少,评选出十大中间商,每个中间商奖长虹29英寸彩电一台。这种销售竞赛活动,能刺激销售行为较强的中间商多进货、多销货。

(资料来源:https://wenku.baidu.com/wiew/oe4bc016a76e58fafa.b003be.html?from=search)

8.3.2 评估渠道成员

厂商应定期对渠道系统或渠道系统中的渠道成员进行绩效评估,以确保整个渠道系统或渠道系统中的渠道成员能够按照厂商制定的相关管理措施高效运转。渠道绩效评估的常用方法有两种:一种是历史比较法;另一种是区域比较法。

1. 历史比较法

历史比较法,是指将渠道系统或渠道成员的当期销量与上期销量相比,得出上升或下降的比值,然后再与整体市场的升降百分比进行比较,对高于整体市场平均水平的渠道系统或渠道成员予以奖励,对低于整体市场平均水平的渠道系统或渠道成员,则要做进一步具体分析,找到准确原因并帮助改进。该法的难点在于需要准确把握整体市场平均水平。

2. 区域比较法

区域比较法,是指将各渠道成员的绩效与该区域销售潜量分析所得出的数值进行比较。具体做法是,将某区域内各渠道成员在某一时段的实际销售量与通过分析得出的该区域销售潜量进行比较并排序,然后通过测算相关指标,以确定这些渠道成员在这一时段是否达到某一标准。该法的难点在于需要客观把握该区域内的销售潜量。

8.3.3 调整分销渠道

分销渠道并非是一成不变的,也随着市场的变化而变化,当市场发生变化后,要及时进行调整,以期更好地满足市场需求,适应激烈的市场竞争,提高分销的效率。调整渠道主要有三种方式:增减成员、增减渠道以及调整全部渠道。对于前两种,是部分调整,但对于最后一种,可以称为是对整个渠道的整合。常见的对于渠道的整合,可以依据以下方法进行:

1. 设立垂直分销系统

垂直分销系统即垂直一体化,是指制造商、批发商和零售商形成一个统一系统。他们服从同一个领导者,或是制造商,或是批发商,或是零销售,服从哪一个领导者,取决于他们能量和实力的大小。

2. 设立水平分销系统

水平分销系统,是指在分销过程中履行同一渠道的职能的两个或者两个以上企业联合

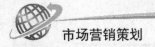

起来共同开发和利用市场机会的系统，如某家零售店可以通过其他零售店合并或增加店铺来实行水平一体化，水平一体化能在采购、市场调研、广告、人事等多方面获得规模效益，但不是改善渠道的最佳方法。

3. 设立多渠道分销系统

多渠道分销系统，是指一个企业建立两个或两个以上的分销渠道向一个或更多的顾客细分市场分销其产品的系统。如果某制造商一方通过中间商分销产品，另一方又利用或联网销售其产品。采用多渠道分销系统，企业可以获得第三方的好处：一是扩大市场覆盖面；二是降低渠道成本；三是增加销售特征，使其更适合顾客的要求。

【案例分析8-5】

彩妆产品的渠道危机

B公司是某国化妆品市场上彩色化妆品的领导者，占据着16%的市场份额。在过去，B公司的彩色化妆品主要通过百货商店的专柜进行销售，取得了很好的业绩。但是随着零售业态的发展，大型卖场和超市的重要性显得越来越突出。在2年前，B公司开始向百货商店以外的分销渠道发展，逐渐地进入了大型卖场和化妆品专营店。在大型卖场，销售呈现出稳健的上升趋势。但是在超市，销售情况却不容乐观。

第一，超市主要经营食品，化妆品区比较小，有些甚至只有日化区而没有化妆品区。

第二，消费者还没有习惯在卖场和超市买化妆品，即使是1万平方米以上的大卖场，销售也远远低于百货商店。

问题还不仅仅如此，B公司作为市场领导者，给予分销商的贸易条件也越来越苛刻，随着品牌的成熟，市场支持的费用也在逐年减少。下面是在超市销售的一个大概情况：

(1) 在超市的销售额一般每月3000元。

(2) 陈列方式是平柜和陈列架的组合。

(3) 分销商的毛利一般在12%左右。如果聘用一名促销小姐，就立刻会导致亏损。促销小姐的平均工资应该是1000元左右。

(4) 不用促销小姐，销售就很低迷，甚至2000元都达不到；用促销小姐，分销商的利润又不够支付人员工资。

(5) 如果陈列在日化区的货架上，偷窃情况就会变得很严重，商店则要把这些失窃商品算在分销商的头上，分销商显然也无法承担。

分析：该公司彩妆产品必须保证大型卖场和化妆品专营店这两种渠道，对于超市这一渠道，应该进行调整，可以在超市入口处设立专柜或者选择从超市推出。

(资料来源：http://blog.sina.com.cn/s/blog_54b2b1f10101921v.html)

【同步阅读】

分销渠道需要调整的五种情况

当企业发现自己的分销渠道出现了以下五种情况，或预感到将要出现这些情况时，就有必要采取一定的措施，对自己的营销渠道进行调整。

一、出现了不满意的最终用户

不满意的最终用户通常很难被觉察到,尤其是在整个行业出于经济不景气的状况时。但对不满意的最终用户进行调查、分析,往往会让代理商获得更大的机遇。

案例:

有一次,电脑巨人迈克·戴尔到某电脑经销处购买电脑,但经销商的电脑知识太欠缺了,因此对戴尔提出的很多专业问题都不能给予满意的回答。戴尔由此推断,如果电脑经销处能够满意回答每位顾客提出的相关专业知识,满足顾客需求,一定会带来可观的销量。于是戴尔创造了电脑直销法,开创了个人电脑的神话。

二、出现尚未被发觉的新渠道

新兴的营销渠道会带来全新的顾客期望值,因此有可能会获得意想不到的绩效价值,并且会重新定义生产成本或服务标准。

案例:

在保险行业中,直销保险商就重新建立了成本和精确瞄准了顾客需要的行业标准,比如英国的直线公司。该公司利用信息技术,以竞争对手无法相抗衡的价格来提供快速、便捷的服务,从而成为全球盈利最高的保险公司之一,拥有汽车保险业最低的客户流失率和费用率。

三、市场上出现空白

各个营销渠道趋向于面对各个不同的细分市场,这意味着如果企业无意中忽视了某一条营销渠道,便可能错过整个细分市场。因此,一些善于发现和寻找市场空白的企业,对其他企业忽视或放弃的渠道进行开发并加以充分利用,从而获得了很大的收益。

案例:

你能想象墓室超市吗?国际服务公司却能够将这个人们忽略或不屑的行业进行融合和发展,并通过15年的努力,发展成了一个在18个国家管理着3900多个墓地和火葬场的跨国公司。

四、出现贪图安逸的中间商

当代理商面对激烈的竞争希望采取行动、保持优势时,那些不愿意主动去适应市场的收入颇丰且贪图安逸的分销商会成为行动过程中的一大困扰。

案例:

当可口可乐希望像百事可乐那样,以同样的服务和较低的价格进入大型超级市场时,却无法说服它在各地的装瓶商们。这些装瓶商常常各自为政、缺乏协调,不愿意向超级市场低价供货。因此,可口可乐在这方面难以与百事可乐竞争。

五、交往界面亟待更新

业务重整已持续了相当长的时间,但通常仅局限于在企业内部使用。随着业务重整带来的企业绩效的大幅提高,在渠道及与终端客户交往的界面上也发现了很多潜在的机会。

(资料来源:http://meirong.jiameng.com/news/34508_1.htm)

【知识结构图】

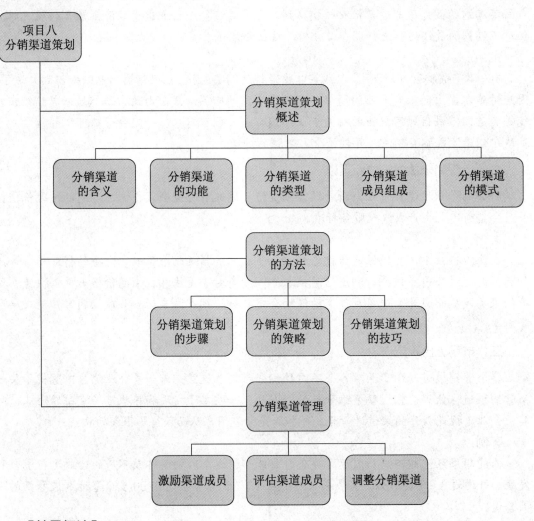

【扩展阅读】

联想电脑的渠道建设

一、渠道的设计与发展

联想是做渠道起家的,渠道一直是联想一个很重要的竞争能力,前任老总柳传志在国际科学学会上的讲话中提出,联想成功的三要点中就将市场开拓和销售渠道管理作为其特殊的能力,根据联想自己的说法,联想的核心竞争力就在于其独特的"后分销模式"。

从联想渠道的发展来看,大致经历了两次大的转型:一次是由直销到建立与国际模式相似的渠道,最初的联想电脑利润下降、规模效应起来后,联想与其代理商之间的矛盾越来越明朗化。为了解决这个问题,联想最终决定彻底放弃直销,建起了一条与国际模式相似的渠道。其经销渠道模式为:

厂商→一级代理→二级代理→用户

第二次大的转型就是由其原来的传统分销模式向现今的服务转型，也就是联想一直花大力气投入的"大联想渠道策略"，即把联想和合作伙伴构建成一个风雨同舟、荣辱与共、共同发展的"共同体"，把联想的渠道合作伙伴纳入联想的销售体系、服务体系、培训体系、分配体系和信息化体系中，全面实现一体化建设。

顺应渠道转型的需要，2003年联想把合作伙伴分为增值服务商，金、银牌代理和普通代理三层面，并在此基础上培养核心合作伙伴。与以往不同，这次代理商层次划分不是以进货渠道为标准的。在具体的操作上联想将全国市场分为七大区域市场，在每一区域市场设立分公司，每一分工司负责区域内的渠道建设和管理工作，在每一个省设立两到三家增值服务商，基本上以一大一小或者一大两小的形式，将一家的大服务商作为核心合作伙伴来培养，增值服务商可以下设若干个普通代理商；另外，与增值服务商并存的还有若干增值代理商，也就是前面提到的金、银牌代理，他们享有直接从联想进货的权利。

二、关于大联想渠道策略

1998年，联想电脑公司建立了"大联想"学院，全面负责对联想现有渠道体系的培养。到了2001年年底，"大联想"学院在整体规划之下，逐步完善了一套渠道认证体系，明确各类代理的资格标准，进一步规范了渠道。2002年年初，联想深圳公司对华南区的各渠道经销商开始了新一轮的培训计划。

为了建设"大联想"，联想电脑公司专门建立了配套的机构和制度，比如建立"大联想顾问委员会"，在各地成立"销售协会"，设立"总经理接待日"，每季度进行"代理商满意度调查"，开办"大联想学院"，《联想伙伴》改刊为《大联想》月刊。其中于1998年正式成立的"大联想学院"是一个专门为代理商提供各类培训服务的机构。

"大联想"学院的宗旨是根据公司业务发展战略和渠道策略，面向公司销售合作伙伴，研究渠道培训运作规律，规划和建设渠道培训体系，分析渠道培训需求，提供管理、技术、营销、产品推介、业务规范方面的培训服务，提高公司销售渠道的服务客户的能力和忠诚度，使合作伙伴与联想共同成长，并使培训成为公司销售渠道建设的关键能力。职责就是规划并建立渠道培训体系，策划并组织实施渠道培训。

在以PC为核心的时代，"大联想"具有很强的竞争力，"大联想"也成为联想的核心竞争力，在英特网时代，"大联想"要继续拥有E时代需要的新的竞争力，继续成为联想的支柱力量。

三、联想选择渠道商的标准

在渠道商的选择上，联想是非常慎重的。联想选择渠道商有以下四大标准：

第一，要求观念上的一致，这是最基本的前提。联想并不要求合作伙伴的公司规模有多大，而是这个企业跟联想的向心力有多强，换句话说就是对联想的文化的认可程度如何，作为企业本身能否真正地融入到联想文化之中。

第二，合作者必须是一个有价值的企业，这种价值主要体现在开发客户的能力上或者企业本身的客户资源，人才或者技术优势上，联想所希望的结果上"双赢"，没有价值的企业是不可能成为合作伙伴的。

第三,诚信。这是联想文化中特别强调的两个字,在 2001 年联想一共有 3000 家代理,全年销售 280 万台电脑,应收账的坏账损失率低于万分之五,除了其对销售渠道有很强的管理能力外,我们不难觉出其"诚信"文化的分量。

第四,实力。换句话说就是你这个企业要有钱。因为从联想的经销商的经验来看"你选没钱的,就意味着你要处处掣肘",因而经济实力是一个重要的参考指标。

(资料来源:http://wenku.baidu.com/view/15aa06340b4c2e3f572763bd.html?re=view)

【同步测试】

一、单项选择题

1. 分销渠道的起点是( )。
   A. 消费者　　　B. 生产者　　　C. 用户　　　D. 代理商
2. 生产者通过中间商来销售商品的渠道是( )。
   A. 短渠道　　　B. 长渠道　　　C. 直接渠道　　　D. 间接渠道
3. 以下不属于渠道成员的是( )。
   A. 制造商　　　B. 批发商　　　C. 零售商　　　D. 百货商店
4. 自愿连锁又称( )。
   A. 契约连锁　　　B. 正规连锁　　　C. 特许连锁　　　D. 直营连锁
5. 密集式分销最适用于( )
   A. 工业品　　　B. 特殊品　　　C. 便利品　　　D. 服装

二、多项选择题

1. 分销渠道的终点是( )。
   A. 消费者　　　B. 生产者　　　C. 用户　　　D. 代理商
2. 分销渠道的功能( )。
   A. 集中商品　　　B. 平衡供求　　　C. 媒体的传播范围　　　D. 扩散商品
3. 直接渠道的优点( )。
   A. 了解市场　　　B. 控制价格　　　C. 加强推销　　　D. 减少费用
4. 分销策略可以分为( )。
   A. 密集分销策略　　　B. 专业分销策略
   C. 选择分销策略　　　D. 独家分销策略
5. 渠道绩效评估的常用方法有( )。
   A. 历史比较法　　B. 指标分析法　　C. 销量分析法　　D. 区域比较法

三、简答题

1. 从现在的营销观点来看,分销渠道具有哪些功能?
2. 简述分销渠道的类型。
3. 简述分销渠道策划的步骤。

4. 如何进行营业推广的控制？
5. 试述公共关系的组织程序。

四、案例分析

亮彩电视的渠道变革

2009年亮彩液晶电视国内市场占有率仅为7.72%，排名第六名。而在2010年第一季度，亮彩一跃成为液晶电视销售量冠军，市场占有率上升为10.3%，亮彩一年来的销售渠道改革是一个重要原因。

以前亮彩与其他品牌一样，主要通过省级代理商，将电视销售给国美、苏宁等大型家电连锁零售商和其他零售商，亮彩自身与终端零售商的接触并不多，导致对终端消费需求的变化趋势反应速度迟缓。

现在，亮彩已经取消了省级代理商。亮彩电视从工厂出货以后，先运至亮彩在各地的5家分公司，然后再由分公司直接销售给渠道商，亮彩与国美、苏宁这样的渠道商打交道时，会绕过区域代理商，直接与国美、苏宁签订"厂家直供订单"，能够使亮彩电视以相对便宜的价格直接供货给这些大型零售商。

虽然亮彩目前在相对偏僻的中小城市也保留了一些区域代理商，但是这些区域代理商的销售量所占亮彩电视的出货比例已经越来越小，这些区域代理商主要向偏僻地区的零售店销售产品，而且还受到亮彩各地分公司的销售管理指导。

通过对渠道的建设和整改，亮彩在各级市场与低价品牌液晶电视的"价格差距"迅速减少，有力地促进了亮彩电视的销售，提高了市场占有率。

思考题：
1. 亮彩取消省级代理商的做法属于哪种渠道整合方式？
2. 渠道变革后，亮彩拥有哪些类型渠道中间商？这些中间商是如何对市场进行覆盖的？
3. 对比改革前后的渠道结构，说明亮彩与低价品牌间价格减小的原因。

项目实训

实训项目：保健品分销渠道调查

面对保健品市场这块巨大的蛋糕，保健品生产企业如雨后春笋般乍现。中国的保健品市场在经历了20世纪90年代的狂飙突进时期之后，如今正在行业协会和生产企业的共同努力下，探索品牌时代的产业标准：重点整顿市场经济秩序，加强市场秩序的"法治"；恢复社会商业信用，严厉打击假冒伪劣产品，提高市场的管理水平，使市场进入有序的竞争状态。中国的保健品市场在已经萎缩了三年之后，现在终于露出了一线"曙光"。

【实训目的】

(1) 训练学生加深对产品分销渠道策划的理解，懂得如何把产品渠道策划的理论知识运用到实践中。

(2) 培养学生具备分销渠道策划的能力，使学生对所学知识有更进一步的了解。

【实训内容】

选择熟悉的某一保健品生产厂家为例，调查了解并分析该产品的分销渠道模式、该公司的渠道成员以及与分销商建立怎样的分销合作关系等。

【实训步骤】

1. 分组收集企业资料。
2. 分析整理所收集的资料。
3. 小组相互交流讨论。

【实训要求】

训练项目	训练要求	备注
分销渠道模式	(1) 掌握消费品市场的五种传统分销渠道模式； (2) 熟悉创新的分销渠道模式	区分工业品市场和消费品市场的分销渠道模式
分销渠道成员组成	(1) 掌握制造商、批发商、零售商的概念； (2) 熟悉制造商、批发商、零售商和消费者在渠道中的位置	区分经销商和代理商
分销渠道管理	(1) 理解厂商和中间商建立分销合作关系的重要性； (2) 掌握激励渠道成员的基本方法； (3) 掌握评估渠道成员的基本方法	能判断调整分销渠道的时机

参 考 文 献

[1] 任锡源.营销策划[M].北京：中国人民大学出版社，2012.
[2] 胡其辉.市场营销策划[M].北京：高等教育出版社，2011.
[3] 孟韬.市场营销策划[M].北京：东北财经大学出版社，2009.
[4] 王方.市场营销策划[M].北京：中国人民大学出版社，2006.
[5] 杨岳全.市场营销策划[M].北京：中国人民大学出版社，2006.
[6] 卢长宝.营销策划[M].2版.北京：电子工业出版社，2013.
[7] 陈文刚，费清.市场营销策划[M].武汉：武汉大学出版社，2008.

参考文献

[1]日本藤編輯委員会[M].北京：中国大百科全書出版社，2012年．
[2]世界美術大全集（東洋編）[M]．東京：小学館出版社，2014．
[3]河北省文物研究所編撰[M]．北京：文物出版社と科学出版社，2007．
[4]正倉院事務所[M]．東京：朝日新聞社出版社，2006．
[5]陳小三と西周青銅器[M]．上海：中国古籍出版社，2006．
[6]中国青銅器的奥秘[M]．北京：光明日報出版社，2010．
[7]張之恒．中国新石器時代考古[M]．南京：南京大学出版社，2007．